高职高专汽车类专业系列教材

# 汽车电工与电子技术

主 编 吴 涛

主 审 刘美灵

西安电子科技大学出版社

## 内 容 简 介

本书根据高等职业教育的特点，将电工电子基础知识与汽车电气及汽车电控方面的实例相结合，理论深度适中，强化技能训练。本书共包含 8 个项目，分别为直流电路、正弦交流电路、磁路与电磁器件、汽车发电机与电动机、常用半导体器件及其应用、放大电路、晶闸管及其应用、数字电路基础及其应用。

本书可作为高职高专汽车类专业的教材，特别适合高职高专汽车检测与维修技术、新能源汽车检测与维修技术等相关专业师生使用，也可作为职业技能培训和其他相关工作人员的参考书。

**图书在版编目(CIP)数据**

汽车电工与电子技术 / 吴涛主编. --西安：西安电子科技大学出版社，2023.7
ISBN 978 - 7 - 5606 - 6859 - 8

Ⅰ. ①汽… Ⅱ. ①吴… Ⅲ. ①汽车—电工技术—高等职业教育—教材②汽车—电子技术—高等职业教育—教材 Ⅳ. ①U463.6

中国国家版本馆 CIP 数据核字(2023)第 106936 号

策 划 马晓娟
责任编辑 马晓娟
出版发行 西安电子科技大学出版社(西安市太白南路 2 号)
电 话 (029)88202421 88201467 邮 编 710071
网 址 www.xduph.com 电子邮箱 xdupfxb001@163.com
经 销 新华书店
印刷单位 陕西天意印务有限责任公司
版 次 2023 年 7 月第 1 版 2023 年 7 月第 1 次印刷
开 本 787 毫米×1092 毫米 1/16 印张 15.5
字 数 365 千字
印 数 1～3000 册
定 价 41.00 元
ISBN 978 - 7 - 5606 - 6859 - 8 / U

**XDUP 7161001 - 1**

# 前　言

　　随着我国汽车工业的迅速发展，汽车保有量大幅增加，汽车已成为人们生产和生活的重要工具。汽车技术的不断更新，特别是新能源汽车最近几年的发展，使得电工电子技术在汽车上的应用越来越广泛，电工电子装备在车辆中所占的比重也越来越大。这对汽车的使用、维护与检测人员提出了更高的要求。

　　"汽车电工与电子技术"是高职高专院校汽车类专业重要的专业基础课程，该课程理论性、实践性和应用性都较强。通过该课程的学习，学生既要掌握基础理论知识，又要具备一定的实践应用能力。因而，教师在教学中要根据高职学生的知识基础及就业岗位需求组织教学内容，并采取适宜的教学方法，做到教、学、做一体化，注重理论与实践的结合，从而提高学生分析问题和解决问题的能力。

　　本书依据项目教学方法编排，每一项目都与汽车专业课程的相关内容紧密关联，力求将对职业能力的培养渗透到学科知识之中。本书的内容侧重于各种电路的应用，通过实用电子电路的分析、检测、设计、制作等环节，可以将课堂上学到的知识转化为能力。为了教学与学习方便，本书每个项目后面都附有项目小结、练习与思考。

　　教师可以依托本书，结合案例教学、现场教学、实物教学、多媒体教学、启发与互动教学、精品课程网站等多种教学形式和教学手段，激发学生的主体意识和学习兴趣。

　　本书由浙江交通职业技术学院吴涛主编，刘美灵主审。浙江交通职业技术学院林鼎、颜文华承担了部分项目的编写校订工作。在本书编写过程中，新疆交通职业技术学院吴民及许多专家和同行给予了大力帮助和支持；在本书定稿过程中，西安电子科技大学出版社编校部的几位编辑给予了帮助和订正；编者还参阅了许多国内外公开出版和发表的文献，在此一并向以上人员以及所参阅文献的作者表示衷心的感谢。

　　限于编者精力及水平，书中内容难以覆盖全国各地的实际教学情况，也难免有不妥之处，恳请广大读者提出宝贵意见，以便进一步修改完善。

编　者<br>2023 年 1 月

# 目 录

# 项目1 直流电路

学 习 目 标

（1）能正确描述电路的基本概念以及电流、电压、电位和电功率等基本物理量的含义。

（2）掌握电阻、电感、电容三个基本元件的特性及其在汽车电路中的应用。

（3）能够正确使用万用表测量电压、电流、电阻等参数。

（4）能正确应用基尔霍夫定律分析电路。

（5）熟悉支路电流法、电源等效变换以及叠加定理，会分析计算较复杂的电路。

（6）会分析汽车灯光电路。

（7）具有安全操作意识，加强安全与环保意识。

（8）具有一定的解决实际问题的能力；在掌握知识与技能的同时，培养职业道德意识和职业素质养成意识。

项 目 描 述

汽车时常会出现一些电气设备故障，影响正常的行驶，那么如何对这些出现故障的电气设备进行维修呢？首先要了解电路的控制原理，然后对有关的电路参数进行检测，从而判断故障的位置并排除。

本项目以直流电路为主要分析对象，着重讨论电路的基本概念、基本定律、基本元件的特性与应用以及电路的分析和计算方法，读者可以从汽车典型灯光电路入手，对直流电路展开分析。

直流电路是指含有直流电源，并且电路各处的电压、电流、电动势等物理量的大小和方向都不随时间变化的电路。电路的基本概念及基本定律是电路分析的重要基础。电路的基本定律和理想的电路元件虽只有几个，但无论是简单的还是复杂的具体电路，都是由这些元件构成的，依据基本定律可以对它们进行分析和计算。

相 关 知 识

## 一、电路的组成及作用

### 1. 电路及电路模型

1）电路

电路就是电流所流过的闭合路径，它是由某些电工设备或电子元器件按某种方式连接而成的，如汽车的照明电路，启动电路，点火电路，温度、压力、光照、位置角度等传感器检测电路等。图 1.1 所示为汽车上的冷却液温度报警装置电路结构。

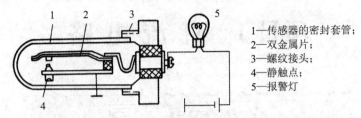

1—传感器的密封套管；
2—双金属片；
3—螺纹接头；
4—静触点；
5—报警灯

图 1.1　冷却液温度报警装置电路结构

根据实现功能的不同，电路可分为两种类型：一种是实现能量转换、传送与分配的电路，如电力系统电路、汽车启动电路等；另一种是实现信号的传送和处理的电路，如扩音机电路、汽车微机控制电路等。

电路虽然多种多样，功能也各不相同，但电路一般都可以看成是由电源、负载以及中间环节等三部分组成的。电路中供给电能的设备和器件称为电源，如汽车交流发电机和蓄电池等，它们分别把机械能和化学能转换为电能。负载是耗用电能的装置，如汽车上的照明灯、点烟器、启动机等，它们分别把电能转换为光能、热能、机械能。中间环节包括输电线及开关、熔丝等，它们是连接电源和负载的部分，起传输、控制和分配电能的作用。

2）电路模型

为了研究电路的普遍规律，常把实际元件加以近似化、理想化，即用"理想元件"来表示"实际元件"。比如用"电阻元件"模型来反映具有耗能特征的电阻器、电烙铁、灯泡等实际元件，用字母 $R$ 表示，简称电阻。用"电感元件"近似代替线圈，用字母 $L$ 表示，简称电感。用"电容元件"近似代替电容器，用字母 $C$ 表示，简称电容。而干电池、发电机等供能元件或器件，则用"理想电压源"来近似表示。这种由理想元件构成的电路就称为"电路模型"，简称"电路"。

理想元件电阻、电感、电容、电压源、电流源的图形符号如图 1.2 所示。

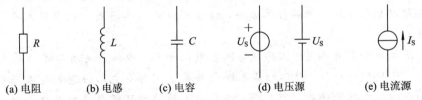

(a) 电阻　　　　(b) 电感　　　　(c) 电容　　　　(d) 电压源　　　　(e) 电流源

图 1.2　理想电路元件图形符号

冷却液温度报警装置电路可等效为图 1.3 所示的电路，即电路由蓄电池（电源）、灯泡（负载）和传感器及导线等（中间环节）组成。其中电源用电源电动势 $E$ 及其内阻 $R_0$ 串联表

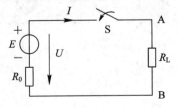

图 1.3　电路的组成

示，灯泡用电阻 $R_L$ 表示。

**2. 汽车电路的组成与特点**

1）汽车电路的组成

现代汽车的电气系统越来越复杂，但总的来说，一个具体的汽车电路大致可以分为三大部分，即电源、用电设备、中间装置（全车电路及配电装置）。图 1.4 所示是汽车点烟器系统电路，由汽车电源、用电设备和中间装置组成。

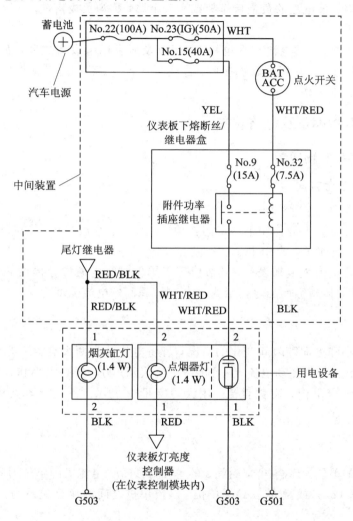

图 1.4　汽车点烟器系统电路

任何电气设备和电控装置要想获得电源供应，中间装置的连接必不可少。常见的连接装置有汽车线束、开关装置、保险装置、继电器、连接端子和连接器等。

2）汽车电路的特点

汽车车身电路通常具有以下特点：

（1）低压直流电。

蓄电池作为汽车上的电源之一，提供的是直流电。当蓄电池放电完毕后必须由直流电源对其进行充电，因此，汽车上的发电机也必须输出直流电。目前汽油机普遍采用 12 V 电源。

（2）单线制。

单线连接是汽车电路的特殊之处，指汽车上所有电气设备的正极均用导线相互连接，而所有的负极则直接或间接通过导线与车架或车身金属部分相连，即搭铁。任何一个电路中的电流都是从电源的正极出发，经导线流入用电设备后，再由电气设备自身或负极导线搭铁，并通过车架或车身金属流至电源负极而形成回路的。

（3）负极搭铁。

采用单线制时，蓄电池的负极接车架或车身金属，称为负极搭铁。

（4）并联连接。

汽车上的两个电源（蓄电池与发电机）之间以及所有用电设备之间，都是正极接正极、负极接负极，并联连接。采用并联连接后，若汽车的某一支路用电设备损坏，也不影响其他支路用电设备的正常工作。

## 二、电路的基本物理量及电路状态

### （一）电路的基本物理量

#### 1. 电流及其参考方向

1）电流

电路中带电粒子在电源作用下的定向移动形成电流。金属导体中的带电粒子是自由电子，半导体中的带电粒子是自由电子和空穴。

电流的大小用电流强度来表示，其数值等于单位时间内通过导体横截面的电荷量。设在 $dt$ 时间内通过导体横截面的电荷量为 $dq$，则该瞬间的电流强度为

$$i = \frac{dq}{dt} \tag{1-1}$$

根据电流大小和方向随时间变化的情况，可将电流分为两大类：一类是大小和方向都随时间变化的电流，称为变动电流，用小写字母 $i$ 表示；另一类是大小和方向都不随时间变化的电流，称为恒定电流，简称直流，用大写字母 $I$ 表示。在直流电路中，式（1-1）可写成：

$$I = \frac{Q}{t} \tag{1-2}$$

式中：电荷量 $Q$ 的单位为库仑（C），时间 $t$ 的单位为秒（s），电流 $I$ 的单位为安培（A）。计量微小电流时，以毫安（mA）或微安（$\mu$A）为单位。电流单位之间的换算关系为：$1\ A = 10^3\ mA = 10^6\ \mu A$。

2）电流的参考方向

电流的方向是客观存在的，习惯上规定正电荷移动的方向为电流方向。在简单电路中，可以很容易地判断出电流的实际方向。但在电路分析中，对于一些较为复杂的电路，有时电流的实际方向难以判断，因此引入了参考方向这一概念。

参考方向是假定的方向，可以任意选定。在电路中，电流的参考方向一般用箭头或双下标表示，如 $I_{ab}$ 表示参考方向是由 a 指向 b。当电流的参考方向与实际方向一致时，电流为正值（$I>0$）；当电流的参考方向与实际方向相反时，电流为负值（$I<0$），如图 1.5 所示。这样，在选定的参考方向下，根据电流的正负，就可以确定电流的实际方向。

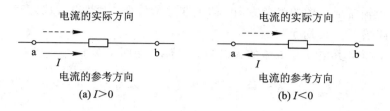

图 1.5 电流的参考方向

对于比较复杂的直流电路，如图 1.6 所示，电阻 $R$ 上的电流方向很难直观判断。在分析电路问题时，可以先假定电流的参考方向，并据此去分析计算，最后再根据答案的正负值来确定电流的实际方向。正值表示电流的实际方向与参考方向一致，负值表示电流的实际方向与参考方向相反。

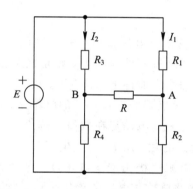

图 1.6 电流方向的判断

**2. 电压及其参考方向**

1）电压

电压是描述电场力对电荷做功的物理量。在电路中，如果正电荷由 A 点移到 B 点，电场力所做的功为 $\mathrm{d}W$，那么 A、B 两点间的电压为

$$u_{AB} = \frac{\mathrm{d}W}{\mathrm{d}q}$$

也就是说，电场力把单位正电荷由 A 点移到 B 点所做的功在数值上等于 A、B 两点间的电压。在直流电路中，上式可写成：

$$U_{AB} = \frac{W_{AB}}{Q}$$

电压的单位是伏特（V）。当电场力把 1 库仑（C）的电荷从一点移到另一点所做的功为 1 焦耳（J）时，该两点间的电压即为 1 V。工程上常用千伏（kV）、毫伏（mV）等单位。电压单位之间的换算关系为：$1\ \mathrm{kV} = 10^3\ \mathrm{V} = 10^6\ \mathrm{mV}$。

2）电压的参考方向

电压的实际方向规定为电场力的方向。在分析电路时，也须选取电压的参考方向。当电压的参考方向与实际方向一致时，电压为正值（$U > 0$）；相反时，电压为负值（$U < 0$）。电压的参考方向可用箭头表示，也可用"＋""－"表示，还可用双下标表示，如符号 $U_{AB}$ 表示电压的参考方向由 A 点指向 B 点。

在分析电路时，电压参考方向和电流参考方向的选择是任意的，但为了方便，同一元件上的电压和电流常取一致的参考方向，即关联参考方向，如图 1.7(a)所示。反之为非关联参考方向，如图 1.7(b)所示。

在图 1.7(a)中，其电压与电流的关系为 $U=IR$，而图 1.7(b)中则为 $U=-IR$。

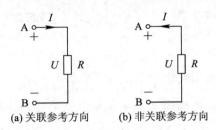

**(a) 关联参考方向**　　　　**(b) 非关联参考方向**

图 1.7　关联参考方向与非关联参考方向

### 3．电动势

电动势是描述电源中非电场力对电荷做功本领的物理量。在电路中，正电荷在电场力作用下不断从正极移向负极，如果没有外作用力，则正极电位会因正电荷的减少而逐渐降低，而负极电位则会因正电荷的增多而逐渐升高，正、负极板间的电位差就会减小，直至为零。为了维持电流，必须使正、负极板间保持一定的电位差，这就要借助非电场力使移动到负极的正电荷经电源内部移到正极。电动势在数值上等于非电场力将单位正电荷从电源负极经电源内部移到电源正极所做的功，用 $E$（有时也用 $U_S$）表示。

电动势的方向规定为：由电源负极指向电源正极。电动势的方向也可用箭头、双下标或"＋""－"极性表示。电动势的单位与电压的单位相同，为伏特(V)。

### 4．电功和电功率

设直流电路中，A、B 两点的电压为 $U$，在时间 $t$ 内电荷 $Q$ 受电场力作用从 A 点经负载移动到 B 点，则电场力所做的功为

$$W=UQ=UIt \tag{1-3}$$

这就是在 $t$ 时间内所消耗(或吸收)的电能。单位时间内消耗的电能称为电功率(简称功率)，即负载消耗(或吸收)的电功率，其计算公式为

$$P=\frac{W}{t}=UI \tag{1-4}$$

功的单位是焦耳(J)；功率的单位是瓦特(W)，此外还有千瓦(kW)、毫瓦(mW)等。功率单位间的换算关系为：$1\ kW=10^3\ W=10^6\ mW$。

### 5．电位

电位是度量电势能大小的物理量，在数值上等于电场力将单位正电荷从该点移到参考点所做的功，用符号 $V$ 表示。由此可以看出，电路中任意一点的电位就是该点与参考点之间的电压，而电路中任意两点之间的电压，等于这两点电位之差。因此，电位的测量实质上就是电压的测量，即测量该点与参考点之间的电压。电压与电位的关系为

$$U_{AB}=V_A-V_B \tag{1-5}$$

电压的实际方向是由高电位指向低电位，而电动势的实际方向是由低电位指向高电位。

在一个电路中，若选择的参考点位置不同，则电路中各点电位也不同，但任意两点间

的电位差不变,即电压不变。电路中各点的电位高低是相对于参考点而言的,而两点间的电压则与参考点的选择无关,即电位具有相对性,电压具有绝对性。不选择参考点去讨论电位是没有实际意义的。

在电工电子技术中,原则上电位参考点的选取是任意的,但为了统一,工程上常选大地为参考点,在电路图中用符号"⏚"表示。对于机壳需要接地的电子设备,可以把机壳作为参考点。有些电子设备机壳虽然不一定接地,但为分析方便,可以把它们当中元件汇集的公共端或公共线选作参考点,也称为"地",在电路图中用"⊥"来表示。在汽车电路中,搭铁点即为汽车电路的电位参考点。在汽车电器的检修过程中,所测量的电位值实质上即被测点与搭铁点之间的电压。

**【例 1.1】**　试计算图 1.8 所示电路中 B 点的电位。

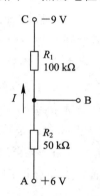

图 1.8　例 1.1 电路图

**解**　电路中的电流为

$$I = \frac{V_A - V_C}{R_1 + R_2} = \frac{6 - (-9)}{(100 + 50) \times 10^3} = 0.1 \text{ mA}$$

电压为

$$U_{AB} = V_A - V_B = R_2 I = 50 \times 10^3 \times 0.1 \times 10^{-3} = 5 \text{ V}$$

则 B 点电位为

$$V_B = V_A - U_{AB} = 6 - 5 = 1 \text{ V}$$

### （二）电路的工作状态

电路的工作状态有三种,即有载(负载)、开路(断路)与短路,如图 1.9 所示。电路的三种工作状态对应的电压、电流和功率关系见表 1.1。

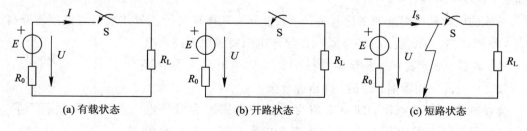

图 1.9　电路的工作状态

表 1.1　电路的三种工作状态对应的电压、电流和功率关系

| 电路状态 | 负载电阻 | 电源电流 | 电源端电压 | 电源的功率 | 负载的功率 |
|---|---|---|---|---|---|
| 有载 | $R_L=$常数 | $I=\dfrac{E}{R_L+R_0}$ | $U=E-IR_0$ $=IR_L<E$ | $P_E=RI$ | $P=I^2R_L$ |
| 开路(空载、断路) | $R_L\rightarrow\infty$ | $I=0$ | $U=E$ | $P_E=0$ | $P=0$ |
| 短路 | $R_L\rightarrow0$ | $I_S=\dfrac{E}{R_0}$ | $U=0$ | $P_E=I_S^2R_0$ | $P=0$ |

电路的开路状态可以分为控制性开路和故障性开路。控制性开路是人们根据需要利用开关将处于通路状态的电路断开；故障性开路是一种突发性、意想不到的断路状态。例如，在汽车电路中，电源与负载之间的连接线松脱，负载与导体的金属部分接触不良，都会引起断路故障。所以接线要牢固可靠，尽量避免断路故障发生。

在短路发生时，电路中的电阻只有电源内阻 $R_0$，它的电阻是很小的，因此电路中的短路电流 $I_S$ 很大，它比电源的正常电流大几十倍。这样大的短路电流通过电路时会产生大量热能，不仅会损坏电源、导线及其他电气设备，甚至还会引起火灾，所以必须避免发生。一般的措施是在电路上加装短路保护装置，如熔断器 FU 或自动断电器等。

## 三、电阻元件

电流通过导体时，导体会对电荷的定向运动产生阻碍作用，电阻就是反映导体对电流阻碍作用大小的物理量，用字母 $R$ 表示。电阻电路如图 1.10 所示。

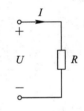

图 1.10　电阻电路

实验证明，当温度一定时，金属导体的电阻 $R$ 与导体的长度 $l$ 成正比，与横截面积 $S$ 成反比，还与制成电阻材料的电阻率 $\rho$ 有关，如下式：

$$R=\rho\frac{l}{S} \tag{1-6}$$

式中：电阻的单位为欧姆($\Omega$)，长度的单位为米(m)，横截面积的单位为平方米($m^2$)，电阻率的单位为欧姆·米($\Omega\cdot m$)。电阻的单位还有千欧(k$\Omega$)、兆欧(M$\Omega$)，它们之间的换算关系是：$1\ M\Omega=10^3\ k\Omega=10^6\ \Omega$。

导体的电阻还与温度的变化有关，一般可分为三种情况：① 导体电阻随温度的升高而增加，如银、铝、铜、铁、钨等金属；② 导体电阻随温度升高而减小，如电解液、碳素材料、半导体材料；③ 导体的电阻几乎不随温度改变而变化，如康铜、锰钢、镍铬等合金。

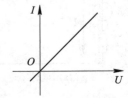

图 1.11　线性电阻的伏安特性曲线

遵循欧姆定律的电阻，即电阻值为常数的电阻称为线性电阻，它表示该段电路电压与电流的比值为常数。线性电阻的伏安特性曲线如图 1.11 所示。不遵循欧姆定律的电阻，其电阻值

不是一个常数，而是随着电压或电流的变化而变化，这种电阻称为非线性电阻。例如电子电路中的晶体二极管就是一个非线性电阻元件，其伏安特性曲线如图1.12所示。

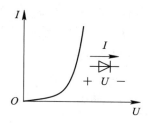

图 1.12　晶体二极管的伏安特性曲线

实际应用中，电阻的连接方式既有串联，又有并联，还有串、并联的组合。分析这类电路时，要根据电路的具体结构，运用电阻的串、并联关系简化电路。表 1.2 是电阻串联和并联电路的特点比较。

**表 1.2　电阻串联和并联电路的特点**

| 连接方式 | 电　流 | 电　压 | 电　阻 |
|---|---|---|---|
| 串联 | 电流处处相等 | 总电压等于各电阻上电压之和 | 总电阻等于各电阻之和 |
| 并联 | 总电流等于各支路电流之和 | 总电压等于各支路电压 | 总电阻的倒数等于各支路电阻倒数之和 |

## 四、电感元件和电容元件

### 1. 电感元件

1）电感的相关概念

导线绕制的空心线圈或具有铁芯的线圈在工程上具有广泛的应用，如电动机绕组、继电器线圈等。若电感线圈中的损耗忽略不计，则电感线圈可以看作是电感元件，简称电感。

如图 1.13(a)所示，当电感通过电流时，将产生磁通，在其内部及周围建立磁场，储存磁场能量。电感上磁链 $\psi$ 与电流 $i$ 成正比，即

$$L = \frac{\psi}{i} = \frac{N\Phi}{i}$$

式中：比例系数 $L$ 为电感，是表征电感元件的特征参数。在国际单位制中，电感的单位是亨利，用字母 H 表示。实际应用中还常用微亨（$\mu$H）和毫亨（mH）等电感的单位，它们之间的换算关系是：$1\ \mathrm{H} = 10^3\ \mathrm{mH} = 10^6\ \mu\mathrm{H}$。电感 $L$ 既代表自感系数，也代表电感元件。

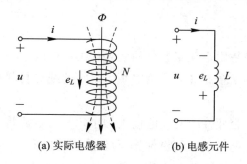

(a) 实际电感器　　　　　(b) 电感元件

图 1.13　电感

若自感系数为常数，即磁链与电流的大小成正比，则电感称为线性电感，否则称为非线性电感。对于铁芯线圈来说，电感不为常数，故称为非线性电感。空心线圈的电感为常数，故为线性电感。

根据电磁感应定律，当电感中的电流 $i$ 变化时，磁场也随之变化，并在电感中产生自感电动势 $e_L$，如图 1.13(b) 所示。当电压、电流和电动势的参考方向如图 1.13(b) 所示时，有

$$u = -e_L = N\frac{\mathrm{d}\Phi}{\mathrm{d}t} = L\frac{\mathrm{d}i}{\mathrm{d}t} \qquad\qquad (1-7)$$

式(1-7)表明，电感的电压与其电流的变化率成正比，只有电流发生变化时，其两端才会有电压。电流变化越快，自感电压越大；电流变化越慢，自感电压越小。当电流不随时间变化时，自感电压为零，所以在直流稳态电路中，电感相当于短路。

2）电感线圈在汽车电路中的应用

图 1.14 为笛簧开关电流传感器，其主要作用是检测汽车尾灯、牌照灯及驻车灯等的灯丝是否断开。如图 1.14(a) 所示，电流线圈的周围绕有电压线圈，线圈的中央设置了笛簧开关。电压线圈的功能是防止电压变化时引起传感器的误动作。笛簧开关电流传感器的电路原理图如图 1.14(b) 所示，当图中所示开关闭合时，若灯都正常，则当电流线圈中有规定的电流通过时，电流线圈所形成的电磁力会使笛簧开关闭合；若有一个灯丝断开，则电流线圈中的电流减少，电磁力减弱，笛簧开关打开，处于异常状态(报警)。

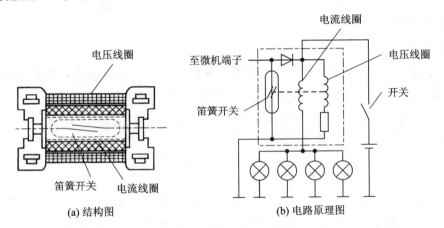

(a) 结构图　　　　　　　　(b) 电路原理图

图 1.14　笛簧开关电流传感器

## 2. 电容元件

1）电容的相关概念

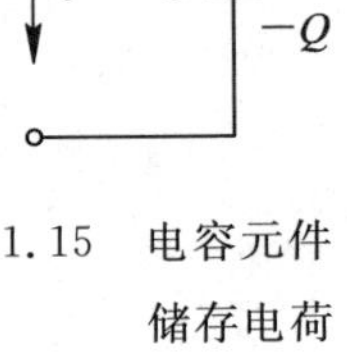

电容元件(简称电容)是用来存储电荷的装置，通常由两个中间隔以绝缘材料的金属导体组成。金属导体称为极板，中间的绝缘材料称为介质，两个电极从极板引出。

在一个未充过电的电容元件的两个电极上加上电压，电源将对电容元件充电，使两极板带上电量相等而极性相反的电荷，如图 1.15 所示。实验证明，极板上所带的电荷量 $Q$ 与电容元件两端的电压 $U$ 成正比，即

图 1.15　电容元件
储存电荷

$$Q = CU$$

上式还可以写成

$$C = \frac{Q}{U}$$

式中：$C$ 称为电容量，简称电容。$C$ 是衡量电容元件存储电荷能力大小的物理量，是电容元件固有的参数。在国际单位制中，电容的单位是法拉，用字母 F 表示。由于法拉的单位太大，实际中常用微法（$\mu$F）和皮法（pF），它们之间的换算关系是：$1\ \mathrm{F} = 10^{6}\ \mu\mathrm{F} = 10^{12}\ \mathrm{pF}$。由于常将电容元件简称为电容，因此电容既代表电容量，也代表电容元件。

如图 1.16 所示，当电容极板上的电荷量变化时，与电容极板相连的导线中将出现电流，即

$$i = \frac{\mathrm{d}q}{\mathrm{d}t} = \frac{\mathrm{d}(Cu)}{\mathrm{d}t} = C\frac{\mathrm{d}u}{\mathrm{d}t} \qquad (1-8)$$

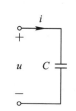

图 1.16  电容元件

由式（1-8）可见，电容的电流与其电压的变化率成正比，只有当电压发生变化时，电容才会有电流。电压变化越快，产生的电流越大；电压变化越慢，产生的电流越小。当电压不随时间变化时，电流为零，所以在直流稳态电路中，电容相当于开路。

2）电容的充电和放电

（1）电容的充电。

如图 1.17 所示，将电容与电阻 $R$ 串联后，再经开关 S 接到直流电源上（开关 S 置 A 端），使电容被充电。

在电路刚接通的瞬间，因电容上无电荷，两端的电压为零，这时充电电流最大。随着两极板上电荷的不断积累，电容两端的电压逐渐增大，因此充电电流不断减小。当电容端电压与电

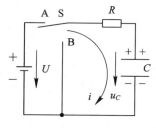

图 1.17  电容的充电

源电压相等时，充电电流减至零，充电结束。此时电容极板上的电荷达到稳定值 $Q$，电容相当于开路。

（2）电容的放电。

如图 1.18 所示，在电容充电完毕后，把开关 S 从 A 端迅速移至 B 端，电容开始放电。在开始放电的瞬间，放电电流最大。随着电容两极板上电荷的不断减少，其两端的电位差逐渐降低，放电电流也逐渐减小。最后，电容两端电压为零，放电结束。

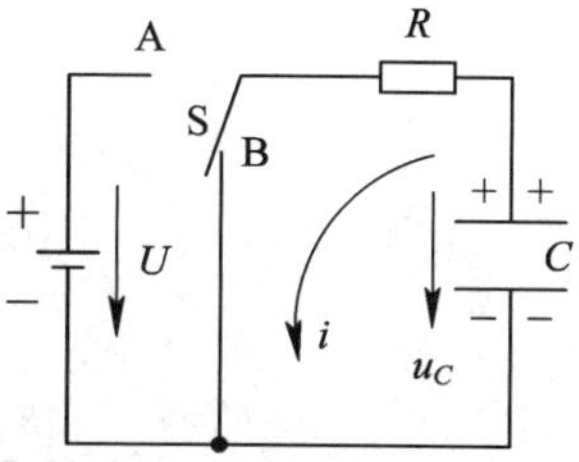

（3）时间常数。

图 1.18  电容的放电

电容的充电和放电都需要一定的时间。显然，电容量越大，存储电荷越多，电容器充、放电时间就越长；电阻越大，充、放电电流越小，充、放电时间也越长。即电容器充、放电时间的长短取决于电路中电阻和电容的大小，把两者的乘积称为时间常数，用字母 $\tau$ 表示，即

$$\tau = RC \qquad (1-9)$$

从理论分析可知，电容的充、放电过程必须经过无限长的时间才能结束。但当 $t = 5\tau$

时，电流已经接近于 0，因此可以认为充、放电过程基本结束。通过改变电路的参数 $R$ 或 $C$，便可改变电容的充放电时间，以实现电路变化的功能。

3）电容器在汽车电路中的应用

电容器用来储存电荷，它本身不消耗电能，其储存的电荷会在放电时返回电路。电容器在汽车电路中应用很广泛。电容器能吸收电路中的电压变化，利用电压的储存来吸收危险的电压尖峰，当电路中出现高的电压尖峰时，电容器会在电压尖峰损坏电路元件之前将其吸收。电容器还能用来迅速停止电路断开时的自感电流，如用于传统点火系统的一次侧电路。电容器储存高压电荷后可根据需要释放，如安全气囊系统中的备用触发电路。

## 五、电路的分析计算

图 1.19 所示为汽车电源系统电路。由图可知，汽车电源由蓄电池和发电机并联向负载供电。图 1.19 的等效电路为图 1.20，图 1.19 中的蓄电池和发电机可等效为 $E_1$ 和 $E_2$，$R_3$ 即用电设备。分析这样的复杂电路，要用到求解复杂电路的定律和方法。

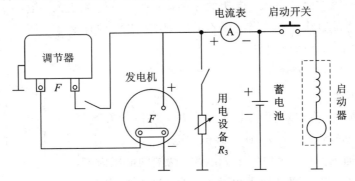

图 1.19　汽车电源系统电路

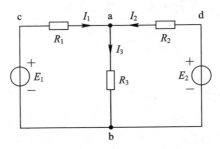

图 1.20　汽车电源系统等效电路

### （一）基尔霍夫定律及其应用

欧姆定律是分析和计算电路的基本定律，但在对复杂电路的分析与计算中，还离不开基尔霍夫定律。基尔霍夫定律包含两部分内容，即基尔霍夫电流定律（KCL，适用于节点）和基尔霍夫电压定律（KVL，适用于回路）。

#### 1. 基本概念

（1）支路：通常情况下，电路中流过同一电流的分支称为支路，流过支路的电流叫作支路电流。例如，图 1.20 所示电路中有 acb、adb 和 ab 三条支路。其中 acb、adb 支路中有电源，称为有源支路；ab 支路中无电源，称为无源支路。

（2）节点：电路中三条或三条以上支路的连接点称为节点。例如，图 1.20 所示电路中有 a、b 两个节点。

（3）回路：电路中任一闭合路径都称为回路。例如，图 1.20 所示电路中有 abca、adba、cbdac 三个回路。

（4）网孔：不含交叉支路的回路称为网孔。例如，图 1.20 所示电路中有 abca、adba 两个网孔。

**2. 基尔霍夫电流定律**

基尔霍夫电流定律（KCL）用以确定连接在同一节点上的各个支路之间的电流关系。

基尔霍夫电流定律可描述为：在任何时刻，通过电路中任一节点的电流的代数和等于零，可表达为

$$\sum I = 0 \tag{1-10}$$

若规定流进节点的电流为正值，则流出节点的电流为负值。因此在图 1.20 中有

$$I_1 + I_2 - I_3 = 0$$

也可表示为

$$I_1 + I_2 = I_3$$

基尔霍夫电流定律的根据是电流的连续性，假如流入节点的电流不等于流出节点的电流，则在电路中某一点（包括节点）必然有电荷堆积，这就破坏了电流的连续性。

用基尔霍夫电流定律列写节点电流方程时，必须首先确定每个支路电流的方向。如果某一支路电流方向未知，则可任意假设其方向。若计算结果为正值，说明假设方向与实际方向相同。

KCL 也可推广应用于包围几个节点的闭合面（广义节点），即在任一时刻，流入闭合面的电流等于流出闭合面的电流。由 KCL 可得图 1.21 中闭合面内各电流关系为

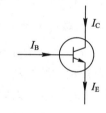

图 1.21　广义节点的应用

$$I_B + I_C - I_E = 0$$

**3. 基尔霍夫电压定律**

基尔霍夫电压定律（KVL）用以确定回路中各段电压间的关系。

基尔霍夫电压定律可描述为：在任一回路中，从任一点以顺时针或逆时针方向沿回路绕行一周，所有支路或元件上电压的代数和等于零，即

$$\sum U = 0 \tag{1-11}$$

为了应用 KVL，必须假设回路的绕行方向，如果电压的参考方向与回路的绕行方向一致，则电压取正值，反之取负值。

如图 1.22 所示，回路中的电源电动势、电流和各段电压的参考方向均已标出，按顺时针绕行一周可列出如下的电压方程：

$$U_S + U_1 + U_2 + U_3 = 0$$

或

$$U_S + R_1 I_1 + R_2 I_2 + R_3 I_3 = 0$$

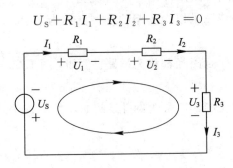

图 1.22　回路

　　基尔霍夫电压定律是能量守恒定律的反映。电场力推动单位正电荷从某点出发沿任一回路绕行一周(即回到原来的起点时),所做的功为零。

　　基尔霍夫电压定律也可表述为沿任一回路绕行一周,电位升之和必等于电位降之和。

　　基尔霍夫电压定律不仅适用于闭合回路,也可以推广应用到回路的部分电路(广义回路),用于求回路的开路电压。例如图1.23 所示电路的开路电压 $U$ 为

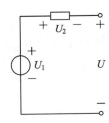

$$U = U_1 - U_2$$

图 1.23　KVL 的推广应用

　　基尔霍夫定律具有普遍性,不仅适用于直流电阻电路,而且适用于由各种元件所构成的电路,还适用于任何变化的电流和电压。

### 4. 支路电流法

　　支路电流法是计算复杂电路的最基本的方法。支路电流法是以复杂电路中各支路电流作为未知量,根据基尔霍夫电流定律和基尔霍夫电压定律分别对节点和回路列出所需的方程组,从而求出各未知的支路电流的方法。支路电流法的解题步骤如下:

　　(1) 标出各支路的电流方向和回路绕行方向。

　　(2) 用基尔霍夫电流定律列出节点电流方程式。

　　一个具有 $n$ 条支路、$m$ 个节点($n > m$)的复杂电路,需列出 $n$ 个相互独立的方程式来联立求解。由于 $m$ 个节点只能列出$(m-1)$个独立方程式,这样不足的 $n-(m-1)$ 个方程式可由基尔霍夫电压定律列出。

　　(3) 用基尔霍夫电压定律列出回路电压方程式。

　　为保证方程式独立,要求每列一个方程式都至少包含一条新支路。所谓新支路,是指已列出的方程式没有使用过的支路。

　　(4) 代入已知数,解联立方程式求出各支路的电流,并根据其正负情况确定各支路电流的实际方向。

　　若计算结果是正值,说明实际方向与假设方向相同;若计算结果是负值,说明实际方向与假设方向相反。

　　【例 1.2】　图 1.24 所示是两个电源并联对负载供电的电路。已知 $E_1 = 18$ V,$E_2 =$

9 V，$R_1=R_2=1\ \Omega$，$R_3=4\ \Omega$，求通过各支路的电流。

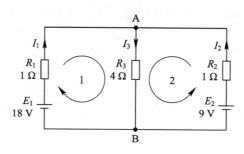

图 1.24　例 1.2 电路图

**解**　（1）假设各支路电流方向和回路绕行方向如图 1.24 所示。

（2）电路中只有两个节点，所以只能列出一个独立的节点电流方程式。对于节点 A，有

$$I_1+I_2=I_3$$

（3）电路中有三条支路，需列出三个方程式，现已有一个，另外两个方程式由基尔霍夫电压定律列出。对于支路 1 和支路 2，分别列出方程式：

$$R_1I_1+R_3I_3-E_1=0$$
$$R_2I_2+R_3I_3-E_2=0$$

（4）代入已知数，得

$$\begin{cases} I_1+I_2=I_3 \\ I_1+4I_3-18=0 \\ I_2+4I_3-9=0 \end{cases}$$

解联立方程组，得

$$I_1=6\ \text{A}\qquad\text{（方向与假设相同）}$$
$$I_2=-3\ \text{A}\qquad\text{（方向与假设相反）}$$
$$I_3=3\ \text{A}\qquad\text{（方向与假设相同）}$$

### （二）电压源、电流源及其等效变换

发电机、蓄电池等都是实际电源，在电路分析中，常用电路模型表示。实际电源的电路模型有两种：电压源和电流源。两种电路模型的特点虽不同，但在一定条件下可以相互转换。

### 1. 电压源

发电机、蓄电池等实际电源，都含有电动势 $E$ 和内阻 $R_0$，如图 1.25（a）所示。换句话说，它们可以用 $E$ 和 $R_0$ 串联的电源模型来代替，即用电压源来代替，如图 1.25（b）所示。

图 1.25 中，$U$ 是电源的端电压，$R_L$ 是负载电阻，$I$ 是负载电流。根据图 1.25 所示的电路可知

$$U=E-R_0I$$

电源的端电压 $U$ 与负载电流 $I$ 之间的关系称为电源的外特性。由于内阻 $R_0$ 的存在，电压源的端电压 $U$ 将随着负载电流 $I$ 的增加而减小。内阻 $R_0$ 越小，电压降越小，端电压随电流下降就越小。因此，为了保持端电压 $U$ 的基本稳定，要求电压源的内阻 $R_0$ 越小越好。

当 $R_0 = 0$ 时，由上式可知，不论负载电流 $I$ 如何变化，电压源的端电压 $U$ 恒等于电动势 $E$。具有这种特点的电压源称为理想电压源，又称恒压源，其电路如图 1.26 所示。

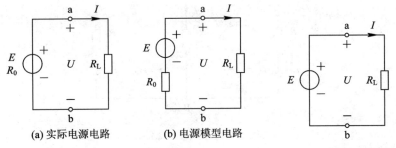

(a) 实际电源电路　　　　　(b) 电源模型电路

图 1.25　电压源电路　　　　　图 1.26　理想电压源电路

需要指出，恒压源这种理想的电源是不存在的。但是，如果电源的内阻 $R_0$ 远小于负载电阻 $R_L$，那么内阻降落的电压远小于电源端电压，这时电源端电压近似等于电动势。因此，当电源的内阻 $R_0$ 远小于负载电阻 $R_L$ 时，电源就可近似看作恒压源。例如，直流稳压电源、新的干电池等都可以近似看作恒压源。

**2. 电流源**

实际电源除了可以用电压源表示以外，还可以用电流源表示，如图 1.27(a) 所示。将 $U = E - R_0 I$ 两端除以 $R_0$，可得

$$\frac{U}{R_0} = \frac{E}{R_0} - I = I_S - I$$

故

$$I_S = \frac{U}{R_0} + I$$

式中：$I_S = \dfrac{E}{R_0}$，为电源电路的短路电流；$I$ 是负载电流。

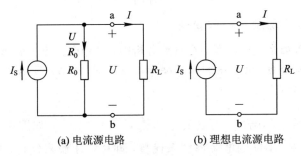

(a) 电流源电路　　　　　(b) 理想电流源电路

图 1.27　电流源和理想电流源电路

由图 1.27(a) 可以看出，负载电流 $I$ 随端电压 $U$ 的增加而减小，内阻 $R_0$ 越大，分流作用越小，电流越稳定。因此，为保持电流的基本稳定，要求内阻 $R_0$ 越大越好。

在理想情况下，$R_0 = \infty$，负载电流 $I$ 恒等于 $I_S$。把这种负载电流 $I$ 恒定不变的电流源称为理想电流源，也称恒流源，如图 1.27(b) 所示。

与恒压源一样，恒流源也是不存在的。但如果电流源的内阻 $R_0$ 远大于负载电阻 $R_L$，

则内阻的分流作用可忽略不计,此时电流源的负载电流近似等于恒流 $I_{\mathrm{S}}$,此时电流源可近似视为恒流源。太阳能电池、串励直流发电机、放大状态的晶体管等都是常见的恒流源。

**3. 电压源与电流源的等效变换**

同一个实际电源既可用电压源表示,又可用电流源表示,因此电压源与电流源可以等效互换。

这里所说的等效是对外电路而言的。对于同一外电路,若两种电源的外特性相同,就说它们之间是等效的,可以相互替代。依据外特性相同的要求,可以推出两种电源的等效变换条件,即

$$I_{\mathrm{S}} = \frac{E}{R_0} \tag{1-12}$$

$$E = I_{\mathrm{S}} R_0 \tag{1-13}$$

应用式(1-12)可将电压源等效变换成电流源,内阻 $R_0$ 阻值不变,要注意将其改为并联;应用式(1-13)可将电流源等效变换成电压源,内阻 $R_0$ 阻值不变,要注意将其改为串联。

进行等效变换时,应注意以下几点:

(1) 电压源与电流源的等效变换是指对外电路等效,对内电路不等效。

(2) 等效变换时,电流源的恒流 $I_{\mathrm{S}}$ 的参考方向与电压源的电动势 $E$ 的参考方向一致。

(3) 恒压源与恒流源之间不能进行等效变换。这是因为两者的特性完全不相同。

电源的等效变换法是一种十分有用的电路分析方法,利用它可以简化电路,达到简化计算的目的。

**【例 1.3】** 在图 1.28 所示的电路中,已知 $E_1 = 12$ V,$E_2 = 24$ V,$R_1 = R_2 = 20$ kΩ,$R_3 = 50$ kΩ,试求流过 $R_3$ 的电流 $I_3$。

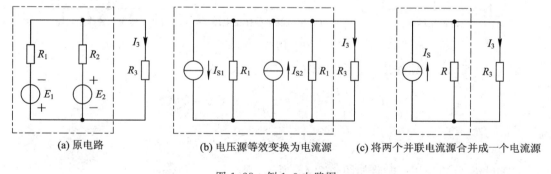

(a) 原电路     (b) 电压源等效变换为电流源     (c) 将两个并联电流源合并成一个电流源

图 1.28 例 1.3 电路图

**解** (1) 将图 1.28(a)中的电压源等效变换为电流源,如图 1.28(b)所示。由等效变换公式可得

$$I_{\mathrm{S1}} = \frac{E_1}{R_1} = \frac{12}{20 \times 10^3} = 0.6 \text{ mA}$$

$$I_{\mathrm{S2}} = \frac{E_2}{R_2} = \frac{24}{20 \times 10^3} = 1.2 \text{ mA}$$

(2) 将两个并联电流源合并成一个电流源,如图 1.28(c)所示,可得

$$I_S = I_{S2} - I_{S1} = 1.2 - 0.6 = 0.6 \text{ mA}$$

$$R = \frac{R_1 R_2}{R_1 + R_2} = \frac{R_1}{2} = 10 \text{ k}\Omega$$

（3）根据等效概念，图 1.28(c)中流过 $R_3$ 的电流与图 1.28(a)中流过 $R_3$ 的电流相等。应用分流公式，可求出

$$I_3 = \frac{R}{R + R_3} I_S = \frac{10}{10 + 50} \times 0.6 = 0.1 \text{ mA}$$

### （三）叠加定理

电路元件有线性和非线性之分，线性元件的参数是常数，与所施加的电压和通过的电流无关。线性元件组成的电路称为线性电路。叠加定理是反映线性电路基本性质的重要定理。

叠加定理可叙述为：在线性电路中，如果有多个电源同时作用，那么任何一条支路的电流或电压，等于电路中各个电源单独作用时对该支路所产生的电流或电压的代数和。

当某电源单独作用时，其他电源应该除去，称为"除源"。所谓"除源"，就是令电源参数为零，即对电压源来说，令 $E$ 为零，相当于"短路"；对电流源来说，令 $I_S$ 为零，相当于"开路"。

注意：当考虑某个电源单独作用时，电路内所有电阻（包括电源的内电阻）保持不变。

【例 1.4】　在图 1.29(a)所示的电路中，已知 $I_S = 6 \text{ A}$，$E = 15 \text{ V}$，$R_1 = 10 \text{ }\Omega$，$R_2 = 20 \text{ }\Omega$，试利用叠加定理求图中的 $I$ 和 $U$。

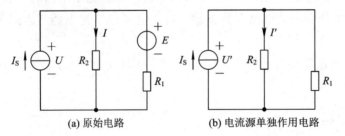 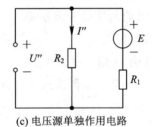

(a) 原始电路　　　　　(b) 电流源单独作用电路　　　　　(c) 电压源单独作用电路

图 1.29　例 1.4 电路图

**解**　（1）设 $I_S$ 单独作用，电路如图 1.29(b)所示，则

$$I' = \frac{R_1}{R_1 + R_2} I_S = \frac{10}{10 + 20} \times 6 = 2 \text{ A}$$

$$U' = \frac{R_1 R_2}{R_1 + R_2} I_S = \frac{10 \times 20}{10 + 20} \times 6 = 40 \text{ V}$$

（2）设 $E$ 单独作用，电路如图 1.29(c)所示，则

$$I'' = \frac{E}{R_1 + R_2} = \frac{15}{10 + 20} = 0.5 \text{ A}$$

$$U'' = \frac{R_2}{R_1 + R_2} E = \frac{20}{10 + 20} \times 15 = 10 \text{ V}$$

（3）进行叠加，得

$$I = I' + I'' = 2 + 0.5 = 2.5 \text{ A}$$

$$U = U' + U'' = 40 + 10 = 50 \text{ V}$$

应用叠加定理时需注意以下几点：

（1）叠加定理只能叠加电路中的电流或电压，不能对能量和功率进行叠加。

（2）不作用的电压源短接，不作用的电流源断开，电阻不动。

（3）要注意各电源单独作用时所得电路各处电流、电压的参考方向与原电路各电源共同作用时各处所对应的电流、电压的参考方向之间的关系，以便正确求解代数和。

## 六、汽车电路分析

### 1. 汽车冷却液温度表电路分析

汽车冷却液温度表（水温表）用于指示发动机冷却液工作温度。它由装在汽缸盖上的温度传感器和装在仪表板上的水温表组成。

电磁式水温表的工作原理如图 1.30 所示，其等效电路如图 1.31 所示。温度传感器内装有负温度系数的热敏电阻，其阻值随温度的升高而减小。热敏电阻是一种用陶瓷半导体制成的温度系数较大的电阻体。在工作温度范围内，电阻值随温度升高而增加的热敏电阻称为正温度系数热敏电阻；电阻值随温度升高而减少的热敏电阻称为负温度系数热敏电阻。负温度系数热敏电阻现广泛应用于汽车冷却液温度传感器、进气温度传感器、润滑油温度传感器和空调温度传感器等。

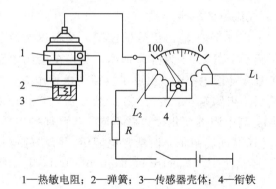

1—热敏电阻；2—弹簧；3—传感器壳体；4—衔铁

图 1.30　电磁式水温表工作原理

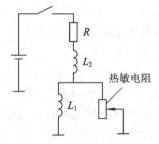

图 1.31　电磁式水温表等效电路

指示表内有两个线圈，当水温低时，热敏电阻阻值大，流经 $L_1$ 线圈与 $L_2$ 线圈的电流相差不多，但 $L_1$ 匝数多，产生的磁场强，吸引衔铁使指针偏向 0℃。当水温增高时，热敏电阻阻值减小，分流作用增强，流经 $L_1$ 的电流减小，磁力减弱，衔铁被 $L_2$ 吸引，指针向左偏转指向较高温度。

### 2. 惠斯通电桥型汽车电路的分析

电桥电路在电学中是一种很基本的电路。利用电桥平衡原理构成的电测仪器，可以用来测量电阻、电容和电感，并可通过这些物理量的测量来间接测量非电量，如温度、压力等，惠斯通电桥电路在自动化仪表和自动控制中有着广泛的应用。

图 1.32 所示为惠斯通电桥电路，其中 $R_2$、$R_3$、$R_4$ 为标准电阻，$R_X$ 为敏感元件（放在需要测量的地方），G 为检流计。当 G 中无电流时，电桥处于平衡状态，其平衡条件可通过理论推导得出：

$$\frac{R_X}{R_2} = \frac{R_4}{R_3}$$

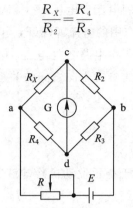

图 1.32　惠斯通电桥电路

$R_X$ 受外界影响时电阻值改变，电桥平衡被打破，G 中有电流通过。利用惠斯通电桥电路可以测量电阻，也可以用来测量一些能够通过电阻的变化而反映出来的非电量。电桥电路在汽车上得到了广泛应用，如汽车热线式温度传感器、电阻应变式碰撞传感器等。

许多汽车电子控制燃油系统中的热线式空气流量传感器就是利用了惠斯通电桥的工作原理制成的，该传感器主要用于精确测量发动机内的空气质量。

热线式空气流量传感器主要由感知空气流量的铂金热线（热线电阻）、根据进气温度进行修正的温度补偿电阻（冷线）、控制热线电流并产生输出信号的控制电路板以及空气流量传感器的壳体等组成，其结构如图 1.33 所示。图 1.34 为其原理图，安装在控制电路板上的精密电阻 $R_A$ 和 $R_B$ 与热线电阻 $R_H$ 和温度补偿电阻 $R_K$ 组成了惠斯通电桥电路。当空气流经热线电阻 $R_H$ 时，使热线电阻温度降低，电阻减小，电桥失去平衡。流经热线电阻的进气量不同，热线电阻的温度变化量就不同，其电阻的变化量也就不同。若要保持电桥平衡，就必须增大流经热线电阻的电流，以恢复其温度和阻值，而精密电阻 $R_A$ 两端的电压也相应增大，控制电路将此电压的变化 $U_0$ 输送给 ECU（Electronic Control Unit，电子控制单元），从而确定进气量。

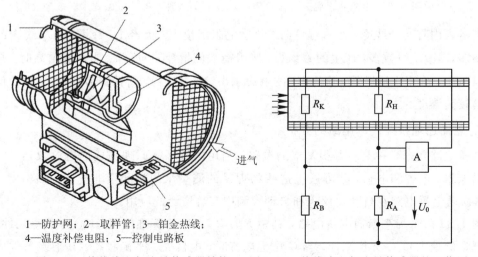

1—防护网；2—取样管；3—铂金热线；
4—温度补偿电阻；5—控制电路板

图 1.33　热线式空气流量传感器结构　　图 1.34　热线式空气流量传感器的工作原理图

# 技 能 训 练

## 一、汽车电路测量仪表的使用

万用表是诊断电子和电气系统最常用的仪表之一，它是一种可以进行多种测量项目的便携式仪表。

万用表有模拟式和数字式两类。模拟式万用表也称指针式万用表，使用方便、价格便宜；数字式万用表的测量精度高、读数准确、测量范围宽，它具有高输入阻抗，通常至少有 10 MΩ，测量电阻时输出电压低于 5 V，降低了损坏敏感元件和计算机精密电路的风险。汽车专用万用表还具有温度检测、信号频率测试、占空比测量、转速测量、喷油器喷油脉宽测量等功能。

下面以一款常见的 DT9205 型数字式万用表为例，介绍万用表的使用方法。DT9205 型万用表的面板如图 1.35 所示。

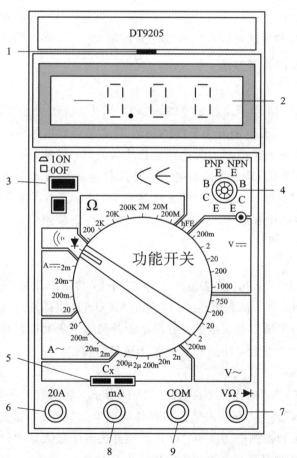

1—液晶扣；2—液晶显示屏；3—电源开关；4—晶体管测试插孔；5—电容测试插孔；
6—"20 A"输入插孔；7—电压、电阻输入插孔；8—"mA"输入插孔；9—公共输入插孔

图 1.35 DT9205 型万用表面板

**1. 数字式万用表 DT9205 的面板介绍**

1）LCD/液晶显示屏

DT9205 型万用表的功能选择具有 32 个量程。测试数据显示在 LCD/液晶显示屏中。量程与 LCD 有一定的对应关系：选择一个量程，如果量程是一位数，则 LCD 上显示一位整数，小数点后显示三位小数；如果是两位数，则 LCD 上显示两位整数，小数点后显示两位小数；如果是三位数，则 LCD 上显示三位整数，小数点后显示一位小数；有的量程对应的 LCD 没有小数点显示。超过量程时，LCD 的第一位显示"1"，其他位没有显示；最大显示值为 1999。该万用表具有全量程过载保护功能。

2）电源开关

使用万用表时将电源开关置于 ON 位置，使用完毕置于 OFF 位置。

3）功能开关

功能开关包括电阻挡、直流电压挡、交流电压挡、交流电流挡、直流电流挡、晶体管检测挡、电容挡、蜂鸣器挡/二极管检测挡等。

4）输入插孔

黑表笔应插入"COM"插孔。红表笔有三种插法：测量电压、电阻和二极管时插入"VΩ"插孔；测量小于 200 mA 的电流时插入"mA"插孔；测量大于 200 mA 的电流时插入"20 A"插孔。

**2. 数字式万用表的测量方法**

1）测量电阻

将黑表笔插入"COM"插孔，红表笔插入"VΩ"插孔，估计电阻的阻值后，将功能开关置于"Ω"的相应量程上；打开电源开关至"ON"处，将表笔接到电阻两端的测试点读数。

**注意**：① 如果被测电阻值超出所选择量程的最大值，将显示过量程"1"，此时应选择更高的量程。对于大于 1 MΩ 或更高的电阻，要几秒钟后读数才能稳定，这是正常现象。② 当没有连接好时，例如开路情况，仪表将显示为"1"。③ 当检查被测线路的阻抗时，要保证移开被测线路中的所有电源，使所有电容放电。被测线路中如有电源和储能元件，会影响线路阻抗测试正确性。

2）测量直流电压

将黑表笔插入"COM"插孔，红表笔插入"VΩ"插孔，将功能开关置于直流电压挡量程；打开电源开关至"ON"处，将测试表笔连接到待测电源（测开路电压）或负载上（测负载电压降）。

**注意**：① 如果不知被测电压范围，可将功能开关置于最大量程并逐级减挡。② 如果显示器只显示"1"，表示过量程，功能开关应置于更高量程。

3）测量交流电压

将黑表笔插入"COM"插孔，红表笔插入"VΩ"插孔，将功能开关置于交流电压挡量程；打开电源开关至"ON"处，将测试表笔连接到待测电源或负载上，读数即显。

**注意**：① 如果不知被测电压范围，可将功能开关置于最大量程并逐级减挡。② 如果显示器只显示"1"，表示过量程，功能开关应置于更高量程。

4）测量直流电流

将黑表笔插入"COM"插孔，当测量最大值为 200 mA 的电流时，红表笔插入"mA"插孔,当测量最大值为 20 A 的电流时,红表笔插入"20 A"插孔。将功能开关置于直流电流挡量程,打开电源开关至"ON"处,并将测试表笔串联接入待测电路,显示电流值的同时,也显示红表笔的极性。

注意:① 如果不知被测电流范围,可将功能开关置于最大量程并逐级减挡。② 如果显示器只显示"1",表示过量程,功能开关应置于更高量程。

5)测量交流电流

将黑表笔插入"COM"插孔,当测量最大值不大于 200 mA 时,红表笔插入"mA"插孔,当测量最大值不大于 20 A 时,红表笔插入"20A"插孔。将功能开关置于交流电流挡量程,打开电源开关至"ON"处,并将测试表笔串联接入待测电路中,读数即显。

注意:① 如果不知被测电流范围,可将功能开关置于最大量程并逐级减挡。② 如果显示器只显示"1",表示过量程,功能开关应置于更高量程。

6)测量电容

连接待测电容之前,注意每次转换量程时复零需要时间,有漂移读数存在但不会影响测试精度。测量时,将功能开关置于电容量程"$C_X$",然后将电容器插入电容测量插孔中,读数即显。

注意:① 仪器本身已对电容挡设置了保护,故在电容测试过程中不用考虑极性及电容充、放电等情况。② 测量电容时,将电容插入专用的电容测试插孔中,如果显示器只显示"1",表示过量程,功能开关应置于更高量程。③ 测量大电容时稳定读数需要一定的时间。

7)蜂鸣器挡的使用

将红表笔插入"VΩ"插孔,黑表笔插入 COM 插孔,将功能开关旋至蜂鸣器挡。测量时,将两表笔跨接在线路的两端,蜂鸣器有声音时,表示线路导通,如果没有声音表示线路不通。

## 二、汽车温度传感器热敏电阻的检测

### 1. 水温传感器的检测

水温传感器用负电阻系数(NTC)的热敏电阻制成,即其阻值在温度低时大,在温度高时小。

如图 1.36 所示,将被测传感器放到烧杯里的水中,水中同时放置了一支玻璃温度计。用酒精灯加热杯中的水,用万用表的欧姆挡测量在不同温度下传感器两端子间的电阻值,并记录在表 1.3 中,同时画出电阻-温度曲线。水温传感器热敏电阻的规定值如表 1.4 所示,试作比较。

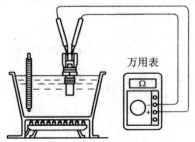

图 1.36  水温传感器的检测

表 1.3　水温传感器的检测记录表

| 温度/℃ | 10 | 20 | 30 | 40 | 50 | 60 | 70 |
|---|---|---|---|---|---|---|---|
| 电阻值/kΩ | | | | | | | |

表 1.4　水温/进气温度传感器热敏电阻的规定值

| 温度/℃ | 电阻/kΩ | | 温度/℃ | 电阻/kΩ | |
|---|---|---|---|---|---|
| | 最小 | 最大 | | 最小 | 最大 |
| −40 | 291.49 | 381.71 | 50 | 3.33 | 3.88 |
| −20 | 85.85 | 108.39 | 60 | 2.31 | 2.67 |
| −10 | 49.25 | 61.43 | 70 | 1.63 | 1.87 |
| 0 | 29.33 | 35.99 | 80 | 1.17 | 1.34 |
| 10 | 17.99 | 21.81 | 90 | 0.86 | 0.97 |
| 20 | 11.37 | 13.61 | 100 | 0.64 | 0.72 |
| 25 | 9.12 | 10.88 | 110 | 0.48 | 0.51 |
| 30 | 7.37 | 8.75 | 120 | 0.37 | 0.41 |
| 40 | 4.90 | 5.75 | | | |

**2. 进气温度传感器的检测**

进气温度传感器也是具有负电阻系数特性的热敏电阻。如图 1.37 所示，可以用电吹风或热水等方法对传感器进行加热。当温度计达到表 1.5 所示的相应温度时，用万用表的欧姆挡测量对应的传感器电阻值，并记录在表 1.5 中。同时与表 1.4 的进气温度传感器热敏电阻的规定值作比较，判断进气温度传感器是否正常。

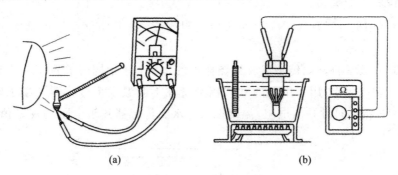

(a)　　　　　　　　　　　　　　(b)

图 1.37　进气温度传感器的检测

表 1.5　进气温度传感器的检测记录表

| 温度/℃ | 10 | 20 | 30 | 40 | 50 | 60 | 70 |
|---|---|---|---|---|---|---|---|
| 电阻值/kΩ | | | | | | | |

### 三、基尔霍夫定律的验证

**1. 测量步骤**

（1）选 $R_1 = 510\ \Omega$、$R_2 = 1\ \text{k}\Omega$、$R_3 = 300\ \Omega$，按图 1.38 所示接好线，将直流稳压电源 $E_1$ 调至 6 V，$E_2$ 调至 12 V，检查无误后接通电源。

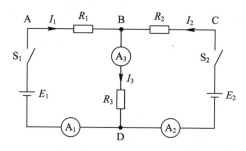

图 1.38 验证基尔霍夫定律的实训电路

（2）将电流表的读数记入表 1.6；用电压表测量出各段电压，将测量结果也记入表 1.6。

（3）将 $E_1$ 调至 10 V，$E_2$ 调至 20 V，重复上述步骤。

**表 1.6 验证基尔霍夫定律的测量记录表**

| 电源电压 | | $I_1/\text{mA}$ | $I_2/\text{mA}$ | $I_3/\text{mA}$ | $U_{AB}/\text{V}$ | $U_{BC}/\text{V}$ | $U_{CD}/\text{V}$ | $U_{DA}/\text{V}$ | $U_{DB}/\text{V}$ |
|---|---|---|---|---|---|---|---|---|---|
| $E_1 = 6$ V<br>$E_2 = 12$ V | 测量值 | | | | | | | | |
| $E_1 = 10$ V<br>$E_2 = 20$ V | 测量值 | | | | | | | | |

**2. 分析讨论**

（1）根据实训数据，计算汇于节点 B、节点 D 的电流是否满足基尔霍夫电流定律。

（2）根据实训数据，计算两个支路各段的电压是否满足基尔霍夫电压定律。

（3）试说明应用基尔霍夫定律解题时，支路电流出现负值的含义及原因。

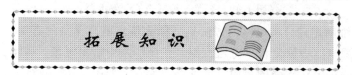

### 一、等效电源定理

等效电源定理包括戴维南定理和诺顿定理，当只需计算复杂电路中某一支路的电流时，应用等效电源定理尤为便利。

**1. 戴维南定理**

戴维南定理可表述为：任一线性有源二端网络对外电路的作用可以用一个恒压源 $U_S$ 和电阻 $R_0$ 串联的等效电压源代替，如图 1.39（a）、（b）所示。图 1.39（c）中的 $U_0$ 等于该有源二端网络端口的开路电压，图 1.39(d)中的 $R_o$ 等于该有源二端网络中独立电源不作用时的输出电阻(入端电阻)。

独立电源不作用是指去除电源，即恒压源短路、恒流源开路。

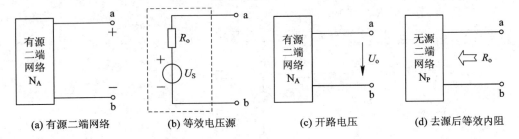

(a) 有源二端网络　　(b) 等效电压源　　(c) 开路电压　　(d) 去源后等效内阻

图 1.39　有源二端网络的等效电路

下面通过例题说明应用戴维南定理求某一支路电流的方法及步骤。

【例 1.5】　试用戴维南定理求图 1.40(a)电路中的电流 $I$。

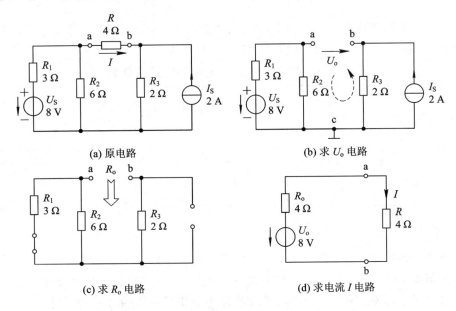

(a) 原电路　　　　　　　　　　(b) 求 $U_o$ 电路

(c) 求 $R_o$ 电路　　　　　　　　(d) 求电流 $I$ 电路

图 1.40　有源二端网络的等效电路

**解**　应用戴维南定理分析电路的方法是把摘除待求电流支路的有源二端网络等效为电压源，在等效电源电路中恢复待求电流支路，在该回路中解出电流，具体步骤如下：

(1) 画摘除待求电流支路的有源二端网络电路图，如图 1.40(b)所示。

(2) 求开路电压 $U_o$。

在图 1.40(b)中标示开路电压的参考方向、电位参考点。

$$U_o = U_{ab} = U_a - U_b = \frac{R_2}{R_1 + R_2}U_s - I_s R_3 = \frac{6}{3+6} \times 18 - 2 \times 2 = 8 \text{ V}$$

(3) 求等效内阻 $R_o$。画去源后的等效电路图，如图 1.40(c)所示。

$$R_o = (R_1 /\!/ R_2) + R_3 = \frac{3 \times 6}{3+6} + 2 = 4 \text{ } \Omega$$

(4) 画戴维南等效电源和恢复摘除支路的等效电路图，如图 1.40(d)所示。

（5）求电流 $I$，在图 1.40(d)中标示 $I$ 的原方向。

$$I = \frac{U_o}{R_o + R} = \frac{8}{4+4} = 1\ \text{A}$$

应用戴维南定理时应注意：

（1）每一步均要配以相应的电路图；

（2）戴维南等效电源的极性应与开路电压 $U_o$ 的参考方向保持一致，戴维南等效电路中电流方向应与原电路待求电流方向保持一致。

**2. 诺顿定理**

由于电压源与电流源可以等效变换，因此有源二端网络也可用电流源来等效代替。

诺顿定理可表述为：任一线性有源二端网络对外电路的作用可以用一个恒流源 $I_S$ 和电阻 $R_o$ 并联的等效电流源代替。其中的 $I_S$ 等于该有源二端网络端口的短路电流，$R_o$ 等于该有源二端网络中的独立电源不作用时的入端电阻。

独立电源不作用是指去除电源，即恒压源短路，恒流源开路。该定理可用图 1.41 表示，很显然根据电源等效变换关系，可从戴维南定理导出诺顿定理。

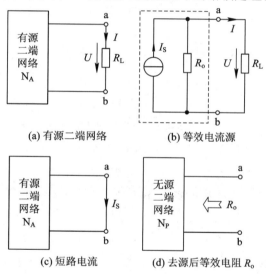

图 1.41　诺顿定理有源二端网络等效电路

## 二、电路的过渡过程及换路定律

当电路接通、断开或电路各元件的参数变化时，电路中的电压、电流等都在发生改变，电路从原来的稳定状态变化到另一个新的稳定状态，这个变化的过程称为过渡过程。过渡过程不能瞬间完成，需要一定的时间（尽管往往是极短暂的），又称暂态过程。电路在过渡过程中的工作状态称为暂态。

电路中之所以出现过渡过程，是因为电路中有电感、电容这类储能元件的存在。因为能量的存储和释放需要一个过程，所以以电容或电感的电路存在过渡过程。

**1. 换路定律**

电路工作状态的改变，如电路的接通、断开、短路、改路及电路元件参数值发生变化等，称为换路。由以上分析可知，换路瞬间，电容两端的电压 $u_C$ 不能跃变，流过电感的电流 $i_L$ 不能跃变，这即为换路定律。用 $t=0_-$ 表示换路前的终了瞬间，$t=0_+$ 表示换路后的初始瞬间，则换路定律表示为

$$\begin{cases} u_C(0_+) = u_C(0_-) \\ i_L(0_+) = i_L(0_-) \end{cases} \qquad (1-14)$$

**注意：** 换路定律只说明电容上电压和电感中的电流不能发生跃变，而流过电容的电流、电感上的电压以及电阻元件的电流和电压均可以发生跃变。

**2. 电路的过渡过程分析**

以图 1.42 为例，换路前开关 S 在位置 1，电源对电容充电。在 $t=0$ 时将开关转到位置 2，使电容脱离电源，电容器通过 $R$ 放电。由于电容电压不能跃变，$u_C(0_+)=u_C(0_-)=E$，随着放电过程的进行，电容储存的电荷越来越少，电容两端的电压 $u_C$ 越来越小，电路电流越来越小。规定 $\tau=RC$，为 RC 电路的时间常数，用于表示电容放电的快慢。可以认为 $t=5\tau$ 时，过渡过程结束。

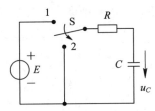

图 1.42  RC 放电电路

对于 RL 串联电路，其过渡过程分析与 RC 串联电路类似，只不过电感元件中电流不能跃变，一阶电路的分析方法同样适用于 RL 串联电路。

项 目 小 结

（1）电路就是电流所流过的闭合路径，电路一般由电源、负载以及中间环节等部分组成。电路能实现能量的转换、传输和分配，还能实现电信号的处理与传递。

（2）电压、电流是电路的基本物理量。在电路分析时，引入了参考方向的概念，参考方向是假定的方向。当物理量的参考方向与实际方向一致时，数值为正值；当物理量的参考方向与实际方向相反时，数值为负值。

（3）电位是电路中某点到参考点的电压。参考点在电路中可任意选择，选择不同的参考点，同一点的电位数值不同，但两点间的电压大小与参考点的选择无关，即电位的高低是相对的，而电压值是绝对的。

（4）电路的工作状态有三种，即有载（负载）、开路（断路）与短路。

（5）电阻是汽车电气和电子设备中用得较多的基本元件之一，其作用是控制和调节电路中的电流和电压或用作消耗电能的负载。在汽车中，遍布全车的照明灯、后窗除霜装置中的电热丝等都可等效为电阻元件。

（6）电感的电压与其电流的变化率成正比，只有电流发生变化时，其两端才会有电压。在直流稳态电路中，电感相当于短路。

(7) 在直流稳态电路中,电容相当于开路。电容的充电和放电都需要一定的时间,充、放电时间的长短取决于电路中电阻和电容的乘积,即时间常数 $\tau$ 的大小。$\tau$ 越大,电容元件充、放电时间就越长。电容器可储存电荷,本身不消耗电能,它在汽车电路中应用很广泛。

(8) 基尔霍夫定律包含两部分内容,即基尔霍夫电流定律(KCL,适用于节点)和基尔霍夫电压定律(KVL,适用于回路)。

基尔霍夫电流定律(KCL)用以确定连接在同一节点上的各个支路之间的电流关系,在任何时刻,通过电路中任一节点的电流的代数和等于零,可表达为 $\sum I = 0$。 KCL 也可推广应用于包围几个节点的闭合面(广义节点)。 基尔霍夫电压定律(KVL)用以确定回路中的各段电压间的关系,在任一回路中,从任一点以顺时针或逆时针方向沿回路绕行一周,则所有支路或元件上电压的代数和等于零,即 $\sum U = 0$。 KVL 也可以推广应用到回路的部分电路(广义回路),用于求回路的开路电压。

(9) 实际电源的电路模型有两种:电压源和电流源。发电机、蓄电池等这些实际电源可以用 $E$ 和 $R_0$ 串联的电源模型来代替,即用电压源来代替。电流源模型是用电源电路的短路电流 $I_S = E/R_0$ 和 $R_0$ 并联的电路模型。电压源与电流源之间可以进行等效变换。

(10) 叠加定理:在线性电路中,如果有多个电源同时作用,那么任何一条支路的电流或电压,等于电路中各个电源单独作用时对该支路所产生的电流或电压的代数和。叠加定理只能用于计算线性电路的电压和电流,而不能计算功率。

(11) 对于较复杂的电路,可采用支路电流法、电压源与电流源的等效变换、叠加定理等方法来求解电路。支路电流法是计算复杂电路的最基本的方法。支路电流法是以复杂电路中各支路电流作为未知量,根据基尔霍夫电流定律和基尔霍夫电压定律分别对节点和回路列出所需的方程组,从而求出各未知的支路电流的方法。在求解电路中的某一条支路电流时,用电源等效变换可以很方便地化简电路。

(12) 万用表有模拟式和数字式两类。模拟式万用表也称指针式万用表,指针式万用表使用前,如果万用表指针不指在刻度尺的零点(非欧姆挡的起始零点),则必须用旋具慢慢转动"指针调零螺丝",使指针指在起始点零位上。数字式万用表的测量精度高、读数准确、显示清晰。

## 练 习 与 思 考

**一、填空题**

1. 汽车电路的主要特点是_____、_____、_____、_____。

2. 电路的特征是由_____、_____、_____等物理量描述的。

3. 完整的电路由_____、_____和中间环节三个基本部分组成。

4. 若电流的计算值为负,则说明其参考方向与实际方向_____。

5. 在一个电路中,要说某点的电位是多少,必须选择一个_____。

6. 若 A 点电位 $V_A = 20$ V,B 点电位 $V_B = 6$ V,则电压 $U_{AB} =$_____ V。

7. 两个电阻 $R_1$、$R_2$ 串联,$R_1 : R_2 = 2 : 5$,电流流过时,对应电压之比 $U_1 : U_2 =$_____,对应功率之比 $P_1 : P_2 =$_____。

8. 两个电阻 $R_1$、$R_2$ 并联，$R_1:R_2=2:3$，当电阻两端加一定电压时，对应电流之比 $I_1:I_2=$ _____，对应功率之比 $P_1:P_2=$ _____。

**二、判断题**

1. 在串联电路中，阻值越大的电阻，其两端分得的电压越大。　　　　　　　　（　　）

2. 在并联电路中，阻值越大的电阻，分配到的电流越大。　　　　　　　　　（　　）

3. 对于任意闭合回路，所有元件电压代数之和一定为零。　　　　　　　　　（　　）

4. 基尔霍夫定律只适用于线性电路。　　　　　　　　　　　　　　　　　　（　　）

5. 恒压源和恒流源之间可以进行等效变换。　　　　　　　　　　　　　　　（　　）

6. 在一个电路中，电源产生的功率和负载消耗功率及内阻损耗的功率是平衡的。（　　）

7. 数字式万用表使用结束后应置于交流电压的最高挡或 OFF 挡。　　　　　　（　　）

8. 有几个负载串联工作，当其中某一个负载发生故障时，可用短接法查找故障点。

　　　　　　　　　　　　　　　　　　　　　　　　　　　　　　　　　　（　　）

9. 测量电阻时，可以在带电的情况下测量。　　　　　　　　　　　　　　　（　　）

10. 电容两端的电压不能突变。　　　　　　　　　　　　　　　　　　　　　（　　）

**三、选择题**

1. 负载增大，指的是（　　）。

A. 电阻值增大　　　　　　　　B. 电压升高

C. 电流或功率增大　　　　　　D. 以上说法都不对

2. 电路轻载，指的是（　　）。

A. 电路带负载运行且负载的工作电压等于额定值，达到最佳工作状态

B. 电路负载工作电压或功率小于额定值，应选择此种工作状态

C. 电路负载工作电压或功率大于额定值，应避免此种工作状态

D. 电路负载工作电压或功率小于额定值，应避免此种工作状态

3. 当电源空载时，流过负载的工作电流与负载两端的电压为（　　）。

A. 最大　　　　　　　　　　　B. 最小

C. 零　　　　　　　　　　　　D. 电流为零，电压等于电源电压

4. 电源电动势为 2 V，内电阻为 0.1 Ω。当外电路断路时，电流和电源端电压分别为（　　）。

A. 0 A，2 V　　　　　　　　　B. 20 A，2 V

C. 20 A，0 V　　　　　　　　　D. 0 A，0 V

5. 电源电动势为 2 V，内电阻为 0.1 Ω。当外电路短路时，电流和电源端电压分别为（　　）。

A. 0 A，2 V　　　　　　　　　B. 20 A，2 V

C. 20 A，0 V　　　　　　　　　D. 0 A，0 V

6. 如图 1.43 所示，下列测量电流电压的电路中接法正确的是（　　）。

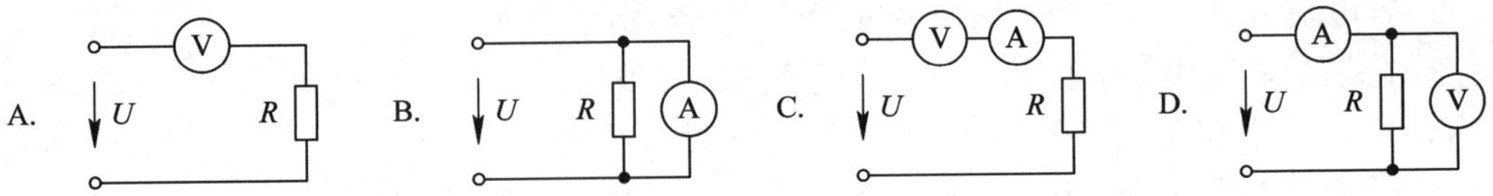

图 1.43　选择题 6 图

7. 两个理想电流源并联可等效为一个理想电流源,其等效的电流源电流为(　　)。

A. 两个电流源电流中较大的一个

B. 两个电流源电流的代数和

C. 两个电流源电流的平均值

D. 两个电流源电流中较小的一个

8. 三个阻值相等的电阻串联时的总电阻是并联时总电阻的(　　)倍。

A. 6　　　　　　B. 9　　　　　　C. 3　　　　　　D. 1

9. 在一个闭合回路中,电流强度与电源电动势成正比,与电路中内电阻和外电阻之和成反比,这一定律称(　　)。

A. 全电路欧姆定律　　　　　　B. 全电路电流定律

C. 部分电路欧姆定律　　　　　　D. 以上都不对

10. 用数字式万用表测量电阻时,应该选择(　　)挡位。

A. 电压　　　　B. 电流　　　　C. 电阻　　　　D. 二极管

11. 测量某一个电阻,挡位为 20 kΩ,显示数据为 0.56,该电阻的大小为(　　)。

A. 0.56 Ω　　　B. 560 Ω　　　C. 1012 Ω　　　D. 5600 Ω

12. 基尔霍夫电流定律可表述为(　　)。

A. 在任一瞬间,节点电流的和为零

B. 在任一瞬间,各段电压代数和为零

C. 在任一瞬间,流入某一节点的电流之和等于流出该节点的电流之和

D. 电压升等于电压降

13. 利用全电路欧姆定律可知,当负载电流增大时,负载端电压(　　)。

A. 增大　　　B. 减小　　　C. 不变　　　D. 无法确定

14. 下列关于汽车专用万用表的优点叙述,哪一个是错误的?(　　)

A. 它采用数字式测量技术,测量结果客观准确

B. 数字式万用表的测量范围宽,但精确度和分辨率远远低于指针式万用表

C. 数字式万用表采用集成电路转换器,整机功耗很低

D. 数字式万用表过载保护能力强,抗干扰性能也较好

15. 关于基尔霍夫电压、电流定律,下面哪项描述正确?(　　)

A. 与电路结构有关,与元件性质无关

B. 与电路结构有关,与元件性质也有关

C. 与电路结构无关,与元件性质有关

D. 与电路结构无关,与元件性质也无关

16. 对于电感,下列哪项叙述是正确的?(　　)

A. 电感是一个储能元件,两端的电压不能突变

B. 电感是一个耗能元件,流过电感电流不能突变

C. 电感隔直通交

D. 电感是非耗能元件,流过电感的电流不能突变

**四、计算题**

1. 求图 1.44 所示电路中开关 S 闭合和断开两种情况下 a、b、c 三点的电位。

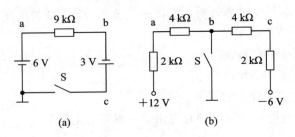

图 1.44　计算题 1 图

2. 用支路电流法求图 1.45 所示电路的各支路电流。

3. 在图 1.46 所示的电路中，$I_{S1}$ 单独作用时，$U=15$ V，$I_{S2}$ 单独作用时，$U=25$ V，$I_{S1}$ 比 $I_{S2}$ 小 4 A，则 $I_{S1}$ 应为多少？

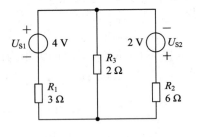

图 1.45　计算题 2 图

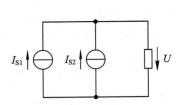

图 1.46　计算题 3 图

4. 将图 1.47 所示电路变换为等效电压源。

5. 将图 1.48 所示电路变换为等效电流源。

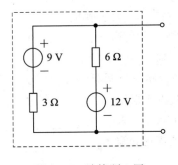

图 1.47　计算题 4 图

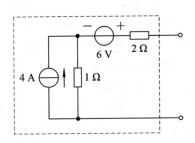

图 1.48　计算题 5 图

6. 电路如图 1.49 所示，求各理想电流源的端电压。

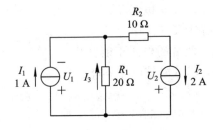

图 1.49　计算题 6 图

7. 求图 1.50 所示电路中的 $I_1$ 和 $I_2$。

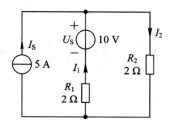

图 1.50　计算题 7 图

8. 用叠加定理求图 1.51 所示电路中各支路的电流。

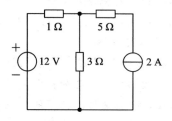

图 1.51　计算题 8 图

**五、问答题**

1. 电路分析时为何要指定参考方向？如何指定？电流、电压正负值的意义是什么？

2. 什么叫断路？试述断路在汽车故障诊断中的具体应用。

3. 电容充、放电时间的长短取决于什么？简述电容的充、放电过程。

# 项目 2　正弦交流电路

（1）能正确描述正弦交流电三要素的概念，掌握正弦量的相量表示方法。

（2）掌握单一参数正弦交流电路电压与电流的关系及功率计算，了解电阻、电感和电容元件在交流电路和直流电路中的不同特性。

（3）掌握 RLC 串联交流电路性质的判断方法，能够用相量图分析 RLC 串联交流电路。

（4）熟悉感性负载提高功率因数的方法，会分析电感与电容并联电路。

（5）了解三相电源的工作原理，掌握星形连接下的特点。

（6）会用万用表的交流电压挡测量线电压、相电压的数值，能解决三相对称负载的星形、三角形连接问题，并会分析计算简单的三相电路。

（7）具有查阅资料获取知识的能力。

（8）掌握电工安全用电常识、安全用电的方法和安全用具的使用方法，注重培养安全操作意识。

在工农业生产和日常生活中所用的电一般都是正弦交流电，因为它容易由交流发电机产生，并能用变压器改变电压，便于输送、分配和使用。交流发电机结构简单、工作可靠、经济性好，得到了广泛应用。现在汽车上的直流电都是由交流发电机产生交流电后整流获得的。要想了解硅整流交流发电机的工作原理和工作特性，就必须先了解交流电的基本知识，学习交流电的不同表示方法，学习三相交流电的简单计算。所以分析和讨论正弦交流电路具有很大的实用意义。

本项目从汽车交流发电机产生三相交流电入手，主要讨论正弦交流电的三要素和表示方法，以及三相交流电路星形和三角形连接方式，使读者理解提高电路功率因数的方法，掌握安全用电常识。

**相 关 知 识**

## 一、正弦量与正弦电路

大小和方向均不随时间变化的电动势、电压和电流分别称为直流电动势、直流电压和直流电流，三者统称为直流电。大小和方向都随时间做周期性变化的电动势、电压和电流分别称为交变电动势、交变电压和交变电流，三者统称为交流电。交流电分为正弦交流电和非正弦交流电两大类。正弦交流电随时间按正弦规律变化，而非正弦交流电不按正弦规律变化。直流电和交流电的特点都可以用波形图表示，如图 2.1 所示。图中，三角波、方波和任意交流波形是非正弦交流电的波形。

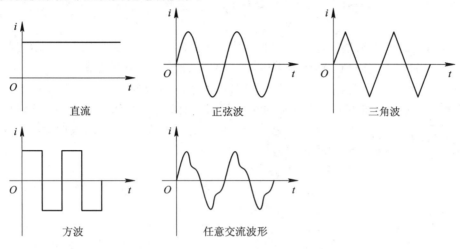

图 2.1　直流电和交流电的波形

**1. 正弦交流电的产生**

电力上用的交流电都是交流发电机产生的。汽车用电主要为直流电，而汽车电源系统中发电机工作时所产生的是正弦交流电，需要经过整流装置转变成直流电。

交流发电机的结构示意图如图 2.2 所示，主要有转子和定子两大部分。转子可以自由地转动，定子由硅钢片叠制而成，在其内圆表面上均匀分布着线槽，槽内嵌有线圈。当原动机带动转子旋转时，转子的磁场与定子线圈有了相对运动，导线切割磁力线产生电动势。

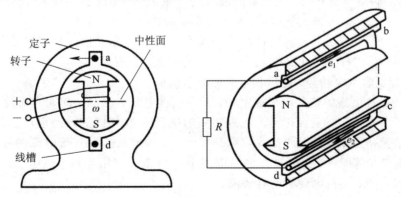

图 2.2　交流发电机的结构示意图

**2. 正弦交流电的参考方向**

正弦交流电的方向随时间做周期性变化，为便于分析，在电路上也要指定参考方向。正弦交流电的方向只有正半周方向和负半周方向两种，习惯上把正半周方向作为其参考方向。当交流电在正半周时，实际方向与参考方向相同，因此交流电为正值；在负半周时，实际方向与参考方向相反，因此交流电为负值。

**3. 正弦交流电的三要素**

通常把正弦交流电动势、电压和电流称作正弦量。正弦量可以用时间 $t$ 的正弦函数来表示：

$$\begin{cases} e = E_m \sin(\omega t + \varphi_e) \\ u = U_m \sin(\omega t + \varphi_u) \\ i = I_m \sin(\omega t + \varphi_i) \end{cases} \qquad (2-1)$$

式中：$e$、$u$ 和 $i$ 表示正弦量在任意时刻的量值，称为瞬时值；$E_m$、$U_m$、$I_m$ 表示正弦量在变化过程中出现的最大瞬时值，称为最大值（或幅值）；$\omega$ 称为正弦量的角频率；$\varphi_e$、$\varphi_u$、$\varphi_i$ 称为正弦量的初相位（简称初相）。由正弦量瞬时值表达式可以看出，只要知道正弦量的最大值、角频率和初相位，就能写出该正弦量的表达式。因此，我们称最大值、角频率和初相位为正弦量的三要素。式(2-1)表达了每一瞬时正弦量在时间域上的函数取值，因此，称为瞬时值函数式，简称瞬式或时域表达式。

正弦交流电流的波形如图 2.3 所示。

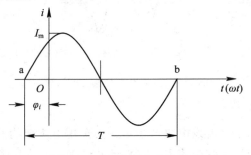

图 2.3　正弦交流电流的波形

1) 瞬时值、最大值和有效值

正弦量在任一瞬间的值称为瞬时值，用小写字母表示，如用 $i$、$u$、$e$ 分别表示瞬时电流、瞬时电压、瞬时电动势等。最大瞬时值称为幅值或最大值，用带下标 m 的大写字母表示，如用 $I_m$、$U_m$、$E_m$ 等来表示电流、电压、电动势的最大值。

瞬时值是时间的函数，随时间的变化而变化，而最大值也是一个特殊时刻的瞬时值，它们都无法测量。工程上常用有效值表示正弦量的大小。有效值一般用大写字母表示，如用 $E$、$U$、$I$ 分别表示电动势、电压和电流的有效值。

有效值是通过电流的热效应来规定的，若周期性电流 $i$ 在一个周期内流过电阻 $R$ 所产生的热量与另一个恒定的直流电流 $I$ 流过相同的电阻 $R$ 在相同的时间里产生的热量相等，即这个直流电流 $I$ 和周期电流 $i$ 的热效应是等效的，因此将这个直流电流的数值定义为该周期电流的有效值。同理，可以把在同一电阻上产生热效应相等的直流电压、直流电动势分别称为交流电压、交流电动势的有效值。

经理论推导得到有效值与最大值存在以下的关系：

$$\begin{cases} I = \dfrac{I_m}{\sqrt{2}} = 0.707 I_m \\[2mm] U = \dfrac{U_m}{\sqrt{2}} = 0.707 U_m \\[2mm] E = \dfrac{E_m}{\sqrt{2}} = 0.707 E_m \end{cases} \qquad (2-2)$$

交流电的有效值在实际中有着广泛的应用。平常所说的交流电流、电压和电动势的大小,交流测量仪表的读数以及各种交流电气设备的铭牌所标注的额定值,均是指有效值。

**【例 2.1】** 某同学为提高电路的功率因数,将一耐压为 250 V 的电容元件并接在交流 220 V 负载上,请问这种做法是否正确?

**解**　因为 220 V 正弦交流电的最大值为 311 V,超过了电容元件 250 V 的耐压值,电容元件可能击穿,所以不能将该电容元件并接在 220 V 的负载上。

2)周期、频率和角频率

周期 $T$ 是指正弦量变化一周所用的时间,单位为秒(s)。图 2.3 中 a 点到 b 点所需的时间就是一个周期。

每秒钟内变化的周期数称为频率,用 $f$ 表示,单位为赫兹(Hz)。若赫兹(Hz)不够用,也可用千赫(kHz)和兆赫(MHz)作单位。频率与周期的关系为

$$f = \frac{1}{T} \tag{2-3}$$

我国和大多数国家都采用 50 Hz 作为电力标准频率,有些国家(如美国、日本等)采用 60 Hz。这种频率在工业生产上应用广泛,习惯上也称其为工频,如交流电动机和照明负载都用这种频率。

周期和频率是表示正弦量变化快慢的物理量,交流电每完成一次变化,在时间上为一个周期,在正弦函数的角度上则为 $2\pi$ 弧度(rad),可用角频率 $\omega$ 表示。角频率 $\omega$ 是指正弦量在每秒钟内变化的电角度,单位为弧度/秒(rad/s)。因为正弦量在一个周期的时间内变化的电角度为 $2\pi$ rad,所以

$$\omega = \frac{2\pi}{T} = 2\pi f \tag{2-4}$$

在汽车检测技术中,频率是一个重要参数。在如图 2.4(a)所示的车速检测装置中,当自动变速器输出轴转动时,安装在轴上的停止锁止齿轮的凸齿交替靠近或离开车速传感器,使感应线圈输出交流电压,其波形如图 2.4(b)所示。车速越高,输出轴转速越高,感应电压频率也越高,电控单元根据该电压的频率就可以计算出汽车行驶的速度。

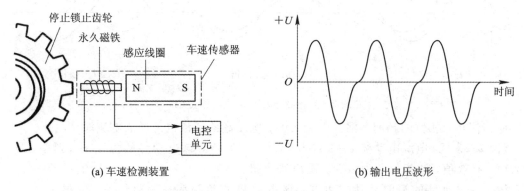

(a)车速检测装置　　　　　　　　　　(b)输出电压波形

图 2.4　车速检测装置及输出电压波形

3)相位、初相位和相位差

正弦交流电随时间变化的电角度,称为正弦交流电的相位,即 $e = E_m \sin(\omega t + \varphi_e)$、$u = U_m \sin(\omega t + \varphi_u)$ 和 $i = I_m \sin(\omega t + \varphi_i)$ 式中的 $(\omega t + \varphi_e)$、$(\omega t + \varphi_u)$ 和 $(\omega t + \varphi_i)$。相位的单

位是弧度（rad），也可用度（°）表示。

　　$t=0$ 时的相位称为初相位，即 $\varphi_e$、$\varphi_u$、$\varphi_i$。初相位反映了正弦交流电起始时刻的状态。初相位可正、可负或为零，但规定初相位绝对值不能超过 $\pi$。如图 2.5 所示，$i_1$、$i_2$ 和 $i_3$ 分别表示初相位为 $+60°$、$0°$ 及 $-45°$ 的三个正弦电流的波形。

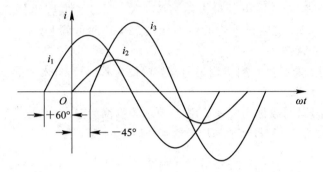

图 2.5　交流电的初相位

　　在正弦电路分析中，经常要比较同频率正弦量之间的相位差，同频率正弦量之间的相位差等于它们的初相位之差。例如两个同频率的交流电 $i=I_m\sin(\omega t+\varphi_i)$、$u=U_m\sin(\omega t+\varphi_u)$，电流与电压的相位差为 $\varphi=(\omega t+\varphi_i)-(\omega t+\varphi_u)=\varphi_i-\varphi_u$。相位差的大小反映了两个同频率正弦量到达正幅值或负幅值的时间差。

　　由于电路结构的多样性，电路的相位差存在以下几种典型情况：

　　(1) 如图 2.6(a)所示，$\varphi>0$，说明 $\varphi_u>\varphi_i$，这时 $u$ 总是比 $i$ 先过零点，先达到最大值，这说明在相位上 $u$ 超前 $i$ 一个 $\varphi$ 角，或者说 $i$ 滞后于 $u$ 一个 $\varphi$ 角。

　　(2) 如图 2.6(b)所示，$\varphi=0$，说明 $\varphi_u=\varphi_i$，称 $u$ 与 $i$ 同相，此时 $u$ 与 $i$ 步调一致。

　　(3) 如图 2.6(c)所示，$\varphi=\pm180°$，说明 $\varphi_u=-\varphi_i$，称 $u$ 与 $i$ 反相，此时 $u$ 与 $i$ 步调相反。

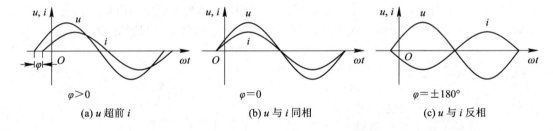

图 2.6　正弦电压与电流的相位差

　　应当注意，相位的超前和滞后是相对的，电压超前电流也可说成电流滞后电压。

　　【例 2.2】　某电源电动势 $e=141\sin(314t+90°)$ V，该电动势的角频率、频率、周期、最大值、有效值、初相位各为多少？画出波形图。

　　解　由电动势的瞬时表达式可知，该电动势的角频率 $\omega=314$ rad/s，最大值 $E_m=141$ V，所以频率为

$$f=\frac{\omega}{2\pi}=\frac{314}{2\pi}=50 \text{ Hz}$$

周期为

$$T = \frac{1}{f} = \frac{1}{50} = 0.02 \text{ s}$$

有效值为

$$E = \frac{E_m}{\sqrt{2}} = \frac{141}{\sqrt{2}} \approx 100 \text{ V}$$

初相为

$$\varphi_e = 90°$$

波形图如图 2.7 所示。

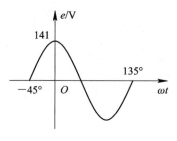

图 2.7　例 2.2 波形图

**4. 正弦量的相量表示法**

表示正弦交流电的常用方法有波形图、三角函数表达式和相量法(即相量表示法)。在交流电路的分析计算中,常遇到同频率的正弦量间的加减运算,用波形图和三角函数表达式进行运算将会十分繁杂。为了方便计算,我们采用"相量法"。相量表示法的基础是复数,即用复数来表示正弦量。

相量是一个旋转矢量,有长度、方向和转动速度,为了完整表达一个正弦量,令相量长度等于正弦量的最大值,相量初始位置与横轴正向的夹角等于初相位,$\varphi > 0$ 画在横轴上方,$\varphi < 0$ 画在横轴下边,同时令相量的旋转速度等于正弦量的角频率。如图 2.8(a)所示,若旋转相量的长度为 $E_m$,逆时针方向旋转的角速度为 $\omega$,起始时与横轴正向的夹角为 $\varphi$,则 $t$ 时刻旋转相量在纵坐标上的投影为 $y = e = E_m \sin(\omega t + \varphi)$,即正弦交流电在 $t$ 时刻的瞬时值。长度等于正弦量最大值的相量称为最大值相量,用 $\dot{U}_m$、$\dot{I}_m$ 和 $\dot{E}_m$ 表示。

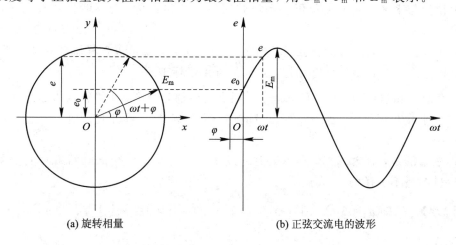

(a) 旋转相量　　　　　　　　　(b) 正弦交流电的波形

图 2.8　正弦交流电的相量表示法

**【例 2.3】** 已知两个正弦电流 $i_1 = 2\sqrt{2}\sin\left(\omega t + \frac{\pi}{3}\right) \text{A}$、$i_2 = 3\sqrt{2}\sin\left(\omega t - \frac{\pi}{6}\right) \text{A}$,画出其最大值相量图。

**解** 因为最大相量的长度等于正弦量的最大值,相量初始位置与横轴正向的夹角等于初相位,相量的旋转速度等于正弦量的角频率,所以 $\dot{I}_{1m}$、$\dot{I}_{2m}$ 的相量图如图 2.9 所示。

使用旋转相量法后,就可运用平行四边形法则进行正弦交流电的加减运算,而且表示更为直观。用旋转相量法计算正弦量,必须注意以下几点:

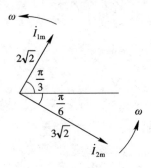

图 2.9　例 2.3 相量图

（1）旋转相量法只适用于同频率的正弦交流电的加减。同频率的正弦电压或电流可用相量形式表示，用相量计算替代三角运算可大大简化运算过程。

（2）合成正弦量的瞬时值就等于各正弦量瞬时值的代数和；合成正弦量的最大值应等于各正弦量最大值的相量和，而不等于各正弦量最大值的代数和。因为最大值往往不是在同一时刻出现的。

（3）旋转相量法中的各旋转相量都是以相同的角速度 $\omega$ 作逆时针旋转，在旋转过程中各相量间的夹角保持不变，所以只需画出起始时各相量的位置就可以进行计算。

在实际使用中，交流电各量的表示一般常用有效值，因此往往采用有效值相量图来计算同频率正弦量的加减。有效值相量图具有以下几个特点：

（1）相量的长度表示正弦交流电的有效值。

（2）相量与水平方向的夹角仍表示正弦交流电的初相角，沿逆时针转动的角度为正，反之为负。

（3）在仅仅为了表示几个正弦交流电的相位关系时，既可以选横轴的正方向为参考方向，也可任意选一个相量作参考相量，并取消直角坐标轴。

（4）有效值相量用 $\dot{U}$、$\dot{I}$ 和 $\dot{E}$ 来表示。根据有效值相量图，用平行四边形法则，求得合成相量的大小和初相位后，就不难列出对应的正弦交流电的瞬时值表达式，也不难画出波形图。

值得注意的是，有效值相量在纵轴上的投影并不等于正弦交流电的瞬时值。这一点与最大值相量图是不一样的。

【例 2.4】　已知 $u_1 = 3\sqrt{2}\sin 100\pi t$ V、$u_2 = 4\sqrt{2}\sin\left(100\pi t + \dfrac{\pi}{2}\right)$ V，求 $u = u_1 + u_2$ 的瞬时值表达式。

　　解　画出 $\dot{U}_1$、$\dot{U}_2$ 的相量图，如图 2.10 所示。
从相量图可看出：

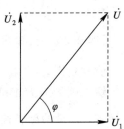

$$U = \sqrt{U_1^2 + U_2^2} = \sqrt{3^2 + 4^2} = 5 \text{ V}$$

$$\varphi = \arctan\frac{4}{3} \approx 53.1°$$

于是可得电压 $u = u_1 + u_2$ 的三要素为

$$U_m = 5\sqrt{2} \text{ V}, \quad \omega = 100\pi \text{ rad/s}, \quad \varphi = 53.1°$$

图 2.10　例 2.4 相量图

所以

$$u = 5\sqrt{2}\sin(100\pi t + 53.1°) \text{ V}$$

## 二、单一元件的正弦交流电路

电阻、电感和电容是组成电路的基本元件，电阻是耗能元件，电容、电感是储能元件。由电阻、电感和电容单个元件组成的正弦交流电路是最简单的交流电路，这些电路元件仅由 $R$、$L$、$C$ 三个参数中的一个来表征其特性，这样的电路称为单一参数的交流电 8 路。在直流电路中，电感元件可视为短路，电容元件则可视为开路。而在交流电路中，由于电压、电流随时间变化，在电感元件中因磁场不断变化，产生感应电动势；在电容极板间的电压不断变化，引起电荷在与电容极板相连的导线中移动形成电流。分析与计算正弦交流电路主要是确定电路中电压与电流间的关系，以及讨论电路中的功率问题。

### 1. 纯电阻电路

负载中只有电阻的交流电路称为纯电阻电路。日常生活中所用的白炽灯、电饭锅、热水器等在交流电路中都可以近似看成是纯电阻元件，如图 2.11(a) 所示。

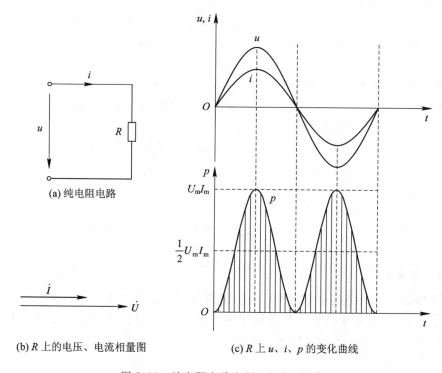

(a) 纯电阻电路

(b) $R$ 上的电压、电流相量图

(c) $R$ 上 $u$、$i$、$p$ 的变化曲线

图 2.11　纯电阻电路电压、电流和功率

1) 电压与电流的关系

设在电阻两端的电压为

$$u = U_m\sin\omega t$$

实验证明，在任意瞬间，电阻上的电压和电流之间符合欧姆定律，即

$$i = \frac{u}{R} = \frac{U_m}{R}\sin\omega t \qquad\qquad (2-5)$$

对比正弦交流电流的通式 $i = I_m \sin\omega t$ 得

$$I_m = \frac{U_m}{R} \quad \text{或} \quad I = \frac{U}{R} \tag{2-6}$$

上述各式表明：电流与电压的频率相同，相位相同，数值之间仍符合欧姆定律。电阻上的电压、电流的相量图如图 2.11(b)所示。

2) 电阻元件的功率

由于电阻两端的电压和电阻中流过的电流都在不断变化，所以电阻消耗的功率也在不断变化。在任意瞬间，电压瞬时值 $u$ 与电流瞬时值 $i$ 的乘积称为瞬时功率，用小写字母 $p$ 表示，功率的瞬时值可用下式求出：

$$p = p_R = ui = U_m I_m \sin 2\omega t = U_m I_m \frac{1 - \cos 2\omega t}{2}$$

$$= \frac{U_m}{\sqrt{2}} \cdot \frac{I_m}{\sqrt{2}} \cdot (1 - \cos 2\omega t) = UI(1 - \cos 2\omega t) \tag{2-7}$$

将电压和电流同一时刻的数值逐点相乘，即可画出瞬时功率的变化曲线。由于在前半周内电压和电流都是正值，则功率都是正值；在后半周内虽然电压和电流都是负值，但二者的乘积仍为正值，所以瞬时功率也为正值（除电压和电流都为零的瞬间外）。另外，从能量的观点来看，不论电流的方向如何变化，电阻总要消耗能量，所以电阻上的功率只能是正值。电阻上的电压、电流及功率变化曲线如图 2.11(c)所示。

由于瞬时功率的测量和计算都不方便，交流电的功率规定为一个周期内瞬时功率的平均值，即平均功率。电阻元件从电源取用能量后将其转换成了热能，因为电阻消耗电能，说明电流做了功，从做功的角度来讲又把平均功率叫作有功功率，简称功率，以 $P$ 表示，单位仍是瓦(W)。经数学证明，有功功率等于最大瞬时功率的一半，即

$$P = \frac{1}{T}\int_0^T p\,dt = \frac{1}{2}U_m I_m = UI = I^2 R = \frac{U^2}{R} \tag{2-8}$$

式中：$P$ 为有功功率；$U$ 为电阻两端交流电压的有效值；$I$ 为电阻上交流电流的有效值。

一般交流电器上所标的功率，通常指的是平均功率（有功功率）。例如灯泡的功率为 60 W，电炉的功率为 1000 W 等都指的是平均功率。

**2. 纯电感电路**

电阻为零的线圈称为纯电感线圈，如果把它接到交流电源上，则构成纯电感电路，如图 2.12(a)所示。在生产和生活中所接触到的设备，如电风扇、洗衣机、变压器等，在交流电路中的主要作用是作为电感，导线电阻很小，可看成纯电感元件。

1) 电压与电流的关系

假定电路中的电流

$$i = I_m \sin\omega t$$

则电感线圈上的电压

$$u = -e_L = L\frac{di}{dt} = LI_m\omega\cos\omega t = U_m \sin\left(\omega t + \frac{\pi}{2}\right) \tag{2-9}$$

由此可得出以下结论：

(1) 纯电感元件上的电压与电流同频率。

（2）纯电感元件上电压与电流的数值关系为

$$U_m = I_m \omega L$$

所以

$$I_m = \frac{U_m}{\omega L} = \frac{U_m}{X_L} \quad 或 \quad I = \frac{U}{X_L} \tag{2-10}$$

式中：$X_L = \omega L = 2\pi f L$ 称为感抗，单位为欧姆（Ω）。

感抗表示了电感对电流的阻碍作用。$X_L$ 与电感 $L$ 和频率 $f$ 成正比，如果 $L$ 一定，$f$ 越高，$X_L$ 越大；$f$ 越低，$X_L$ 越小。在直流电路中，$f=0$，$X_L=0$，说明电感在直流电路中可视为短路，即电感具有"通直阻交"的作用。"通直阻交"的作用在电子技术中应用较多，如高频扼流圈、低通滤波器都是根据这种作用进行工作的。感抗只是电压与电流的幅值或有效值之比，而不是它们的瞬时值之比。

（3）电压超前电流 $\frac{\pi}{2}$（或 90°）。图 2.12(b)画出了纯电感电路中电压、电流的相量图。

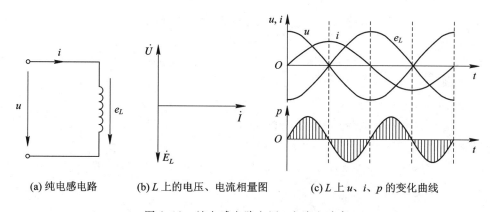

(a) 纯电感电路　　　(b) $L$ 上的电压、电流相量图　　　(c) $L$ 上 $u$、$i$、$p$ 的变化曲线

图 2.12　纯电感电路电压、电流和功率

**2）电感的功率**

在纯电感电路中，电压瞬时值和电流瞬时值的乘积，称为瞬时功率。即

$$p = ui = U_m \sin\left(\omega t + \frac{\pi}{2}\right) I_m \sin\omega t = U_m I_m \cos\omega t \sin\omega t = UI \sin2\omega t$$

由于纯电感瞬时功率的频率是电压和电流频率的两倍，则在交流电的第一个及第三个 1/4 周期内，$p$ 为正值，这表示电感吸收电源的能量并以磁场能的形式储存在线圈中；在第二个及第四个 1/4 周期内，$p$ 为负值，这表示电感把储存的能量送回电源，如图 2.12(c)所示。不同的电感与电源交换能量的规模是不同的，但经数学计算或从图中波形分析，均可得出瞬时功率在一个周期内的平均值为零，则纯电感电路中的平均功率为零，即

$$P = 0 \tag{2-11}$$

在供电系统中，只要接有电感负载，就会出现电能与磁场能的相互转换，能量在电源与负载之间往返传输。电感元件的交流电路中没有能量消耗，只有电源与电感元件间的能量互换。为了计量这一部分往返传输的功率，我们取交换功率的最大值为计量数据，并把它叫作电路的无功功率。为了区分，无功功率用 $Q$ 表示，无功功率的单位是乏（var）或千乏（kvar），数学式为

$$Q = UI = I^2 X_L = \frac{U^2}{X_L} \qquad\qquad (2-12)$$

必须指出，"无功"的含义是"交换"而不是"消耗"，它是相对于"有功"而言的，决不能理解为"无用"。事实上无功功率在生产实践中占有很重要的地位。具有电感性质的变压器、电动机等设备都是靠电磁转换工作的。

**【例 2.5】** 设有一个电阻可以忽略的线圈接在电压 $u = 220\sqrt{2}\sin(314t + 30°)\,\text{V}$ 的交流电源上，线圈的电感 $L = 0.7\,\text{H}$。求：

(1) 流过线圈电流的瞬时值表达式；

(2) 电路的无功功率；

(3) 画出电压和电流的相量图。

**解** (1) 线圈感抗 $X_L = \omega L = 314 \times 0.7 \approx 220\,\Omega$

电压有效值

$$U = \frac{U_m}{\sqrt{2}} = \frac{220\sqrt{2}}{\sqrt{2}} = 220\,\text{V}$$

电流有效值

$$I = \frac{U}{X_L} = \frac{220}{220} = 1\,\text{A}$$

电流的初相为

$$\varphi_i = \varphi_u - 90° = 30° - 90° = -60°$$

则电流瞬时值表达式为

$$i = \sqrt{2}\sin(314t - 60°)\,\text{A}$$

(2) 电路的无功功率为

$$Q = UI = 220 \times 1 = 220\,\text{var}$$

(3) 电压和电流的相量图如图 2.13 所示。

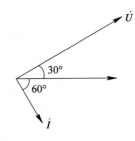

图 2.13　例 2.5 相量图

**3. 纯电容电路**

1) 交流电路中电容元件上电流与电压关系

纯电容电路，如图 2.14(a)所示，假定电容器两端电压为

$$u = U_m\sin\omega t$$

则流过电容器的电流为

$$i = C\frac{\mathrm{d}u}{\mathrm{d}t} = CU_m\omega\cos\omega t = I_m\sin\left(\omega t + \frac{\pi}{2}\right) \qquad (2-13)$$

由此可得出以下结论：

(1) 纯电容元件上的电压与电流同频率。

(2) 由于纯电容元件上电压与电流的数值关系为

$$I_m = U_m\omega C$$

所以

$$I_m = \frac{U_m}{\frac{1}{\omega C}} = \frac{U_m}{X_C} \quad\text{或}\quad I = \frac{U}{X_C} \qquad (2-14)$$

式中：$X_C = \dfrac{1}{\omega C} = \dfrac{1}{2\pi f C}$ 称为容抗，单位是欧姆（Ω）。应该注意，容抗只是电压与电流的幅值或有效值之比，而不是它们的瞬时值之比。

　　容抗表示了电容对电流的阻碍作用。$X_C$ 与频率 $f$ 成反比，如果 $C$ 一定，$f$ 越高，$X_C$ 越小；$f$ 越低，$X_C$ 越大。在直流电路中，$f = 0$，$X_C = \infty$，说明电容在直流电路中可视为开路，即电容具有"隔直通交"的作用。"隔直通交"的作用在电子技术中使用较广，晶体管放大电路的隔直电容及高通滤波器都是利用这种原理进行工作的。

　　（3）电压滞后电流 $\dfrac{\pi}{2}$（或 90°）。图 2.14（b）画出了纯电容电路中电压、电流的相量图。

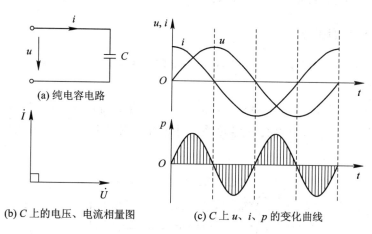

(a) 纯电容电路

(b) $C$ 上的电压、电流相量图　　　(c) $C$ 上 $u$、$i$、$p$ 的变化曲线

图 2.14　纯电容电路电压、电流和功率

2）电容的功率

在纯电容电路中，电压瞬时值和电流瞬时值的乘积为瞬时功率，即

$$p = ui = U_m \sin\omega t\, I_m \sin\left(\omega t + \dfrac{\pi}{2}\right) = U_m I_m \cos\omega t \sin\omega t = UI \sin 2\omega t$$

由于纯电容瞬时功率的频率是电压和电流频率的两倍，则在交流电的第一个及第三个 $1/4$ 周期内，$p$ 为正值，这表示电容吸收电源的能量并以电场能的形式储存在电容器中；在第二个及第四个 $1/4$ 周期内，$p$ 为负值，这表示电容把储存的能量送回电源，如图 2.14（c）所示。不同的电容与电源交换能量的规模是不同的，但经数学计算或从图中波形分析均可得到瞬时功率在一个周期内的平均值为零，则纯电容电路中的平均功率为零，即

$$P = 0 \tag{2-15}$$

在供电系统中，只要接有电容负载，电容器与电源之间就会进行能量交换。为了计量这一部分能量，我们取交换功率的最大值为计量数据，称为电路的无功功率。为了区分，无功功率用 $Q$ 表示，以乏（var）为单位，数学式为

$$Q = UI = I^2 X_C = \dfrac{U^2}{X_C} \tag{2-16}$$

【例 2.6】　$0.2\ \mu\text{F}$ 电容器上的电压 $u = 40\sin(10^5 t - 50°)\,\text{V}$。求电流有效值及瞬时值表达式，并画出电压和电流的相量图。

**解**
$$X_C = \frac{1}{\omega C} = \frac{1}{10^5 \times 0.2 \times 10^{-6}} = 50 \ \Omega$$

$$I_m = \frac{U_m}{X_C} = \frac{40}{50} = 0.8 \ \text{A}$$

$$I = \frac{I_m}{\sqrt{2}} = \frac{0.8}{\sqrt{2}} = 0.57 \ \text{A}$$

$$\varphi_i = 90° + \varphi_u = 90° - 50° = 40°$$

$$i = 0.8\sin(10^5 t + 40°) \ \text{A}$$

电压和电流的相量图如图 2.15 所示。

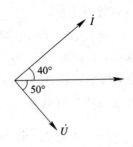

图 2.15　例 2.6 相量图

# 三、RLC 串联交流电路

在实际的电路中，除白炽灯照明电路为纯电阻电路外，其他电路几乎都是包含了电感或电容的复杂混合电路。

电阻和电感串联的电路非常多见（就电感线圈本身而言，若线圈本身电阻不能忽略即为 RL 串联电路），若电路中含有电容元件，则电路就成了 RLC 串联电路。RLC 串联电路如图 2.16 所示。

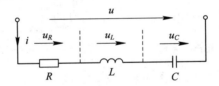

图 2.16　RLC 串联电路

**1. 电压与电流的关系**

1）频率关系

在图 2.16 所示电路中，设电路中通过的交流电流为

$$i = I_m \sin\omega t$$

则

$$u_R = R I_m \sin\omega t$$
$$u_L = X_L I_m \sin(\omega t + 90°)$$
$$u_C = X_C I_m \sin(\omega t - 90°)$$

所以

$$u = u_R + u_L + u_C = U_m \sin(\omega t + \varphi)$$

从上面可以看出 RLC 串联电路中的电流与电压的频率相同。

2）相位关系

根据纯电阻电路、纯电感电路和纯电容电路中电压与电流间的相位关系，以电流为参考相量，画出 RLC 串联电路的相量图，如图 2.17 所示。

当电流的频率一定时，电路的性质由总电压与总电流的相位差 $\varphi$ 决定。当 $\varphi < 0$ 时，表

明总电压滞后总电流 $\varphi$ 角，电容的作用大于电感的作用，此时电路呈电容性，如图 2.17(a)所示。当 $\varphi > 0$ 时，表明总电压超前总电流 $\varphi$ 角，电感的作用大于电容的作用，此时电路呈电感性，如图 2.17(b)所示。当 $X_L = X_C$，即 $\varphi = 0$ 时，表明总电压与总电流同相，此时电路呈电阻性，我们称之为谐振电路。

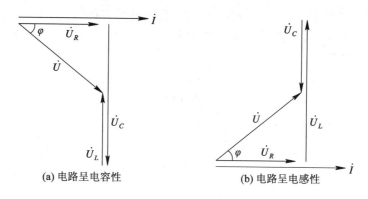

(a) 电路呈电容性　　　　　　　　　(b) 电路呈电感性

图 2.17　RLC 串联电路的电压、电流相量图

### 3) 大小关系

在 RLC 串联电路中，$\dot{U}_R$、$\dot{U}_L$、$\dot{U}_C$ 及 $\dot{U}$ 之间构成直角三角形，称为电压三角形，如图 2.18 所示，图中的 $\dot{U}_X = \dot{U}_L + \dot{U}_C$。

从图 2.18 可看出，总电压与分电压的大小关系为

$$U = \sqrt{U_R^2 + (U_L - U_C)^2} \qquad (2-17)$$

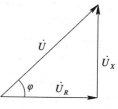

图 2.18　电压三角形

又因

$$U_R = IR,\ U_L = IX_L,\ U_C = IX_C$$

则

$$U = \sqrt{U_R^2 + (U_L - U_C)^2} = I\sqrt{R^2 + (X_L - X_C)^2} \qquad (2-18)$$

令

$$U_X = U_L - U_C,\ X = X_L - X_C,\ |Z| = \sqrt{R^2 + X^2} \qquad (2-19)$$

可得常见的欧姆定律形式：

$$I = \frac{U}{|Z|} \qquad (2-20)$$

式中：$|Z|$ 表示 RLC 串联电路对交流电流的阻碍作用，称为 RLC 串联电路的阻抗，单位为欧姆($\Omega$)；$X$ 称为电抗，表示电路中电感和电容对交流电流的阻碍作用的大小，单位为欧姆($\Omega$)。

电流与电压之间的相位差可由下式求得：

$$\varphi = \arctan\frac{U_X}{U_R} = \arctan\frac{X}{R} \qquad (2-21)$$

将图 2.18 各边同时除以 $I$ 得阻抗三角形，如图 2.19 所示，图中 $\varphi$ 为总电压与电流之间的相位差。

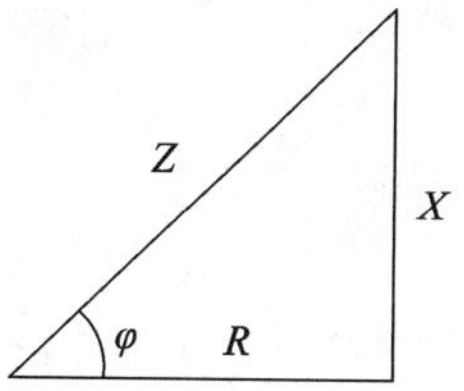

图 2.19　阻抗三角形

**2. RLC 串联电路的功率**

电路两端的电压与电流的有效值的乘积叫作视在功率，以 $S$ 表示，单位为伏安(V·A)，其数学式为

$$S = UI \qquad (2-22)$$

视在功率表示了电源提供的总功率，反映了交流电源容量的大小。

由于 RLC 电路中只有电阻元件 $R$ 上要消耗能量，$L$ 和 $C$ 上有功功率为 0，电路的有功功率、无功功率分别为

$$P = U_R I = UI\cos\varphi = S\cos\varphi \qquad (2-23)$$

$$Q = (U_L - U_C)I = UI\sin\varphi = S\sin\varphi \qquad (2-24)$$

三个功率之间有以下关系：

$$S = \sqrt{P^2 + Q^2} \qquad (2-25)$$

所以 $P$、$Q$ 和 $S$ 之间能构成直角三角形，称为功率三角形，如图 2.20 所示。

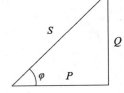

图 2.20　功率三角形

电源提供的功率不能被负载完全吸收，只是有功功率被负载吸收，而无功功率是负载和电源进行能量交换的功率。所以电源提供给负载的功率为视在功率 $S$，而真正被利用的功率为有功功率 $P$，这样就存在一个功率利用率的问题。为了反映这种利用率，引入功率因数 $\lambda$ 的概念，其关系式为

$$\lambda = \cos\varphi = \frac{P}{S} \qquad (2-26)$$

式(2-26)表明，当电源提供的视在功率一定时，功率因数越大，说明用电器的有功功率越大，电源的功率利用率就越高，这也是供电部门所期望的。但工厂中的用电器(如交流电动机、电焊机等)多数是感性负载，功率因数往往较低。为了提高功率因数，可采取一些相应的措施。

**【例 2.7】** 在 RLC 串联电路中，已知 $R = 30\ \Omega$，$L = 127\ \text{mH}$，$C = 40\ \mu\text{F}$，电源电压 $u = 220\sqrt{2}\sin(314t + 20°)\text{V}$。求：

(1) 电流有效值 $I$；

(2) 功率 $P$、$Q$ 和 $S$。

**解**　(1) $X_L = \omega L = 314 \times 127 \times 10^{-3} = 40\ \Omega$

$$X_C = \frac{1}{\omega C} = \frac{1}{314 \times 40 \times 10^{-6}} \approx 80\ \Omega$$

$$|Z| = \sqrt{R^2 + (X_L - X_C)^2} = \sqrt{30^2 + (40-80)^2} = 50\ \Omega$$

于是得

$$I = \frac{U}{|Z|} = \frac{220}{50} = 4.4\ \text{A}$$

$$\varphi = \arctan\frac{X_L - X_C}{R} = \arctan\frac{40-80}{30} = -53°$$

(2)　$P = UI\cos\varphi = 220 \times 4.4 \times \cos(-53°) = 220 \times 4.4 \times 0.6 = 580.8\ \text{W}$

$$Q = UI\sin\varphi = 220 \times 4.4 \times \sin(-53°) = 220 \times 4.4 \times (-0.8) = -774.4\ \text{var}$$

$$S = UI = 220 \times 4.4 = 968\ \text{V·A}$$

## 四、三相交流电路

电能的生产、输送和分配一般都采用三相制交流电路。三相交流供电系统之所以应用非常广泛，是因为它有如下优点：三相交流发电机体积小，质量轻，在工农业生产中得到了广泛应用，在汽车上迅速取代了传统的直流发电机；用三相制传输电能，可以节省材料，减少线路损失；在三相四线制供电线路中，既可以接入三相用电设备（如三相交流电动机），也可以在各相分别接入各种单相用电设备（如单相交流电动机、照明设备等）。

### 1. 三相交流电的产生

工业及民用交流电的产生、输送、分配几乎全部采用三相制。三相交流电是由三相交流发电机产生的。三相交流发电机由定子和转子两部分组成，其原理示意图如图 2.21 所示。三组完全相同的线圈 U1—U2，V1—V2，W1—W2（定子电枢绕组）放置在彼此间隔 120° 的发电机定子铁芯凹槽里固定不动。转子铁芯上绕有励磁绕组，通入直流电后产生磁场，该磁场磁感应强度在定子与转子之间的气隙中按正弦规律分布。当转子由原动机带动，并以角速度 $\omega$ 匀速顺时针旋转时，每个定子绕组（称相）依次切割磁力线产生频率相同、幅值相同的正弦电动势 $e_U$、$e_V$、$e_W$，但相位角依次相差 120°。由于各绕组的结构相同而位置依次互差 120°，因此三个电动势的最大值相等、频率相同，而初相依次互差 120°，这样的三个电动势称为三相对称电动势。规定每相电动势的参考方向是从绕组的末端指向首端，即当电流从首端流出时为正，反之为负。

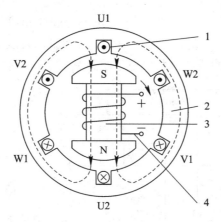

1—定子绕组；2—定子铁芯；3—磁极（转子）；4—励磁绕组

图 2.21　三相交流发电机原理示意图

### 2. 三相对称电动势的表示

若以第一相为参考正弦量，可得三相电动势的三角函数式如下：

$$\begin{cases} e_U = E_m \sin\omega t \\ e_V = E_m \sin(\omega t - 120°) \\ e_W = E_m \sin(\omega t - 240°) = E_m \sin(\omega t + 120°) \end{cases} \qquad (2-27)$$

三相电动势的波形图和相量图如图 2.22 所示。三相电动势最大值出现的次序称为相序。在图 2.22 中，三相电动势的相序是 U→V→W，称为顺序；若相序为 U→W→V，称为逆序。在实际中，通常用黄、绿、红三种颜色区分 U、V、W 三相。

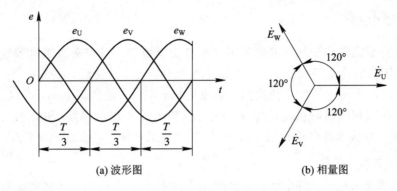

(a) 波形图　　　　　　　　　(b) 相量图

图 2.22　三相对称电动势的波形图和相量图

三相电动势的幅值相等，频率相同，彼此间的相位差也相等，这种电动势称为对称电动势。显然它们的瞬时值之和或相量之和均为 0，即

$$\begin{cases} e_U + e_V + e_W = 0 \\ \dot{E}_U + \dot{E}_V + \dot{E}_W = 0 \end{cases} \qquad (2-28)$$

**3. 三相电源的连接**

发电机三相绕组通常采用星形接法，如图 2.23(a)所示，即将三相绕组的末端 U2、V2、W2 连接在一起，连接点称为中性点或零点，用 N 表示。从中性点引出的输电线叫中性线，也用 N 表示。中性线通常与大地相接，并把接大地的中性点称为零点，而把接地的中性线称为零线。从每相首端 U1、V1、W1 引出的导线叫相线（或端线），俗称火线，分别用 L1、L2、L3 表示。有时为了简便，常不画发电机绕组的接线方式，只画四根输出线，如图 2.23(b)所示，这种有中性线的三相供电系统称为三相四线制。

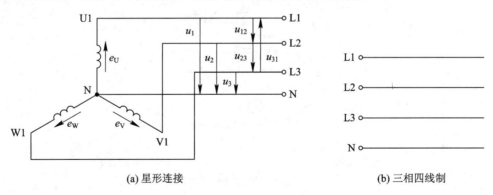

(a) 星形连接　　　　　　　　　(b) 三相四线制

图 2.23　三相绕组的星形连接

三相四线制可以输出两种电压，一种是相线与相线之间的电压，叫作电源线电压，其有效值用 $U_{12}$、$U_{23}$、$U_{31}$ 或统一用 $U_L$ 表示，参考方向规定由下标首字母指向末字母；另一种是相线与中性线之间的电压，即各相绕组的首端与末端之间的电压，叫作电源相电压，其有效值用 $U_1$、$U_2$、$U_3$ 或统一用 $U_P$ 表示，参考方向规定从绕组首端指向末端。为了找出相电压与线电压的关系，采用相量图的方法是十分方便的，其步骤如下：

（1）发电机三相绕组内的电压降一般很小，若忽略不计，则 3 个相电压在数值上与各相绕组的电动势相等，各相电压之间在相位上也互差 120°电角度，因此 3 个相电压也是对称的。作出三个相电压 $\dot{U}_1$、$\dot{U}_2$、$\dot{U}_3$ 的相量图，如图 2.24 所示。

（2）在三相四线制中，从图 2.23(a)可得到 $\dot{U}_{12}=\dot{U}_1-\dot{U}_2=\dot{U}_1+(-\dot{U}_2)$。利用平行四边形法则，在图 2.24 作出 $\dot{U}_{12}$ 的相量图。

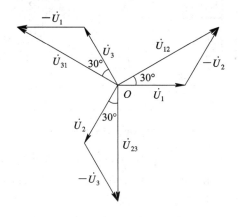

图 2.24   三相四线制线电压和相电压相量图

（3）由相量图可以看出：

$$U_{12}=\sqrt{3}\,U_1$$

同理可得

$$U_{23}=\sqrt{3}\,U_2$$

$$U_{31}=\sqrt{3}\,U_3$$

所以

$$U_L=\sqrt{3}\,U_P \qquad\qquad (2-29)$$

另外，从图 2.24 可得，线电压和相电压的相位不同，线电压总是超前与之相对应的相电压 30°。3 个线电压也是对称的。

在我们常用的三相四线制低压供电系统中，相电压是 220 V，线电压是 380 V。这种供电系统最大的优点是可以同时提供两种不同的电压，因而被广泛应用。发电机（或变压器）的绕组在连成星形时，不一定都引出中性线，如果不引出中性线就称为三相三线制。

**4. 三相负载的连接方法**

日常使用的各种电器根据其特点可分为单相负载和三相负载两大类。有的需要单相供电，通常其功率较小，如照明灯、电风扇、电冰箱等，这类负载称为单相负载，可将它们接在三相电源的某一相上使用。有的需要三相供电，通常其功率较大，如三相电动机、三相电炉、三相整流装置等，这类负载称为三相负载。

在三相负载中，如果各相负载的大小和性质相同，称为三相对称负载，如三相电炉、三相电动机等。如果各相负载的大小或性质不同，称为三相不对称负载，如三相照明电路等。

三相负载有星形连接和三角形连接两种连接方式。

1）三相负载的星形连接

三相负载的星形连接就是将三相负载 $Z_1$、$Z_2$、$Z_3$ 的一端接在一起，并将中性点 N′ 与电源中性线 N 相连,将三相负载的另一端分别接在三相电源的三根相线上,如图 2.25 所示。

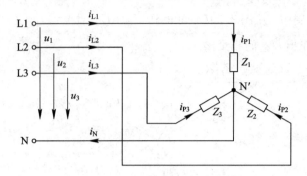

图 2.25 三相负载的星形连接

由图 2.25 可见,在电源相电压($u_1$、$u_2$、$u_3$)作用下,各端线上有电流从电源流向负载,再经中性线流回电源。把流过端线的电流称为线电流,用 $i_L$ 表示;流过负载的电流称为相电流,用 $i_P$ 表示;中性线电流用 $i_N$ 表示。各相电流、线电流的参考方向如图 2.25 所示。显然,当负载作星形连接时,线电流和对应的相电流为同一个电流,即

$$i_L = i_P \qquad (2-30)$$

用有效值表示为

$$I_L = I_P \qquad (2-31)$$

从图 2.25 可知,在这种三相四线制的供电方式中,三相负载分别与中性线构成独立的单相闭合回路,各相负载所承受的电压就是对称电源的相电压($U_P$),因此,各相负载的相电流分别为

$$I_{P1} = \frac{U_P}{|Z_1|}, \ I_{P2} = \frac{U_P}{|Z_2|}, \ I_{P3} = \frac{U_P}{|Z_3|} \qquad (2-32)$$

相电压与相电流的相位差为

$$\begin{cases} \varphi_1 = \arccos \dfrac{R_1}{|Z_1|} \\ \varphi_2 = \arccos \dfrac{R_2}{|Z_2|} \\ \varphi_3 = \arccos \dfrac{R_3}{|Z_3|} \end{cases} \qquad (2-33)$$

根据基尔霍夫电流定律,中性线电流应为三个相电流之和,即

$$i_N = i_{P1} + i_{P2} + i_{P3} \qquad (2-34)$$

用相量表示为

$$\dot{I}_N = \dot{I}_{P1} + \dot{I}_{P2} + \dot{I}_{P3} \qquad (2-35)$$

【例 2.8】 已知三相电源线电压是 380 V,负载是额定电压为 220 V 的电灯组,问:

(1) 三相负载采用什么连接方式?

(2) 若三相负载的等效电阻 $R_1 = R_2 = R_3 = 510 \ \Omega$,求相电流、线电流和中性线电流;

(3) 若三相负载的等效电阻分别为 $R_1 = 510 \ \Omega$、$R_2 = 510 \ \Omega$、$R_3 = 2 \ \text{k}\Omega$,求中性线电流。

**解**　(1) 由三相电源的星形连接可知,电源线电压为 380 V 时,相应的相电压为 $U_P = 380/\sqrt{3} = 220$ V, $U_P$ 等于负载的额定电压,因此三相负载应接在端线和中性线之间,即负载采用星形连接,如图 2.25 所示。

(2) 当 $R_1 = R_2 = R_3 = 510$ Ω 时,负载为对称三相负载,各负载的相电流相等,即

$$I_{P1} = I_{P2} = I_{P3} = \frac{U_P}{R_1} = \frac{220}{510} \approx 0.43 \text{ A}$$

相电压与相电流的相位差为

$$\varphi_1 = \varphi_2 = \varphi_3 = \arccos \frac{R_1}{|Z_1|} = \arccos \frac{510}{510} = 0°$$

负载作星形连接,线电流等于相电流,即

$$I_{L1} = I_{L2} = I_{L3} = 0.43 \text{ A}$$

电压电流相量图如图 2.26(a) 所示。根据平行四边形法则, $\dot{I}_{P1} + \dot{I}_{P2}$ 所得相量的有效值为 0.43 A,相位与 $\dot{I}_{P3}$ 相反。因此,中性线电流 $I_N = 0.43 - 0.43 = 0$ A。

可见,三相负载作星形连接时,若负载对称,则 3 个相电流为三相对称电流,3 个线电流也是三相对称电流,此时中性线电流为零,取消中性线不会影响各相负载工作,因此可采用省略中性线的三相三线制供电。省去中性线以后,三个相电流便借助于各相线及每相负载互成回路,此时,各相负载所承受的电压仍同三相四线制一样,为电源的相电压。

由于三相负载对称,负载中的三相电流也是对称的,而三相对称电流的和为零(矢量和),所以不需接中线,三相电流依靠端线和负载互成回路。由于电路是对称的,故电路的计算可以简化为单相电路的计算。

(3) 当 $R_3 = 2$ kΩ 时,有

$$I_{P3} = \frac{U_P}{R_3} = \frac{220}{2000} = 0.11 \text{ A}$$

$$I_{L3} = I_{P3} = 0.11 \text{ A}$$

作相量图,如图 2.26(b) 所示,中性线电流 $I_N = 0.43 - 0.11 = 0.32$ A。

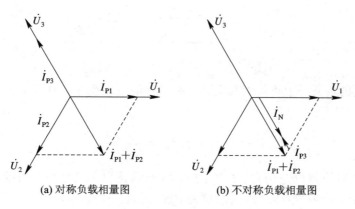

(a) 对称负载相量图　　　　　　　　(b) 不对称负载相量图

图 2.26　例 2.8 相量图

可见,在三相不对称负载星形连接时,中性线电流不等于零。由于三相负载不对称,三相电流也不对称,其三相电流的和不为零,必须引一根中性线供电流不对称部分流过,即

必须用三相四线制。

由于中性线的作用，电路构成了相互独立的回路。不论负载有无变动，各相负载承受的电源相电压不变，从而保证了各相负载的正常工作。

如果没有中性线，或者中性线断开了，虽然电源的线电压不变，但各相负载承受的电压不再对称。有的相电压增高了，有的相电压降低了。这样不但使负载不能正常工作，有时还会造成事故。

一般情况下，中性线电流小于端线电流，通常取中性线的横截面积小于端线的横截面积。

在三相不对称负载作星形连接时，各相负载经过中性线构成独立回路，其电压均为三相电源的对称相电压，因而负载可以在额定电压下正常工作。中性线一旦断开，负载中性点电位不再与电源中性点电位相同，使各相负载实际承受的电压不再相等。有的负载电压高于额定电压，负载可能损坏；有的负载电压低于额定电压，使负载不能正常工作。因此，在中性线上不允许接熔断器和开关，以确保中性线不断，构成三相四线制。在有些场合，中性线还采用钢芯导线来加强机械强度，以免断开；为了减少中性线电流，在设计安装照明电路时，尽量把电灯均匀地分布在各相电路中。

2）三相负载的三角形连接

如果把三相负载分别接到三相电源的两根相线之间，就构成了三相负载的三角形连接，如图 2.27 所示。由图 2.27 可见，各相负载所承受的电压是电源的线电压。无论负载平衡与否，各相负载承受的电压均为线电压（380 V）。

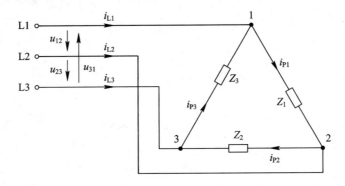

图 2.27　三相负载的三角形连接

三角形连接的负载一般都为对称负载，在对称的三相电压作用下，流过每相负载的电流应相等，即

$$I_{P1} = I_{P2} = I_{P3} = \frac{U_L}{|Z_P|} \tag{2-36}$$

各相电流之间的相位差仍为 120°。图 2.28 所示是以 $\dot{I}_{P1}$ 为参考相量作出的电流相量图。在图 2.27 中，对于节点 1，由基尔霍夫电流定律得

$$\dot{I}_{L1} = \dot{I}_{P1} - \dot{I}_{P3} = \dot{I}_{P1} + (-\dot{I}_{P3})$$

如图 2.28 所示，采用相量图的方法可以求出线电流与相电流的关系如下：

$$I_{L1} = \sqrt{3}\, I_{P1}, \quad I_{L2} = \sqrt{3}\, I_{P2}, \quad I_{L3} = \sqrt{3}\, I_{P3}$$

所以对于三角形连接的对称负载来说，线电流与相电流的数量关系为

$$I_{\mathrm{L}} = \sqrt{3}\, I_{\mathrm{P}} \tag{2-37}$$

从图 2.28 可以看出，线电流总是滞后与之对应的相电流 30°。

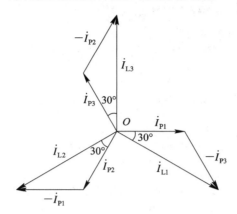

图 2.28　三相负载三角形连接的电流相量图

三相负载具有星形连接和三角形连接两种连接方式，在实际应用中是采用星形连接还是三角形连接，取决于三相负载的额定电压和三相电源的线电压。当负载的额定电压等于电源的线电压时，采用三角形连接；当负载的额定电压等于电源线电压的 $1/\sqrt{3}$ 时，则应采用星形连接。之所以如此，是为了使每相负载所承受的电压正好等于其额定电压，从而保证每相负载都能正常工作。

**5. 三相交流电路的功率**

无论是星形连接还是三角形连接，三相负载总的有功功率都是各相负载有功功率之和，即

$$P = P_1 + P_2 + P_3$$

当三相负载对称时，各相的有功功率相等，总的有功功率为单相有功功率的 3 倍，即

$$P = 3P_{\mathrm{P}} = 3U_{\mathrm{P}} I_{\mathrm{P}} \cos\varphi_{\mathrm{P}} \tag{2-38}$$

式中：$U_{\mathrm{P}}$ 是每相负载承受的电压的有效值；$I_{\mathrm{P}}$ 是相电流的有效值；$\cos\varphi_{\mathrm{P}}$ 是各相负载的功率因数。

当对称负载星形连接时，$U_{\mathrm{L}} = \sqrt{3}\, U_{\mathrm{P}}$，$I_{\mathrm{L}} = I_{\mathrm{P}}$。

当对称负载三角形连接时，$U_{\mathrm{L}} = U_{\mathrm{P}}$，$I_{\mathrm{L}} = \sqrt{3}\, I_{\mathrm{P}}$。

不论对称负载是哪种接法，如将上述关系代入式（2-38），则得

$$P = \sqrt{3}\, U_{\mathrm{L}} I_{\mathrm{L}} \cos\varphi_{\mathrm{P}} \tag{2-39}$$

在实际工作中，线电压和线电流比相电压和相电流容易测量，因此通常采用式（2-39）来计算三相对称负载的有功功率。三相电路同样具有无功功率和视在功率，同理，可得出三相对称负载的无功功率和视在功率的计算公式为

$$Q = \sqrt{3}\, U_{\mathrm{L}} I_{\mathrm{L}} \sin\varphi_{\mathrm{P}} \tag{2-40}$$

$$S = \sqrt{3}\, U_{\mathrm{L}} I_{\mathrm{L}} \tag{2-41}$$

**【例 2.9】**　有一个三相对称负载，每相负载的电阻 $R=60\ \Omega$，感抗 $X_L=80\ \Omega$，接在线电压为 $380\ V$ 的三相对称电源上，求：

(1) 将它们接成星形连接时，有功功率为多少？

(2) 将它们接成三角形连接时，有功功率为多少？

**解**　三相对称负载的功率因数为

$$\cos\varphi_P=\frac{R}{\sqrt{R^2+X_L^2}}=\frac{60}{\sqrt{60^2+80^2}}=0.6$$

(1) 三相对称负载接成星形时，线电流为

$$I_L=I_P=\frac{U_L}{\sqrt{3}\times\sqrt{R^2+X_L^2}}=\frac{380}{\sqrt{3}\times\sqrt{60^2+80^2}}=2.2\ A$$

此时有功功率为

$$P=\sqrt{3}U_LI_L\cos\varphi_P=\sqrt{3}\times380\times2.2\times0.6=868.8\ W$$

(2) 三相对称负载接成三角形时，线电流为

$$I_L=\sqrt{3}I_P=\frac{\sqrt{3}U_L}{\sqrt{R^2+X_L^2}}=\frac{\sqrt{3}\times380}{\sqrt{60^2+80^2}}=6.6\ A$$

此时有功功率为

$$P=\sqrt{3}U_LI_L\cos\varphi_P=\sqrt{3}\times380\times6.6\times0.6=2606.3\ W$$

在同一对称三相电源作用下，同一对称负载作三角形连接的有功功率是负载作星形连接时有功功率的 3 倍。因此，工程上，大功率的三相电动机常作三角形连接。

# 五、安全用电

电能在工业生产、城市建设、日常生活等许多方面有着极为重要的地位，这是因为电能易于产生、传输、分配、控制、测量等。电能从产生到应用会发生一系列变换和传输过程。

发电厂的三相定子绕组通常接成 Y 形，并将电源的中性点 N 接地，只引出三根相线 U、V、W 到三相升压变压器。为了降低线路损耗，则必须提高输电电压 $U$。

电能在经济建设和人民生活中不可缺少，但如果不注意用电安全，就可能造成人身触电、设备烧坏、火灾等严重电气事故，所以安全用电常识必须牢记在心，不可怠慢。

## 1. 电流对人体的危害

若人体不慎触及带电体，就会产生触电事故，使人体受到伤害。电流对人体的伤害主要分为电伤和电击两种。

电伤是指电流通过热效应、化学效应、机械效应等对人体表面所造成的创伤，如电弧烧伤、灼伤、电弧强光刺激等。电击是指电流通过人体对人体及内部器官造成伤害的触电事故，它又分为直接电击和间接电击两种。

人体直接接触正常的带电体所造成的触电伤害称为直接电击，如果站在地上的人接触到电源的相线或电气设备带电体，或者站在绝缘体上的人同时接触到电源的相线和零线，则属于单相触电；如果人体同时接触带电的任意两相线，则属于两相触电。

　　人体接触正常时不带电、而故障时带电的意外带电体所发生的触电伤害称为间接电击，如电机等电气设备的外壳本来是不带电的，由于绕组绝缘损坏等原因，而使其外壳带电，人体意外接触这样的带电外壳，就会发生触电伤害，大多数触电事故属于这一类。为了防止这类触电事故，对电气设备常采用保护接地和保护接零(接中性线)的保护装置。

　　电击对人体的伤害程度与通过人体电流的大小和频率、通电时间、通电途径以及人的生理状况等因素有关。频率为 $50\sim60$ Hz 的工频交流电对人最危险，通过人体的工频电流为 10 mA 时，人有麻痹感觉，但能自行摆脱；为 20 mA 时，出现灼伤，人肌肉痉挛收缩，几乎不能摆脱。通常用触电电流和触电时间的乘积来综合反映触电的危害程度。通过人体的电流越大，人的生理反应越明显，危险性也越大。通过人体的电流大小取决于触电电压和人体的电阻，人体电阻一般为 $800\ \Omega\sim100$ k$\Omega$。按照对人体有致命危险的工频电流 50 mA 和人体电阻 1 k$\Omega$ 来计算，可知 50 V 是人体安全电压的极限值。我国规定的安全电压等级有 36 V、24 V、12 V 等。

**2. 触电方式**

　　人体触电的主要原因为直接或间接接触带电体以及跨步电压触电，直接触电又可分为单相触电和两相触电。

　　1) 单相触电

　　单相触电指的是人体在地面或其他接地体上触及一相带电体的触电，电流从带电体流经人体到大地或中性线形成回路。图 2.29 所示为两种不同的单相触电。

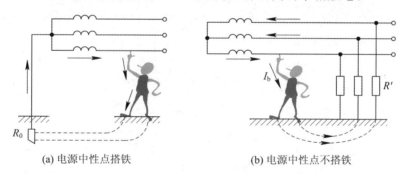

(a) 电源中性点搭铁　　　　　　　(b) 电源中性点不搭铁

图 2.29　两种不同的单相触电

　　2) 两相触电

　　两相触电指的是人体的不同部分同时触及两相带电体时造成的触电。对于这种情况，不论中性点是否接地，危险性都更大。图 2.30 所示为两相触电。

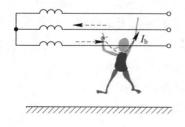

图 2.30　两相触电

3）跨步电压触电

当外壳接地的电气设备绝缘损坏而使外壳带电，或导线断落发生单相接地故障时，电流设备外壳经接地线、接地体（或由断落导线经接地点）流入大地，向四周扩散，在导线接地点及周围形成强电场。

跨步电压触电是指电流通过接地体向大地流散形成电力分布，人在行走时两脚之间就形成了跨步电压，由跨步电压引起的人体触电。跨步电压触电的危险程度取决于跨步电压的大小。

**3．安全用电预防措施**

为了人身安全，防止触电事故的发生，确保电气设备的正常工作，应该从技术上、制度上加强安全用电。

对于电力系统和电气设备，应配有良好的专用接地系统，有可靠的保护接地、保护接零措施；对于单相电气设备，切不可忽视必要的外壳接地措施。

1）保护接地

保护接地是为了防止电气设备出现绝缘损坏时使人体遭受触电危险，而在电气设备的金属外壳或构架等与接地体之间所做的良好的连接，如图 2.31 所示。保护接地适用于中性点不接地的低电网。采用保护接地仅能减轻触电的危险程度，但不能完全保证人身安全。

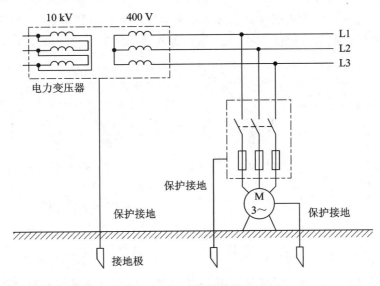

图 2.31　保护接地

2）保护接零

为防止人体因电气设备绝缘损坏而遭受触电，可将电气设备的金属外壳与电网的零线（变压器中性点）相连接，称为保护接零，如图 2.32 所示。保护接零适用于三相四线制和三相五线制中性点直接接地的低压电力系统。

对于采用保护接零系统的要求如下：

（1）零线上不能装熔断器和断路器，以防止零线回路断开时，零线出现相电压而引起的触电事故。

（2）在同一低压电网中，不允许将一部分电气设备采用保护接地，而另一部分电气设

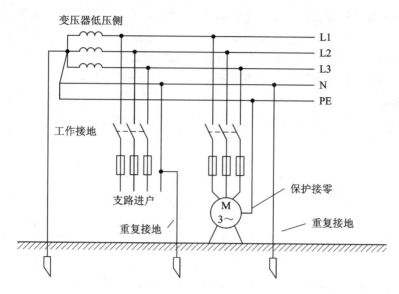

图 2.32　保护接零和重复接地

备采用保护接零。

（3）除了必须将中性点良好接地外，还必须将零线重复接地，三相五线制中要将 PE 线重复接地。

#### 4. 新能源汽车高压安全防护

新能源汽车采用高压电力作动力源，高压系统的电压通常超过 300 V，有些甚至在 600 V 以上。车辆高压系统设计了多处高压互锁装置，主要包括结构互锁和功能互锁。

在高压安全作业前，必须穿戴齐全个人安全防护用品，设置安全隔离，并放置安全警示牌。对工位铺设的绝缘垫进行绝缘检测。高压断电、验电和放电完成之前必须佩戴绝缘手套。

# 一、日光灯电路及功率因数的提高

日光灯电路由灯管、镇流器和启辉器三部分组成，其电路如图 2.33 所示。日光灯管在

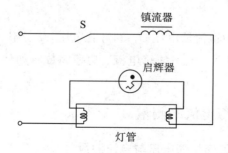

图 2.33　日光灯电路

工作时可视为纯电阻负载,而镇流器是具有很大电感的铁芯线圈,它的感抗值远大于其电阻值,因此可近似地认为其是纯电感负载,则日光灯电路就成为一个电阻与电感串联的电路。由于镇流器的电感很大,因此日光灯电路的功率因数较小。为了提高日光灯电路的功率因数,一般采用并联电容器的办法来实现。

**1. 实训步骤**

(1) 按图 2.34 所示的电路接线,开关 $S_1$、$S_2$、$S_3$ 置于断开位置,$C_1=1\ \mu F$、$C_2=2\ \mu F$。

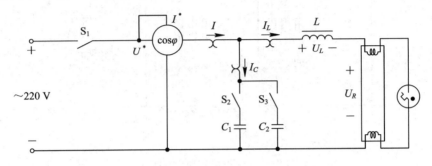

图 2.34　日光灯实训电路

(2) 检查无误后接入 220 V 电源,闭合 $S_1$,日光灯发光,读出电流数值 $I$、$I_L$、$I_C$,记录在表 2.1 中,然后用万用表测量输入电压 $U$,镇流器端电压 $U_L$,灯管两端电压 $U_R$ 及 $\cos\varphi$ 值,记入表 2.1 中。

(3) 分别测量 $S_2$、$S_3$ 在表 2.1 所示其他不同组合状态下的 $I$、$I_L$、$I_C$、$U$、$U_L$、$U_R$ 及 $\cos\varphi$ 值,记录在相应栏中。

(4) 切断电源,将功率因数表换成功率表(接法同功率因数表),闭合 $S_1$,重复(2)、(3)步骤,将功率表数值记录在表 2.1 中。

**表 2.1　日光灯电路实训记录表**

| 开关状态 | $I/\text{mA}$ | $I_L/\text{mA}$ | $I_C/\text{mA}$ | $U/\text{V}$ | $U_L/\text{V}$ | $U_R/\text{V}$ | $\cos\varphi$ | $P/\text{W}$ |
|---|---|---|---|---|---|---|---|---|
| $S_2$、$S_3$ 断 | | | | | | | | |
| $S_2$ 合 $S_3$ 断 | | | | | | | | |
| $S_2$ 断 $S_3$ 合 | | | | | | | | |
| $S_2$、$S_3$ 合 | | | | | | | | |

**2. 分析讨论**

(1) 电源电压 $U$ 是否为镇流器电压 $U_L$ 和灯管电压 $U_R$ 之代数和? 为什么?

(2) 当日光灯并联电容后,电路的总电流、功率因数将如何变化? 此时日光灯上的电流和功率是否改变?

## 二、三相交流电路电压与电流的测量

### 1. 三相对称负载作星形连接的电压与电流测量

(1) 按图 2.35 连接线路。调节三相调压器使输出端获得线电压 $U_L=380$ V。合上开关

S 和 $S_1 \sim S_6$，测量对称星形负载在三相四线制(有中性线)时的各线电压、相电压、相(线)电流和中性线电流，记入表 2.2 中。

(2) 打开开关 S，测量对称星形负载在三线制(无中性线)时的各线电压、相电压、相(线)电流和中性点位移电压，记入表 2.2 中。

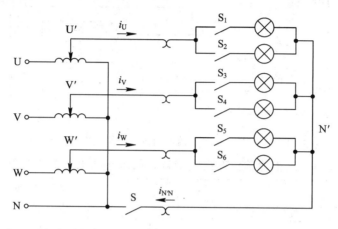

图 2.35　三相负载星形连接的电压与电流测量电路

**表 2.2　三相负载星形连接的电压与电流测量记录表**

| 分类 | | 线电压/V | | | 相电压/V | | | 相(线)电流/A | | | 中性线电流/A | 中性点位移电压/V |
|---|---|---|---|---|---|---|---|---|---|---|---|---|
| | | $U_{U'V'}$ | $U_{V'W'}$ | $U_{W'U'}$ | $U_{U'N}$ | $U_{V'N}$ | $U_{W'N}$ | $I_U$ | $I_V$ | $I_W$ | $I_{N'N}$ | $U_{N'N}$ |
| 对称负载 | 有中性线 | | | | | | | | | | | — |
| | 无中性线 | | | | | | | | | | — | |
| 不对称负载 | 有中性线 | | | | | | | | | | | — |
| | 无中性线 | | | | | | | | | | — | |

**2. 三相不对称负载作星形连接的电压与电流测量**

(1) 如图 2.35 所示，将 U 相一只白炽灯断开($S_1$ 打开)，其他开关合上，测量不对称星形负载在三相四线制时的各线电压、相电压、相(线)电流和中性线电流，记入表 2.2 中。

(2) 打开开关 S，测量不对称星形负载在三线制(无中性线)时的各线电压、相电压、相(线)电流和中性点位移电压，记入表 2.2 中。

**3. 三相对称负载作三角形连接的电压与电流测量**

按图 2.36 连接线路。调节三相调压器使输出端获得线电压 $U_L = 220$ V。合上开关 $S_1 \sim$

$S_6$，测量三相负载对称时的各线电压、线电流和相电流，记入表 2.3 中。

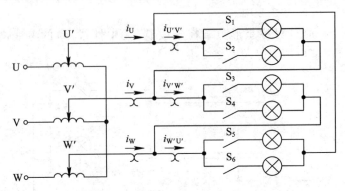

图 2.36　三相对称负载三角形连接的电压与电流测量电路

**表 2.3　三相对称负载三角形连接的电压与电流测量记录表**

| 线电压/V | | | 线电流/A | | | 相电流/A | | |
|---|---|---|---|---|---|---|---|---|
| $U_{U'V'}$ | $U_{V'W'}$ | $U_{W'U'}$ | $I_U$ | $I_V$ | $I_W$ | $I_{U'V'}$ | $I_{V'W'}$ | $I_{W'U'}$ |
| | | | | | | | | |

### 4. 分析讨论

（1）三相负载在什么情况下应接成星形？在什么情况下应接成三角形？在什么情况下应接成有中性线的星形？照明电路为什么均采用三相四线制？

（2）用实训数据验证三相对称负载星形连接时，线电压与相电压的关系。

（3）用实训数据验证三相对称负载三角形连接时，线电流与相电流的关系。

## 电路中的谐振

实际的交流电路往往不只是 RLC 串联电路，它可能是同时包含电阻、电感和电容的复杂的混联电路。在含有 $L$、$C$ 等储能元件的正弦交流电路中，我们把电流与电压同相位（即电路呈纯电阻性质）的现象称为电路谐振。

由于工厂中的用电器（如交流电动机、电焊机等）多数是电感性负载，因此其功率因数往往较低，例如工程中常用的异步电动机，在额定负载时功率因数约为 0.7～0.9，如果在轻载时其功率因数就更低。根据 $P = S\cos\varphi$ 可知，$\cos\varphi$ 越低，$P$ 越小，电源设备越得不到充分的利用，降低了供电设备的利用率。另外，在一定的电压和有功功率下，负载从电源取用的电流为 $I = \dfrac{P}{U\cos\varphi}$，若 $\cos\varphi$ 越低，则流过导线的电流越大，输电线路上的功率损耗就越大。为了提高发电及供电设备的利用率，减少输电线路上的功率损耗，应提高负载的功率因数。提高功率因数的方法很多，通常采用在电感性负载两端并联电容器的方法。

图 2.37 所示电路为一个电感性负载并联电容器时的电路图，图 2.38 是它的电压、电

流相量图。由于并联支路两端的电压相同，所以在绘制并联电路的相量图时，常把电压相量画在水平位置，作为参考相量。感性负载未并联电容器时，电路中的电流为 $\dot{I} = \dot{I}_1$，电路的功率因数为 $\cos\varphi_1$；并联电容器后，电路中的电流为 $\dot{I} = \dot{I}_1 + \dot{I}_C$，使得 $I < I_1$，总电压与总电流的相位差由 $\varphi_1$ 减小到 $\varphi_2$，提高了整个电路的功率因素。

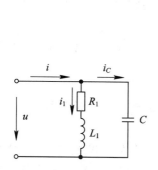 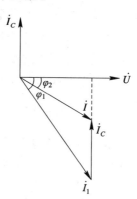

图 2.37   电感性负载与电容器的并联电路      图 2.38   电感性负载并联电容器电路相量图

在 RLC 串联电路中，当电源频率 $f$ 与 RLC 串联电路本身的固有频率 $f_0$ 相等时，电路呈电阻性，电路发生串联谐振现象。

RLC 串联电路的固有频率大小为

$$f_0 = \frac{1}{2\pi\sqrt{LC}}$$

此时 $X_L = X_C$，电路呈纯电阻性，此时，电流 $i$ 与电压 $u$ 同相，我们称电路发生了串联谐振。RLC 串联电路发生谐振时，电路电压与电流同相，电路的阻抗模最小，电流达到最大值。串联谐振往往用于无线电信号的接收、选频等电路中。

把一个电感线圈和一个电容器并联起来组成一个电路，当该电路的复阻抗为纯电阻性时，我们称该电路发生了并联谐振。这是一种常见的、应用非常广泛的谐振电路，如图2.39 所示。

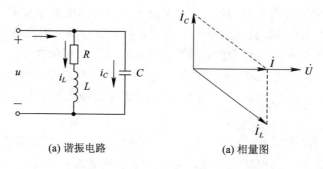

(a) 谐振电路                    (a) 相量图

图 2.39   电感线圈与电容并联谐振电路

在实际应用中，我们常利用并联谐振阻抗高的特点选择信号或消除干扰。如在正弦自激振荡电路中，利用 LC 并联谐振电路的谐振特性将其作为选频网络。LC 谐振电路虽然结构简单，但是在通信电子电路中是不可缺少的重要组成部分。

## 项目小结

(1) 通常把正弦交流电动势、电压和电流称作正弦量。随时间按正弦规律变化的交流电称为正弦交流电，最大值、角频率和初相位为正弦量的三要素。

(2) 交流电最大的瞬时值称为最大值，最大值是有效值的 $\sqrt{2}$ 倍。交流测量仪表的读数以及各种交流电气设备的铭牌所标注的额定值，均是指有效值。

(3) 在我国和大多数国家都采用 50 Hz 作为电力标准频率，角频率、周期和频率都是表示正弦量变化快慢的物理量，其相互关系为：$\omega = \dfrac{2\pi}{T} = 2\pi f$。

(4) $t = 0$ 时的相位称为初相位，相位决定正弦交流电在某一时刻所处的状态，初相位反映了正弦交流电起始时刻的状态。

(5) 正弦交流电的常用表示方法有波形图、三角函数表达式和相量法。为便于分析计算正弦电路，电路中常用相量来表示正弦交流电。同频率的正弦电压或电流可用相量形式表示，用相量计算替代三角运算可大大简化运算过程。

(6) 交流电路由交流电源及其负载组成，交流负载一般由电阻、电感、电容以及它们的组合按照一定的方式连接而成。交流负载的电压有效值与电流有效值之间满足欧姆定律关系，即 $I = \dfrac{U}{|Z|}$。对于纯电阻电路，$|Z| = R$；对于纯电感电路，$|Z| = X_L$；对于纯电容电路，$|Z| = X_C$；对于 RLC 串联交流电路，$|Z| = \sqrt{R^2 + (X_L - X_C)^2}$。

(7) 纯电阻电路中，电压和电流相位相同；纯电感电路中，电压超前电流 90°；纯电容电路中，电流超前电压 90°。RLC 串联交流电路中，电压超前电流 $\varphi$，当 $\varphi > 0$ 时，电路呈电感性；当 $\varphi < 0$ 时，电路呈电容性；当 $\varphi = 0$ 时，电路呈电阻性。当电路元件的参数满足一定条件时，电路会出现谐振。

(8) 电阻是耗能元件，其有功功率 $P_R = U_R I_R$；电感和电容是储能元件，其有功功率均为 0。RLC 串联交流电路的有功功率 $P = UI\cos\varphi$；无功功率 $Q = UI\sin\varphi$；视在功率 $S = UI$。功率因数 $\lambda$ 是有功功率与视在功率的比值，$\lambda$ 越大，则电源的容量中转换成有功功率的部分越大，电源的利用率越高。提高功率因数最简便的方法是用电容元件与感性负载并联。

(9) 三相交流电路由三个最大值相等、频率相同，而初相依次互差 120°的三相对称电动势向负载供电。三相交流发电机的三相绕组通常采用星形接法，对外供电有三相三线制和三相四线制。三相四线制可以输出线电压和相电压两种电压，并且线电压是相电压的 $\sqrt{3}$ 倍。

(10) 三相负载有星形连接和三角形连接两种连接方式。三相负载作星形连接时，各相负载所承受的电压为对应的电源相电压，线电流等于相电流。三相对称负载作三角形连接时，各相负载承受电压等于对应的电源线电压，线电流等于相电流的 $\sqrt{3}$ 倍，相位上滞后对应的相电流 30°。

(11) 在三相不对称负载星形连接时，中性线电流不等于零。由于三相负载不对称，三相电流也不对称，其三相电流的和不为零，必须引一根中性线供电流不对称部分流过，即必须用三相四线制。在中性线上不允许接熔断器和开关,以确保中性线不断,构成三相四线制。

（12）三相交流电路的功率为各相负载功率之和。当负载对称时,无论三相负载是星形连接还是三角形连接,负载功率均可以按照下式计算,即 $P = \sqrt{3}\,U_L I_L \cos\varphi_P$、$Q = \sqrt{3}\,U_L I_L \sin\varphi_P$、$S = \sqrt{3}\,U_L I_L$。

（13）电能够造福人类,但不注意用电安全,也会造成人身触电、设备烧坏、火灾等严重电气事故,因此,必须加强安全用电。

（14）电流对人体的伤害主要分为电伤和电击两种。

（15）新能源汽车采用高压电力作动力源,车辆高压系统设计了多处高压互锁装置,主要包括结构互锁和功能互锁。在高压安全作业前,必须穿戴齐全个人安全防护用品,设置安全隔离,并放置安全警示牌。对工位铺设的绝缘垫进行绝缘检测。高压断电、验电和放电完成之前必须佩戴绝缘手套。

## 练习与思考

**一、填空题**

1. 正弦量的三要素是_____、_____和_____。

2. 已知正弦交流电流 $i = 14.14\sin(314t - 60°)\,\mathrm{A}$,则最大值 $I_m =$_____,有效值 $I =$_____,角频率 $\omega =$_____,频率 $f =$_____,周期 $T =$_____,初相 $\varphi =$_____。

3. 在 RLC 串联电路中,已知电流为 5 A,电阻为 30 Ω,感抗为 40 Ω,容抗为 80 Ω,那么电路的阻抗为_____Ω,该电路为_____电路。电路的有功功率为_____W,无功功率为_____var。

4. 由 $\omega$ 与 $X_L$、$X_C$ 的关系可知,在直流电路中,电感元件相当于_____状态,电容元件相当于_____状态。在交流电路中,频率越高,感抗越_____,容抗越_____。

5. RL 串联电路,$U_R = 30\,\mathrm{V}$,$U_L = 40\,\mathrm{V}$,则 $U =$_____,$\cos\varphi =$_____。

6. RLC 串联电路在关联参考方向下,如果阻抗角 $\varphi > 0$,则电路呈_____性;如果阻抗角 $\varphi < 0$,则电路呈_____性;如果阻抗角 $\varphi = 0$,则电路呈_____性。

7. 某教室使用 40 W 日光灯 8 盏,已知电源电压为 220 V,频率为 50 Hz,电路总电流为 3.2 A,则日光灯的功率因数 $\lambda =$_____。

8. 某三相四线制低压供电系统的线电压为 380 V,则其相电压为_____V。

9. _____和_____之间的电压称为电源线电压;_____和_____之间的电压称为电源相电压。

10. 在三相供电系统中,三相交流负载存在_____连接和_____连接两种形式。

**二、判断题**

1. 对于同频率正弦量 $i_1$、$i_2$、$i_3$，当 $i_1$ 滞后 $i_2$，$i_2$ 滞后 $i_3$ 时，则 $i_1$ 一定滞后 $i_3$。 （　　）

2. 一电感元件中通有正弦电流，当电流大小不变而频率增加一倍时，电压幅值也将增加一倍。 （　　）

3. 正弦电路中，电容元件的瞬时功率的平均值就是无功功率。 （　　）

4. 正弦交流电路的频率越高，阻抗越大；频率越低，阻抗越小。 （　　）

5. 在 $R$、$L$、$C$ 串联的正弦电路中，已知 $R = 10\ \Omega$，$\omega L = 20\ \Omega$，$1/\omega C = 30\ \Omega$，则 $|Z| = 0$。 （　　）

6. 已知 $I_1 = I_2 = I_3$，则 $\dot{I}_1 + \dot{I}_2 + \dot{I}_3 = 0$ 是不可能的。 （　　）

7. 负载作星形连接时必有相电流等于线电流。 （　　）

8. 中性线不允许断开，因此不能安装熔断丝和开关，并且中线截面比火线粗。 （　　）

9. 中性线的作用就是使不对称星形连接负载的端电压保持对称。 （　　）

10. 三相负载作三角形连接时，总有 $I_L = \sqrt{3}\,I_P$ 成立。 （　　）

**三、单选题**

1. 某正弦电压有效值为 380 V，频率为 50 Hz，计时起始数值等于 380 V，其瞬时值表达式为（　　）。

A. $u = 380\sin 314t$ V
B. $u = 537\sin(314t + 45°)$ V

C. $u = 380\sin(314t + 90°)$ V
D. $u = 380\sin(314t - 90°)$ V

2. 已知 $i_1 = 10\sin(314t + 90°)$ A，$i_2 = 10\sin(628t + 30°)$ A，则（　　）。

A. $i_1$ 超前 $i_2$ 60°
B. $i_1$ 滞后 $i_2$ 60°

C. $i_2$ 超前 $i_1$ 300°
D. 相位差无法判断

3. 用万用表测量正弦交流信号，所得数值是该正弦量的（　　）。

A. 最大值
B. 有效值

C. 峰峰值
D. 平均值

4. 在纯电容电路中，电压有效值不变，频率增大时，电路中电流将（　　）。

A. 增大
B. 减小

C. 不变
D. 无法判断

5. 在 RLC 串联电路中，$U_R = 30$ V、$U_L = 80$ V、$U_C = 40$ V，则 $U$ 为（　　）。

A. 10 V
B. 50 V
C. 90 V
D. 150 V

6. 电器铭牌上标注的功率值均是（　　）。

A. 有功功率
B. 无功功率

C. 视在功率
D. 瞬时功率

7. 欲提高感性负载电路的功率因数，可以采取的措施是（　　）。

A. 并联电容 $C$
B. 串联电容 $C$

C. 并联电感 $L$
D. 串联电感 $L$

8. 在三相绕组星形连接的电路中，线电压的相位比它所对应的相电压超前（　　）。

A. 15°
B. 30°
C. 45°
D. 60°

9. 安全用电的原则是(　　)。

A. 不靠近电源

B. 不接触电源

C. 可以接触低压带电体，不要接触高压带电体

D. 不能接触低压带电体，不要靠近高压带电体

10. 下列关于家庭电路和安全用电的叙述，错误的是(　　)。

A. 停电时，也应断开开关再进行电路检修

B. 电灯开关的一头跟电灯连接，另一头必须接在零线上

C. 不可以用铜丝代替保险丝

D. 只有不高于 36 V 的电压才是安全的

11. 在照明电路中，下列情况符合安全用电原则的是(　　)。

A. 可以随意搬动亮着的台灯或工作中的电扇

B. 把电路中的电线当成晒衣绳用来披挂湿衣服

C. 不能用潮湿的手触摸家庭电路的开关

D. 发现有人触电时，直接用手把触电者拉开以脱离电源

12. 关于安全用电，下列说法中正确的是(　　)。

A. 人体只要接触火线就一定会触电

B. 只要站在绝缘板上就不会触电

C. 通电导线起火时，应立即用水泼灭

D. 发生触电时，人体构成电流的通路

13. 在三相电路中，当负载不对称中性线断开时，对电路的影响是(　　)。

A. 电路正常工作

B. 负载相电压都等于 220 V

C. 负载相电压都等于 380 V

D. 负载相电压不再等于电源相电压

14. 三相对称负载指的是(　　)。

A. 负载大小相等性质相同　　　　B. 负载大小相同

C. 负载性质相同　　　　　　　　D. 以上都不正确

15. 当负载不对称时，中性线电流(　　)。

A. 大于零　　　　　　　　　　　B. 小于零

C. 等于零　　　　　　　　　　　D. 视情况而定

16. 将三相负载分别接于三相电源的两相线之间的连接叫作(　　)连接。

A. 星形　　　　　　　　　　　　B. 并联

C. 三角形　　　　　　　　　　　D. 对称

17. 三相对称负载接成星形时，三相总电流(　　)。

A. 等于零　　　　　　　　　　　B. 等于其中一相电流的三倍

C. 等于其中一相电流　　　　　　D. 以上都不对

**四、多选题**

1. 正弦交流电的表示方法有(　　)。

A. 瞬时表达式          B. 波形图

C. 相量表达式          D. 相量图

2. 正弦交流电的三要素是(    )。

A. 最大值              B. 角频率

C. 初相位              D. 相量

3. 下列描述正确的是(    )。

A. 只有正弦量能用相量表式，相量不能表示非正弦量

B. 相量用来表示正弦量但不等于正弦量

C. 只有同频率的正弦量才能画在同一相量图上

D. 相量的加减运算服从平行四边形法则

4. 对称三相电动势有(    )的特点。

A. 大小相等           B. 频率相同

C. 相位差互为 120°      D. 在任一瞬间其相量和为零

5. 中线上不允许接(    )。

A. 保险                B. 开关

C. 负载                D. 以上都不正确

**五、计算题**

1. 一个电阻的阻值为 200 Ω，其两端的电压为 $u=60\sin(\omega t+45°)$ V，求流过电阻的电流瞬时值及有效值，以及电阻上消耗的有功功率。

2. 20 W 日光灯在镇流器下工作时两端电压为 198 V，电流为 0.35 A，电源频率为 50 Hz，忽略镇流器的电阻，求镇流器的电感。

3. 一个 20 μF 的电容器接在 220 V 的交流电源上，电源的频率为 50 Hz，求电容器的容抗、通过电容的电流及无功功率。

4. 一个线圈接在 $U=120$ V 的直流电源上，$I=20$ A；若接在 $f=50$ Hz，$U=220$ V 的交流电源上，则 $I=28.2$ A。试求线圈的电阻 $R$ 和电感 $L$。

5. 把电阻为 4 Ω、感抗为 3 Ω 的线圈接在电压为 220 V 的工频交流电源上，求电路电流、电感上电压及电路的有功功率、无功功率、视在功率和电路功率因数，并画出电压、电流相量图。

6. 电阻 $R=22$ Ω，感抗 $L=0.6$ H 的线圈与电容 $C=63.7$ μF 串联接到 $U=220$ V、$f=50$ Hz 的交流电源上。求：

(1) 电路中的电流 $I$；

(2) 电压 $U_R$、$U_L$、$U_C$；

(3) 有功功率 $P$、无功功率 $Q_L$、$Q_C$ 和视在功率 $S$。

7. 某三相对称感性负载星形连接，接到线电压为 380 V 的三相对称的电源上，从电源上取用的有功功率 $P=5.28$ kW，功率因数 $\cos\varphi=0.8$，试求负载的相电流和线电流。

8. 有一三相对称负载，其各相电阻等于 10 Ω，负载的额定相电压为 220 V，现将它作星形连接，接在线电压为 380 V 的三相电源上，求相电流、线电流和总有功功率。

# 项目 3　磁路与电磁器件

**学 习 目 标**

（1）了解磁路基本物理量、磁路基本定律及铁磁材料的磁性能。

（2）能正确描述变压器的基本结构和工作原理，并能正确使用变压器。

（3）对汽车点火线圈的工作原理有较全面的了解，会正确检测汽车点火线圈。

（4）熟悉电磁铁、继电器的工作原理和使用。

（5）会正确检测汽车继电器。

（6）注重培养解决实际问题的能力以及善于观察、独立思考的学习习惯。

**项 目 描 述**

变化的电流能产生磁场，磁场在一定条件下又能产生电流，二者密不可分。电路的基本概念和基本定律，是分析电路问题的基础。在很多汽车电气设备中，不仅有电路的问题，同时还存在磁路问题，如点火线圈、电磁铁、继电器、发电机、电动机等，只有同时掌握电路与磁路的基本理论，才能对各种汽车电气设备作全面分析。

磁路和电路是相关联的，本项目通过分析汽车点火线圈和各种继电器在汽车电路中的广泛使用，在引入磁路的基本概念和基本定律的基础上，着重讨论变压器、电磁铁、继电器的结构、工作原理和正确使用方法。

**相 关 知 识**

## 一、磁路和铁磁材料

汽车上的点火线圈、交流发电机、直流电动机、继电器等是含有电感性元件的电气设备。这些电气设备的工作都是基于电磁的相互作用的，二者密不可分。因此在分析电气设备的工作过程时，既要分析电路，还要分析磁路。

所谓磁路，就是约束在铁芯及其气隙所限定的范围内的磁通闭合路径。图 3.1 为直流电动机、变压器的磁路示意图，图中的虚线表示磁通路径。为了分析磁场，下面简要介绍磁场的基本物理量。

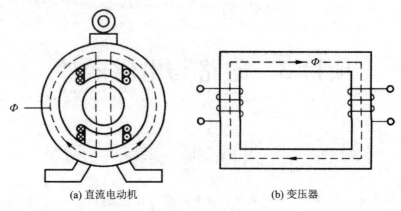

(a) 直流电动机          (b) 变压器

图 3.1 磁路示意图

## （一）磁场的基本物理量

### 1. 磁感应强度 *B*

磁感应强度 ***B*** 是表示磁场内某点磁场强弱及方向的物理量，是一个矢量。在如图 3.1 (b)所示的变压器磁路中，当线圈中通有励磁电流时，在铁芯内就产生磁场。磁场的大小与线圈的匝数和电流的大小有关，用通过垂直于磁场方向单位面积的磁力线数目表示磁感应强度 *B* 的大小。磁场的方向与励磁电流的方向有关，这个关系可用右手螺旋定则来表示。磁感应强度的单位是特斯拉(T)，简称特。

### 2. 磁通 *Φ*

如果磁场内各点磁感应强度 *B* 的大小相等，方向相同，则称为均匀磁场。在均匀磁场中，*B* 的大小可用通过垂直于磁场方向的单位截面上的磁力线来表示。

在均匀磁场中，磁通 *Φ* 等于磁感应强度 *B* 与垂直于磁场方向的面积 *S* 的乘积，即

$$\Phi = BS \quad 或 \quad B = \frac{\Phi}{S} \tag{3-1}$$

*B* 又称磁通密度。如果不是在均匀磁场，可取 *B* 的平均值。磁通的单位是韦伯(Wb)，简称韦。

### 3. 磁导率 *μ*

实验证明：在通电线圈中放入铁、钴、镍等物质后，通电线圈周围的磁场大大增强，而放入铜、铝、木材等物质后，线圈周围的磁场却几乎不变。可见通电线圈周围的磁场大小不仅跟通电电流大小有关，还跟磁场中的介质有关。

不同的介质，其导磁能力不同。磁导率 *μ* 是表示物质导磁性能的物理量，单位是亨利每米(H/m)。

自然界中的大多数物质，如各种气体，非金属材料，铜、铝、高镍不锈钢等金属对磁场的影响都很小，且与真空极为接近，这类物质统称为非磁性物质。由实验测出真空的磁导率 $\mu_0 = 4\pi \times 10^{-7}$ H/m。还有一类物质如铁、钴、镍、钇、镝及其合金，它们的导磁性能远比真空好，通常这类物质统称为铁磁物质。非磁性物质也称非铁磁物质。在说明物质的磁性能时，往往不直接用磁导率 *μ*，而是用 *μ* 与真空磁导率 $\mu_0$ 的比值 $\mu_r$ 表示，$\mu_r$ 称为相对磁导率。

非铁磁物质的 $\mu_r$ 近似为 1，铁磁物质的 $\mu_r$ 远大于 1，其值为几百到几万。铁的 $\mu_r$ 在 200 以上，硅钢片的 $\mu_r$ 可达 10 000 以上。在制造电机、变压器等电气设备时，把线圈套在

铁磁物质上，目的是用同样大小的电流及同样匝数的线圈，得到很大的磁感应强度。

应当指出，真空的磁导率 $\mu_0$ 是一个常数，而铁磁物质的磁导率 $\mu$ 不是常数，当励磁电流改变时，$\mu$ 也改变。

**4. 磁场强度 $H$**

由于铁磁物质的磁导率 $\mu$ 不是常数，因此磁场的计算比较复杂，为了简化计算，引入磁场强度 $H$ 这一辅助物理量。磁场强度只与产生磁场的电流以及这些电流的分布有关，而与磁介质的磁导率无关。但磁感应强度是与磁场媒质的磁性有关的。磁场强度的单位是安培每米（A/m）。

磁场强度 $H$ 的大小与磁感应强度 $B$ 的大小之间的关系为

$$H = \frac{B}{\mu} \quad 或 \quad B = \mu H \tag{3-2}$$

## （二）磁路的基本定律

**1. 安培环路定律**

安培环路定律又称全电流定律，是计算磁场的基本定律，其内容是：磁场强度矢量在磁场中沿任何闭合回路的线积分，等于穿过该闭合回路所包围面积内电流的代数和，即

$$\oint H \, \mathrm{d}l = \sum I$$

应用时，当电流方向和磁场强度的方向符合右手螺旋定则时，电流取正；否则取负。

在电工技术中，常常遇到如图 3.1(b) 所示的情况，即闭合回路上各点的磁场强度 $H$ 相等且其方向与闭合回路的切线方向一致，则安培环路定律可简化为

$$Hl = \sum I \tag{3-3}$$

式中：$l$ 为回路（磁路）长度。由于电流 $I$ 和闭合回路绕行方向符合右手螺旋定则，如线圈有 $N$ 匝，电流就穿过回路 $N$ 次，因此

$$\sum I = NI = F$$

所以

$$Hl = NI = F \tag{3-4}$$

式中：$F$ 为磁动势，单位是安（A）。

**2. 磁路的欧姆定律**

在图 3.1(b) 所示的磁路中，磁通 $\Phi$ 为

$$\Phi = BS = \mu HS = \mu \frac{NI}{l} S = \frac{NI}{\dfrac{l}{\mu S}} = \frac{F}{R_{\mathrm{m}}} \tag{3-5}$$

式中：$R_{\mathrm{m}} = \dfrac{l}{\mu S}$ 称为磁阻，是表示磁路对磁通具有阻碍作用的物理量。式（3-5）表明，磁通为磁动势 $F$ 与磁阻的比值，该式与电路中的欧姆定律在形式上相似，因此称之为磁路的欧姆定律。

应当指出，由于铁磁材料的磁导率 $\mu$ 不是常数，磁路磁阻是非线性的，所以应用磁路欧姆定律进行实际计算比较困难，一般只作定性分析。

### 3. 电磁感应定律

当流过线圈的电流发生变化时，线圈中的磁通也随之变化，此时线圈中会产生感应电动势。感应电动势的大小与磁通 $\Phi$ 的变化率成正比，其表达式为

$$e = -N\frac{\mathrm{d}\Phi}{\mathrm{d}t}$$

式中：$N$ 为线圈匝数。感应电动势的方向由楞次定律决定，通过 $\dfrac{\mathrm{d}\Phi}{\mathrm{d}t}$ 的符号与感应电动势的参考方向比较而定出。当 $\dfrac{\mathrm{d}\Phi}{\mathrm{d}t}>0$，即穿过线圈的磁通增加时，$e<0$，这时感应电动势的方向与参考方向相反，表明感应电动势所要产生的感应电流的磁场要阻止原磁场的增加；当 $\dfrac{\mathrm{d}\Phi}{\mathrm{d}t}<0$，即穿过线圈的磁通减小时，$e>0$，这时感应电动势的方向与参考方向相同，表明感应电动势所要产生的感应电流的磁场要阻止原磁场的减少。

由于流过线圈本身的电流发生变化而引起的电磁感应现象叫自感现象。自感现象有利有弊。日光灯电路就是利用自感现象所产生的高电压来点亮日光灯的。在汽车点火电路中，如图 3.2 所示，当初级线圈中的电流突然减小时，会产生 200～300 V 的自感电动势，方向与蓄电池的电动势方向相同。这两个电压相加会使触点间产生火花，将触点烧坏。为此可在触点两端并联一个电容构成回路，用来吸收线圈中的磁场能，从而保护触点。

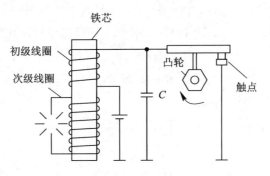

图 3.2　汽车点火电路原理图

两个具有磁耦合的线圈，一个线圈中的电流变化引起另一个线圈产生电磁感应的现象叫互感现象。汽车点火系统中的点火线圈就是利用互感原理工作的，如图 3.2 所示。当点火开关闭合，发动机工作时，断电器不断闭合与断开。当断电器闭合时初级线圈通电，铁芯中形成磁路；当断电器断开时，初级线圈电路被切断，电流及磁通迅速消失。根据互感原理，在次级线圈上产生高压感应电动势。该高压感应电动势击穿火花塞的间隙，形成电火花，点燃混合气体。

### （三）铁磁材料的磁性能

#### 1. 高导磁性

铁磁材料的磁导率很高，其 $\mu_r$ 可达 $10^2\sim10^4$，如硅钢的相对磁导率可达 7000 之多，这就使它们具有被强烈磁化（呈现磁性）的特性。所以由铁磁材料组成的磁路磁阻很小，在

线圈中通入较小的电流 $I$，在磁路中即可获得较大的磁通 $\Phi$。因而铁磁材料是制造电磁铁、变压器、电机等的主要材料。

**2. 磁饱和性**

铁磁材料的磁饱和性表现在磁感应强度 $B$ 不会随磁场强度 $H$ 的增强而无限增强，当外磁场（或励磁电流）增大到一定值时，全部磁畴的磁场方向都转向与外磁场的方向一致。这时磁化磁场的磁感应强度 $B$ 即达饱和值。磁感应强度 $B$ 不能继续增强，这就是铁磁材料的磁饱和性。铁磁材料的磁化曲线如图 3.3 所示。

各种铁磁材料的磁化曲线可通过实验得出，在磁路计算上极为重要。由图 3.3 可知，$B$ 与 $H$ 之间存在着非线性关系。当 $H$ 逐渐增大时，$B$ 也增加，但上升缓慢（$Oa$ 段）。当 $H$ 继续增大时，$B$ 急骤增加，几乎成直线上升（$ab$ 段），当 $H$ 进一步增大时，$B$ 的增加又变得缓慢，达到 $c$ 点以后，$H$ 值即使再增加，$B$ 却几乎不再增加，即达到了饱和。

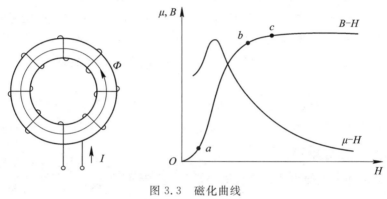

图 3.3　磁化曲线

**3. 磁滞性**

铁磁材料在多次反复交变磁化的过程中，铁芯中磁感应强度随磁场强度的变化关系如图 3.4 所示。

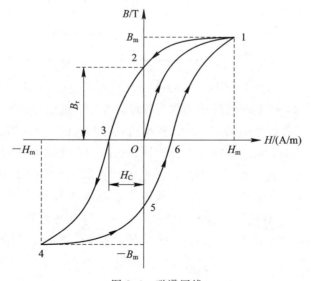

图 3.4　磁滞回线

当磁场强度从 0 增至最大值 $H_{\mathrm{m}}$ 后，再逐渐减小 $H$，而 $B$ 随着 $H$ 的减小并不按原有曲线下降，而是沿着位于其上部的另一条轨迹变化。当磁场强度 $H=0$ 时，磁感应强度 $B\neq0$，其大小为 $B_r$，$B_r$ 称为剩磁。只有当 $H$ 反方向变化到 $-H_c$ 的过程中，$B$ 才会下降到零，此时 $H_c$ 称为矫顽磁力，这种磁感应强度（$B$）滞后于磁场强度（$H$）的变化的性质称为铁磁材料的磁滞性。

磁性材料在反复磁化过程中产生的损耗称为磁滞损耗，它是导致铁磁材料发热的原因之一，对电动机、变压器等电气设备的运行不利。因此常采用磁滞损耗小的铁磁材料作为电气设备的铁芯。通常磁滞回线所围出的面积越小，其铁芯中的磁滞损耗就越小。

通过试验可知，不同的铁磁材料，其磁化曲线和磁滞回线都不一样。

按铁磁材料的磁性能，铁磁材料可分为软磁材料、硬磁材料和矩磁材料 3 种类型。

（1）软磁材料。软磁材料的剩磁和矫顽磁力都很小，磁滞回线很窄，磁滞损耗小。常用的软磁材料有软铁、铸钢、硅钢片、坡莫合金等，常用来制造变压器、电动机的铁芯。

（2）硬磁材料。硬磁材料的剩磁和矫顽磁力均较大，磁滞回线较宽。常用的硬磁材料有碳钢、钨钢、钴钢、镍钢合金等，由于这类材料磁化后有很强的剩磁，宜用其制作永久磁铁。

（3）矩磁材料。矩磁材料的剩磁大，矫顽磁力小，磁滞回线接近矩形。常用的矩磁材料有镁锰铁氧体和某些铁镍合金等，常用来制造计算机记忆元件、开关元件及逻辑元件等。

### （四）交流铁芯线圈电路

将线圈绕制在铁芯上便组成铁芯线圈，如图 3.5 所示。

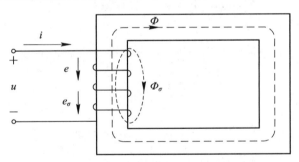

图 3.5　交流铁芯线圈电路

当线圈通入电流时，铁芯形成的磁路就有磁通。铁芯线圈是研究电磁铁、变压器、电机等电气设备的基础，本项目导出的不少公式和结论，对电磁铁、变压器、电机等也适用。

根据线圈所接的电源，铁芯线圈分为直流铁芯线圈和交流铁芯线圈。

直流铁芯线圈的分析比较简单。因为励磁电流是直流，产生的磁通是恒定的，不会在线圈中产生感应电动势；在电压 $U$ 一定时，线圈中的电流 $I$ 只与线圈本身的电阻 $R$ 有关；功率损耗（$\Delta P=I^2R$）是只有线圈本身电阻消耗的功率，与磁路无关。

交流铁芯线圈的励磁电流是交流电流，产生的磁通是交变的，会在线圈中产生感应电动势，因此交流铁芯线圈的特性要比直流铁芯线圈复杂得多。

**1. 电压、电流和磁通的关系**

将交流铁芯线圈接通交流电源，铁芯形成的磁路就有交变磁通 $\Phi$，同时也在空气中产生漏磁通 $\Phi_\sigma$。这两个磁通分别在线圈中产生主磁电动势 $e$ 和漏磁电动势 $e_\sigma$。设电压 $u$、电流 $i$、磁通 $\Phi$、主磁电动势 $e$ 和漏磁电动势 $e_\sigma$ 的参考方向如图 3.5 所示，由基尔霍夫电压定律有

$$u + e + e_\sigma = iR$$

式中：$R$ 为铁芯线圈的电阻。

设主磁通按正弦规律变化：

$$\Phi = \Phi_m \sin\omega t$$

则

$$e = -N\frac{\mathrm{d}\Phi}{\mathrm{d}t} = -\omega N\Phi_m \cos\omega t = E_m \sin(\omega t - 90°)$$

式中：$E_m = \omega N\Phi_m$，为主磁电动势 $e$ 的振幅，其有效值为

$$E = \frac{E_m}{\sqrt{2}} = \frac{\omega N\Phi_m}{\sqrt{2}} = 4.44fN\Phi_m$$

通常由于线圈的电阻 $R$ 和漏磁通 $\Phi_\sigma$ 都很小，$R$ 上的电压和漏磁电动势 $e_\sigma$ 也很小，与主磁电动势比较可以忽略不计。于是

$$u \approx -e = N\frac{\mathrm{d}\Phi}{\mathrm{d}t}$$

$$U \approx E = 4.44fN\Phi_m \tag{3-6}$$

式(3-6)表明，在忽略线圈电阻 $R$ 及漏磁通 $\Phi_\sigma$ 的条件下，当线圈匝数 $N$ 及电源频率 $f$ 一定时，主磁通的幅值 $\Phi_m$ 由励磁线圈外的电压有效值 $U$ 确定，与铁芯的材料及尺寸无关。这一点和直流铁芯线圈不同，直流铁芯线圈的电压不变时，电流也不变，而磁通 $\Phi$ 却随磁路情况的不同而改变。

**2. 功率损耗**

铁芯线圈的功率损耗由铜损 $\Delta P_{Cu}$ 和铁损 $\Delta P_{Fe}$ 两部分组成。铜损 $\Delta P_{Cu}$ 由线圈导线发热引起，其值为

$$\Delta P_{Cu} = I^2 R$$

式中：$I$ 是线圈的电流，$R$ 是线圈电阻。

铁损 $\Delta P_{Fe}$ 主要包括磁滞损耗和涡流损耗。

磁滞损耗在前面已介绍。涡流损耗是指线圈接通交流电源后，磁路的交变磁通使铁芯产生感应电动势，从而使铁芯产生涡状电流，导致铁芯发热而产生的功率损耗，如图 3.6 所示。工程中常用两种方法减少涡流损耗：一是增大铁芯材料的电阻率，在钢中渗硅，既保持良好的导磁性，又使电阻率大为提高；二是用片型铁芯，在片间涂上绝缘漆，用这种由硅钢片叠成的铁芯代替整块铁芯，既增长了涡流路径，又增加涡流电阻，使涡流损耗大大减少。

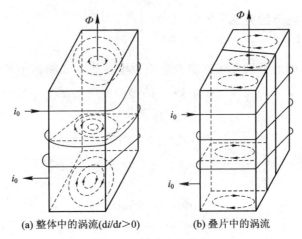

(a) 整体中的涡流(d$i$/d$t$>0)　　　　　(b) 叠片中的涡流

图 3.6　铁芯中的涡流

## 二、变压器和点火线圈

变压器是根据电磁感应原理制成的一种常见的电气设备，具有变换电压、电流、阻抗的功能。变压器在电力系统、通信、广播、冶金、焊接、电子实验、电气测量、自动控制等方面有着广泛的应用。汽车上使用的点火线圈也相当于变压器。

### （一）变压器

#### 1. 单相变压器的工作原理

在电工测量和电子线路中使用较多的为单相变压器，其他变压器的基本结构和工作原理与其相同，下面对单相变压器进行介绍。

单相变压器主要由铁芯和绕组组成。根据铁芯的不同结构，变压器可分为心式和壳式两种，心式变压器的线圈包围铁芯，壳式变压器的铁芯包围线圈，如图 3.7 所示。一般小功率单相变压器多采用壳式结构，容量较大的单相变压器常采用心式结构。

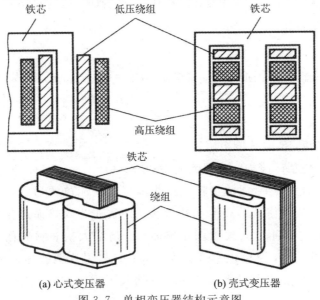

(a) 心式变压器　　　　　　　　　　(b) 壳式变压器

图 3.7　单相变压器结构示意图

铁芯是变压器的磁路部分，为减少涡流和磁滞损耗，铁芯多用厚度为 $0.35 \sim 0.55$ mm 的硅钢片叠成，硅钢片两侧涂上绝缘漆，使片间绝缘。铁芯的叠装一般采用交错方式，即每层硅钢片的接缝错开，这样可降低磁路磁阻，减少励磁电流。

在绕组构成变压器的电路中，接电源的绕组称为原绕组（或称初级绕组、一次绕组），匝数为 $N_1$；接负载的绕组称为副绕组（或称次级绕组、二次绕组），匝数为 $N_2$。

下面介绍单相变压器的空载运行、负载运行以及阻抗变换。

1）单相变压器的空载运行

图 3.8 为单相变压器的空载运行示意图，图中标注了各物理量的参考方向。变压器一次绕组接额定电压为 $u_1$ 的交流电源，二次绕组处于开路状态，称为变压器的空载运行。

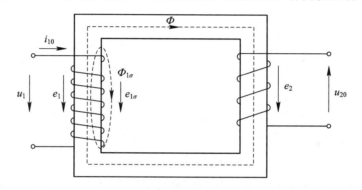

图 3.8　单相变压器的空载运行示意图

空载运行时，变压器的一次绕组电路就是一个含有铁芯线圈的交流电路。根据前面所学知识可知，主磁通 $\Phi$ 在一次、二次绕组中产生的感应电动势分别为

$$E_1 = 4.44 f N_1 \Phi_{\mathrm{m}}$$
$$E_2 = 4.44 f N_2 \Phi_{\mathrm{m}}$$

式中：$N_1$、$N_2$ 分别为一次、二次绕组匝数；$f$ 为电源频率；$\Phi_{\mathrm{m}}$ 为主磁通的最大值。

根据一次绕组电路电动势平衡关系式，可得

$$u_1 = -e_1 - e_{1\sigma} + i_{10} R_1$$

若忽略很小的漏磁电动势和一次绕组电阻的电压降，可得

$$u_1 \approx -e_1$$

其有效值关系为

$$U_1 \approx E_1$$

由于是空载，所以二次绕组空载电压为

$$U_{20} = E_2$$

所以

$$\frac{U_1}{U_{20}} \approx \frac{E_1}{E_2} = \frac{4.44 f N_1 \Phi_{\mathrm{m}}}{4.44 f N_2 \Phi_{\mathrm{m}}} = \frac{N_1}{N_2} = k \qquad (3-7)$$

式中：$k$ 称为变压器的变比，亦即原、副绕组的匝数比。

式（3-7）为变压器的基本公式，它说明变压器空载时，一次、二次绕组的电压比近似等于它的匝数比。可见，当电源电压 $U_1$ 一定时，只要改变 $k$ 即可得出不同的输出电压 $U_{20}$。$k > 1$ 时为降压变压器；$k < 1$ 时为升压变压器。

变压器铭牌上注明了原、副绕组的额定电压，如"220 V/20 V"，这表明原绕组的额定电压 $U_{1N}=220$ V，副绕组的额定电压 $U_{2N}=20$ V，其变比 $k=11$。

变压器能够变换电压是对交流电而言的，不能改变直流电压。汽车上的点火线圈之所以能改变直流电压，是因为通过原绕组的直流电流的大小变化，引起磁通变化而产生感应电动势的。

2）单相变压器的负载运行

图 3.9 为单相变压器的负载运行示意图，图中标注了各物理量的参考方向。变压器一次绕组接额定电压为 $u_1$ 的交流电源，二次绕组与负载相连接时，称为变压器的负载运行。

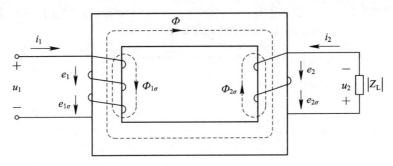

图 3.9　单相变压器的负载运行示意图

当一次绕组接上交流电压 $u_1$ 时，绕组中便有电流 $i_1$ 通过，产生的磁通绝大部分通过铁芯闭合，在二次绕组中感应出电动势。因二次绕组接有负载，则二次绕组中便有电流 $i_2$ 通过，产生的磁通也绝大部分通过铁芯闭合。因此，铁芯中的主磁通 $\Phi$ 是由一、二次绕组的电流共同产生的。主磁通在一、二次绕组中分别感应出电动势 $e_1$ 和 $e_2$。此外，一、二次绕组还产生一部分通过周围空气而闭合的漏磁通 $\Phi_{1\sigma}$ 和 $\Phi_{2\sigma}$，从而在各自的绕组中分别产生漏磁电动势 $e_{1\sigma}$ 和 $e_{2\sigma}$。

负载运行时二次绕组流经电流 $i_2$，产生磁动势 $N_2 i_2$，同时一次绕组电流由空载电流 $i_{10}$ 变为 $i_1$，产生磁动势 $N_1 i_1$，共同作用在磁路中，产生主磁通 $\Phi$。根据恒磁通概念，从空载到负载，在电源电压 $U_1$ 不变的情况下，主磁通 $\Phi$ 基本保持不变，因此磁动势也保持不变。磁动势的平衡关系式为

$$N_1 i_1 + N_2 i_2 = N_1 i_{10}$$

因空载电流与负载电流相比较小，近似计算时可以忽略不计空载磁动势，则

$$N_1 i_1 + N_2 i_2 \approx 0$$

电流大小关系即为

$$\frac{I_1}{I_2} \approx \frac{N_2}{N_1} = \frac{1}{k} \tag{3-8}$$

式（3-8）反映了变压器变换电流的原理，即一、二次绕组电流之比近似等于匝数的反比。变压器越接近满载运行，其比值关系越准确。由此可见，变压器的电流虽然由负载的大小确定，但一、二次绕组电流的比值却不变。因为负载增加而使二次绕组电流增加时，一次绕组电流也必须增加，以抵消二次绕组电流对主磁通的影响，所以维持主磁通基本不变。

负载运行时一次、二次绕组的电动势平衡式为

$$u_1 = -e_1 - e_{1\sigma} + i_1 R_1$$

$$u_2 = e_2 + e_{2\sigma} - i_2 R_2$$

一次、二次绕组的漏磁电动势和电阻的压降都较小，忽略不计后可得

$$u_1 \approx - e_1$$

$$u_2 \approx e_2$$

由此可得到有效值大小之比为

$$\frac{U_1}{U_2} \approx \frac{E_1}{E_2} = \frac{N_1}{N_2} = k \qquad (3-9)$$

式(3-9)说明，变压器在负载运行时，电压之比仍近似等于匝数之比。

3) 阻抗变换

变压器除了能改变交流电压、电流的大小以外，还能变换交流阻抗，这在电子、电信工程中有着广泛的应用。

在电子、电信工程中，总是希望负载获得最大功率，而负载获得最大功率的条件是负载阻抗等于信号源内阻，即阻抗匹配。实际上负载阻抗与信号源内阻往往是不相等的。例如晶体管放大器输出电阻约为 1000 Ω，晶体管放大器作为信号源时，其输出电阻就是信号源内阻，而喇叭的电阻只有几欧，如果将负载直接接到信号源上就不一定能得到最大功率。为此，通常用变压器来完成阻抗匹配的任务。

如图 3.10 所示，变压器原绕组接交流电源 $u_1$，副绕组接负载 $|Z_L|$。对于电源来说，图中点画线内的电路可用一个等效阻抗 $|Z_L'|$ 来等效代替。所谓等效，就是它们从电源吸收的电流和功率相等，两者的关系由下式计算得出：

$$|Z_L'| = \frac{U_1}{I_1} = \frac{kU_2}{I_2/k} = k^2 \frac{U_2}{I_2} = k^2 |Z_L| \qquad (3-10)$$

式(3-10)表明，负载 $|Z_L|$ 通过变比为 $k$ 的变压器接至电源，与负载 $|Z_L'|$ 直接接至电源的效果是一样的。这样，不论负载阻抗有多大，只要在信号源与负载之间接入一个变压器并适当选择变比，都能使负载等效阻抗等于信号源阻抗，从而保证负载获得最大的输出功率，这就是变压器的阻抗变换原理。

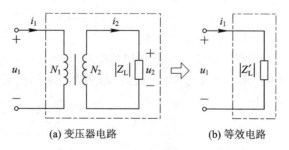

(a) 变压器电路　　　　　　　　(b) 等效电路

图 3.10　变压器的阻抗变换作用

【例 3.1】　设交流信号源电压 $U = 100$ V，内阻 $R_0 = 800$ Ω，负载 $R_L = 8$ Ω。

(1) 将负载直接接至信号源，负载获得多大功率？

(2) 经变压器进行阻抗匹配，求负载获得的最大功率是多少？变压器变比是多少？

**解**　(1) 负载直接接信号源时，负载获得功率为

$$P = I^2 R_L = \left[ \frac{U}{R_0 + R_L} \right]^2 R_L = \left[ \frac{100}{800 + 8} \right]^2 \times 8 = 0.123 \text{ W}$$

（2）最大输出功率时，$R_L$ 折算到原绕组应等于 $R_0 = 800\ \Omega$。负载获得的最大功率为

$$P_{max} = I^2 R'_L = \left[\frac{U}{R_0 + R'_L}\right]^2 R'_L = \left[\frac{100}{800 + 800}\right]^2 \times 800 = 3.125\ W$$

变压器变比为

$$k = \frac{N_1}{N_2} = \sqrt{\frac{R_0}{R_L}} = \sqrt{\frac{800}{8}} = 10$$

### 2. 变压器的损耗与额定值

1）变压器的损耗和效率

变压器的损耗与交流铁芯线圈相似，包括铜损和铁损，即

$$\Delta P = \Delta P_{Cu} + \Delta P_{Fe}$$

变压器的铜损 $\Delta P_{Cu}$ 是变压器运行时，电流流经原、副绕组电阻 $R_1$、$R_2$ 所消耗的功率，即 $\Delta P_{Cu} = I_1^2 R_1 + I_2^2 R_2$。铜损 $\Delta P_{Cu}$ 与负载电流大小有关，变压器空载时 $\Delta P_{Cu} \approx 0$，满载时 $\Delta P_{Cu}$ 最大。

变压器的铁损是主磁通在铁芯中交变时所产生的磁滞损耗和涡流损耗，它与铁芯材料、电源电压 $U_1$、频率 $f$ 有关，与负载电流大小无关。

变压器的效率是变压器输出功率 $P_2$ 与对应输入功率 $P_1$ 的比值，即

$$\eta = \frac{P_2}{P_1} = \frac{P_2}{P_2 + \Delta P} \tag{3-11}$$

变压器的效率很高，大型变压器的效率可达 95% 以上，小型变压器效率为 70%～80%。

2）变压器的额定值

为确保变压器能够安全、可靠、经济合理地运行，生产厂家为用户提供了在给定条件下能正常运行的容许工作数据，称为额定值，标在铭牌上，也称为铭牌数据，简要介绍如下：

（1）额定电压 $U_{1N}/U_{2N}$。额定电压是根据变压器的绝缘强度和允许温度而规定的，$U_{1N}$ 指原绕组应加的额定电压值，$U_{2N}$ 指原绕组加额定电压时，副绕组的空载电压。在三相变压器中，原、副绕组的额定电压均指其线电压。

（2）额定电流 $I_{1N}/I_{2N}$。额定电流是根据变压器允许温升而规定的最大电流值，同样应注意在三相变压器中 $I_{1N}$ 和 $I_{2N}$ 是指其线电流。

（3）额定容量 $S_N$。额定容量反映了变压器传递电功率的能力。变压器的额定容量是指其副绕组的额定视在功率。注意不要把变压器的实际输出功率和额定容量相混淆。

对于单相变压器：

$$S_N = U_{2N} I_{2N} \tag{3-12}$$

对于三相变压器：

$$S_N = \sqrt{3} U_{2N} I_{2N} \tag{3-13}$$

（4）额定频率 $f$。变压器额定运行时使用的交流电源的频率称为额定频率。改变使用频率可导致变压器某些参数、损耗和效率的变化，并影响其正常工作。我国标准工业频率为 50 Hz。

**【例 3.2】** 有一台单相变压器，$S_N = 10\ kVA$，$U_{1N}/U_{2N} = 380\ V/220\ V$。

（1）若在二次侧接上 40 W、220 V 的白炽灯，最多可接多少盏？试计算此时变压器一次侧、二次侧工作电流。

（2）若在二次侧接上 $\cos\varphi = 0.46$，$U_N = 220\ V$，$P_N = 40\ W$ 的日光灯，问最多可接多少盏？

**解**　（1）白炽灯可看成纯电阻，$\cos\varphi=1$，故 $P_N=S_N$。
因此可接白炽灯数量为

$$\frac{10\times1000}{40}=250（盏）$$

$$I_1=\frac{10\times1000}{380}\approx26.3\ \text{A}，I_2=\frac{10\times1000}{220}\approx45.5\ \text{A}$$

（2）接日光灯时：

$$P_{N总}=S_N\times\cos\varphi=10\times1000\times0.46=4600\ \text{W}$$

故可接日光灯数量为

$$\frac{4600}{40}=115（盏）$$

### （二）点火线圈

在汽车的汽油发动机中，气缸内的可燃混合气体是由高压电火花点燃的，保证按时产生电火花的系统是汽车的点火系统。其中，点火线圈是点火系统中的一个组成部件，与点火系统中的其他部件配合，将电源供给的 12 V 或 24 V 低压电转变为 15～20 kV 的高压电。

点火线圈由初级绕组、次级绕组和铁芯等组成。点火线圈铁芯的导磁性能良好，用厚度为 0.3～0.5 mm 互相绝缘的高磁导率硅钢片叠成，以减少涡流损耗。

传统点火系统基本上都使用开磁路的点火线圈，闭磁路点火线圈多应用于电子点火系统。

闭磁路点火线圈的结构如图 3.11(a)所示。在"曰"字形的铁芯内绕有一次绕组，在一次绕组外面绕有二次绕组，其磁路如图 3.11(b)所示。为减小磁滞损耗，磁路中的气隙都很小。闭合磁路基本由铁芯构成，漏磁少，减少了绕组匝数，使得点火线圈体积变小，结构紧凑。

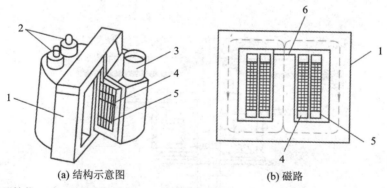

(a) 结构示意图　　　　　　　　　　(b) 磁路

1—"曰"字形铁芯；2——一次绕组接线柱；3—二次绕组接线柱；4——一次绕组；5—二次绕组；6—空气气隙

图 3.11　闭磁路点火线圈

## 三、电磁铁和继电器

### （一）电磁铁

#### 1. 电磁铁的结构与工作原理

电磁铁主要由励磁线圈、铁芯（也叫静铁芯）和衔铁（也叫动铁芯）等部分组成，如图 3.12 所示。

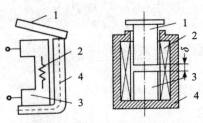

1—衔铁；2—线圈；3—铁芯；4—铁扼

图 3.12　电磁铁结构示意图

电磁铁是利用通电的铁芯线圈产生的电磁力或力矩吸引衔铁或保持某种工件于固定位置，通过将电磁能转化为机械能来实现各种控制的一种电器。电磁铁的励磁线圈通入电流后，电磁铁铁芯和衔铁端面上出现了不同磁极，彼此相吸，使衔铁吸向铁芯，从而带动执行机构做直线或回转运动。

**2. 电磁铁在汽车上的应用**

电磁铁在汽车上应用广泛，如汽车电喇叭、燃油电磁阀、ABS 油阀等都是由电磁铁来控制的。下面以汽车电喇叭为例介绍电磁铁在汽车上的应用。

汽车电喇叭利用衔铁触点控制电磁铁电路的通断，使电磁铁不断吸合和断开，产生振荡，发出鸣叫音。电喇叭由铁芯、可动的衔铁、膜片和常闭的触点等构成，如图 3.13 所示。当电流流过电磁线圈时，线圈便建立起吸引可动衔铁的磁场，膜片随着衔铁移动而移动，衔铁移动导致触点打开，从而断开电路，膜片回到它的原来位置，触点再次闭合而重复上述动作。这便引起膜片以每秒数次的频率来回振动。膜片振动，引起电喇叭里面的空气柱振动，从而发出声音。

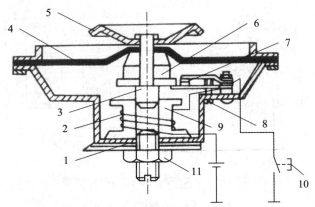

1—下铁芯；2—线圈；3—上铁芯；4—膜片；5—共鸣盘；6—衔铁；
7—触点；8—调整螺钉；9—铁芯；10—喇叭按钮；11—锁紧螺母

图 3.13　汽车电喇叭的结构

## （二）继电器

**1. 继电器的类型**

继电器是自动控制电路中常用的一种元件，是用较小的电流来控制较大电流的一种自动开关，在电路中起着自动操作、自动调节、安全保护等作用。

　　继电器种类繁多,按输入信号的不同可分为电压继电器、电流继电器、压力继电器、温度继电器等;按工作原理的不同可分为电磁式继电器、干簧式继电器、电动式继电器、电子式继电器等;按触点状态的不同可分为常开型继电器、常闭型继电器和混合型继电器。

　　电磁式继电器成本较低,便于控制执行部件,因此在汽车电路中被广泛采用。

**2. 电磁式继电器**

　　电磁式继电器通常用来传递信号和同时控制多个电路,也可直接用它来控制电气执行元件。它由铁芯线圈(电磁铁)和可与电磁铁联动的触点组成。当继电器线圈得电后闭合的触点称为动合触点(或常开触点);当继电器线圈得电后断开的触点为动断触点(或常闭触点)。图 3.14 所示为常用电磁式继电器的图形符号,其中触点的位置为线圈未得电时的原始状态,如动合触点是断开状态。在选用继电器时,主要是考虑电压等级和触头(动合和动断)数量。

(a) 继电器线圈　　　(b) 动合触点　　　(c) 动断触点

图 3.14　常用电磁式继电器的图形符号

　　接柱式电磁继电器容量较大,在国产车的启动电路、电喇叭电路中常见,但连接烦琐。插接式电磁继电器安装方便,体积相对较小,成本较低,便于控制电路采用。图 3.15 为常见插接式继电器的外形示意图,图 3.16 为几种常见插接式继电器的内部结构及插座插脚布置图。在图 3.16(b)中,继电器线圈得电,动合触点(87-88a)闭合,动断触点(87-87a)断开。

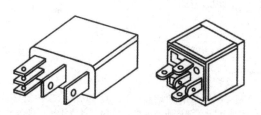

图 3.15　常见插接式继电器的外形示意图

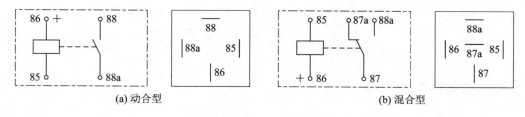

(a) 动合型　　　　　　　　　　　　　　　　　　(b) 混合型

图 3.16　常见插接式继电器的内部结构及插座插脚布置图

**3. 继电器在汽车上的应用**

由于汽车电气系统电压较低，较大功率电气设备的工作电流较大，这样大的电流如果直接用开关进行通断控制，开关的触点将因无法承受大电流的通过而烧毁。汽车上经常利用开关控制继电器的吸合与断开，再利用继电器的触点控制电气设备电流的通断。汽车上常用的继电器很多，如启动继电器、喇叭继电器、闪光(转向)继电器、刮水继电器等，现简要介绍启动继电器的工作过程。

在采用电磁啮合式启动机的启动电路中，启动开关常与点火开关制成一体。由于通过启动机电磁开关(吸引线圈和保持线圈)的电流很大，会使点火开关在早期就损坏。为此，在有些汽车上，点火开关和启动机电磁开关之间装有启动继电器，如图3.17所示。当点火开关转到启动位置时，启动继电器线圈中有电流通过，铁芯磁化，常开触点闭合，接通了从蓄电池到启动机电磁开关的电路，吸引线圈和保持线圈通电。其电路为蓄电池正极→蓄电池接线柱→衔铁→常开触点→启动机接线柱→启动机电磁开关接线柱，启动机开始工作，使发动机启动。发动机启动后，点火开关离开启动位置，启动继电器线圈断电，其常开触点断开，启动机停止工作。由于通过启动继电器线圈的电流较小，从而保护了点火开关。

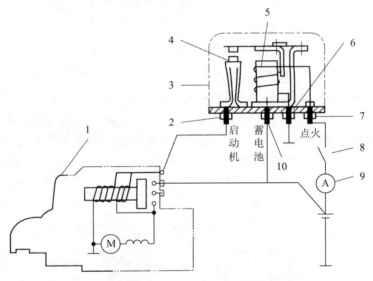

1—启动机；2—启动机接线柱；3—启动继电器；4—常开触点；5—线圈；6—搭铁接线柱；
7—点火开关接线柱；8—点火开关；9—电流表；10—蓄电池接线柱

图3.17　电磁啮合式启动机的控制电路

# 一、汽车点火线圈的检测

## 1. 检测步骤

参考图3.11点火线圈结构示意图，用万用表测量点火线圈各电阻。

(1) 用万用表 $R \times 1$ Ω挡测量一次绕组阻值，并将数据填入表3.1。

若万用表指示阻值无穷大，则说明一次绕组断路；若阻值小于标准值，则说明匝间短路。绕组的断路、短路都会引起点火系统不能正常工作。

（2）用万用表 $R \times 1$ kΩ 挡测量二次绕组阻值，并将数据填入表 3.1。

若万用表指示阻值无穷大，则说明二次绕组断路；若阻值小于标准值或为 0 时，则说明匝间短路。大多数二次绕组的电阻值为 8～20 kΩ。必须将仪表上的读数与产品说明书提供的规定值相比较。

（3）用数字式万用表 20 MΩ 挡测量点火线圈绝缘电阻，点火线圈任一端与外壳间的电阻均应趋近无穷大，否则存在漏电故障，应及时更换。

**表 3.1　点火线圈各电阻检测数据**

| 电　阻 | 车　型 | | | | |
| --- | --- | --- | --- | --- | --- |
| 一次绕组电阻/Ω | | | | | |
| 二次绕组电阻/Ω | | | | | |

**2. 分析讨论**

点火系统是如何产生高压电的？

## 二、汽车继电器的检测

**1. 检测步骤**

下面以常开触点型继电器为例介绍继电器的检测，如图 3.18 所示。

图 3.18　继电器实物

（1）用万用表 $R \times 1$ Ω 挡测量触点电阻，并将数据填入表 3.2。

万用表的红、黑表笔分别连接继电器的 30 和 87 触点，测量触点电阻，测量常开触点的阻值，其阻值应为无穷大；如果是测量常闭触点的电阻，其阻值应为 0。

（2）用万用表电阻挡测量继电器线圈的阻值，并将数据填入表 3.2。

万用表的红、黑表笔分别连接继电器的 85 和 86 触点，测量继电器线圈的电阻。额定电压较低的电磁继电器，其线圈的电阻值较小；额定电压较高的继电器，线圈的电阻值相对较大。汽车上几个常用继电器内的电磁线圈的阻值一般在 85～90 Ω 之间。若测得继电器电磁线圈的电阻值为无穷大，则说明该继电器的线圈已开路或损坏。若测得线圈的电阻低于正常值许多，则是线圈内部有短路故障。

（3）通电检验，并将结果填入表 3.2。

表 3.2　继电器检测数据

| 序号 | 测量条件 | 测量项目 | 测量数据 |
|---|---|---|---|
| 1 | 继电器不通电 | 触点电阻 | |
| 2 | | 线圈电阻 | |
| 3 | 继电器通电 | 触点状态 | |

如图 3.19 所示，将被测继电器电磁线圈的两端和直流电源 $E$ 连接。接通电源后，用万用表测量继电器的 30 和 87 触点是否导通，灯泡 EL 是否能点亮。若电路导通，则为正常。

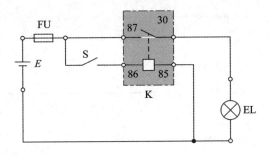

图 3.19　继电器通电检验电路

**2. 分析讨论**

（1）启动电路中为何要设置继电器？

（2）在汽车电路中还有哪些常用继电器？

拓 展 知 识

## 特殊变压器

**1. 自耦变压器**

自耦变压器的结构如图 3.20 所示。在闭合的铁芯上只有一个绕组，它既是原绕组又是副绕组。低压绕组是高压绕组的一部分，一般用于调节电炉炉温、调节照明亮度、启动交流电动机以及实验和小仪器中。

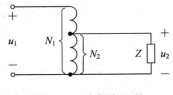

图 3.20　自耦变压器

使用时要注意，在接通电源前，应将滑动触头旋到零位，以免突然出现过高电压。接通电源后应慢慢地转动调压手柄，将电压调到所需要的数值。输入、输出边不得接错，电源不准接在滑动触头侧，否则会引起短路事故。

**2. 仪用互感器**

仪用互感器是专供电工测量和自动保护的装置，使用仪用互感器的目的在于扩大测量表的量程。为高压电路中的控制设备及保护设备提供所需的低电压或小电流并使它们与高压电路隔离，以保证安全。

仪用互感器包括电压互感器和电流互感器两种。

1）电压互感器

电压互感器的副边额定电压一般设计为标准值 100 V，以便统一电压表的表头规格。其接线如图 3.21 所示。电压互感器原、副绕组的电压比也是其匝数比，若电压互感器和电压表固定配合使用，则从电压表上可直接读出高压线路的电压值。

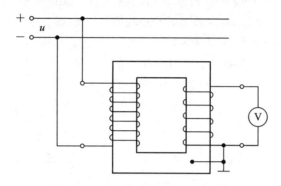

图 3.21 电压互感器

电压互感器副边不允许短路，因为短路电流很大，会烧坏线圈，为此应在高压边将熔断器作为短路保护装置。电压互感器的铁芯、金属外壳及副边的一端都必须接地，否则万一高、低压绕组间的绝缘损坏，低压绕组和测量仪表对地将出现高电压，这对工作是非常危险的。

2）电流互感器

电流互感器是用来将大电流变为小电流的特殊变压器，它的副边额定电流一般设计为标准值 5 A，以便统一电流表的表头规格，其接线图如图 3.22 所示。

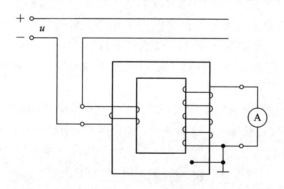

图 3.22 电流互感器

电流互感器的原、副绕组的电流比为匝数的反比，若安培表与专用的电流互感器配套使用，则安培表的刻度就可按大电流电路中的电流值标出。

使用时注意电流互感器的副边不允许开路。在副边电路中装拆仪表时，必须先使副绕组短路，且不允许安装保险丝等保护设备。电流互感副绕组的一端以及外壳、铁芯必须同时可靠接地。

在汽车电路检测中常用的钳形电流表是一种特殊的配有电流互感器的电流表，钳形电流表用来测量正在运行中的设备的电流，不用断开设备的电路，使用非常方便。

## 项目小结

（1）磁场中常用的基本物理量有磁感应强度 $B$、磁通 $\Phi$、磁导率 $\mu$ 和磁场强度 $H$。磁感应强度 $B$ 是反映磁场内某点磁场强弱及方向的物理量。磁感应强度 $B$ 和垂直于磁场方向的某一面积 $S$ 的乘积称为该截面的磁通。若磁场为均匀磁场，磁通的大小为 $\Phi = BS$。磁导率 $\mu$ 是表示物质导磁性能的物理量。不同的介质，磁导率 $\mu$ 也不同。磁场强度只与产生磁场的电流以及这些电流的分布有关，而与磁介质的磁导率无关，$H = B/\mu$。

（2）工程上把约束在铁芯及其气隙所限定的范围内的磁通路径称为磁路。由于铁磁材料具有高磁导率，所以很多电气设备如变压器、电磁铁、继电器、电动机等均用铁磁材料来构成磁路。

（3）含有铁芯线圈的交流电路的主磁通 $\Phi_{\mathrm{m}} \approx \dfrac{U}{4.44fN}$。这表明当线圈匝数 $N$ 及电源频率 $f$ 一定时，主磁通的幅值 $\Phi_{\mathrm{m}}$ 由励磁线圈外的电压有效值 $U$ 确定，与铁芯的材料及尺寸无关。这一关系适用于一切交流励磁的磁路，如变压器、电磁铁、继电器、电动机等。

（4）变压器是根据电磁感应原理制成的静止电器。变压器主要由用硅钢片叠成的铁芯和绕在铁芯柱上的绕组构成。变压器具有变换电压、电流和阻抗的功能。

（5）按铁磁材料的磁性能，铁磁材料可分为软磁材料、硬磁材料和矩磁材料 3 种类型。

（6）汽车点火系统中的点火线圈由初级绕组、次级绕组和铁芯等组成。点火线圈铁芯的导磁性能良好，用厚度为 0.3～0.5 mm 互相绝缘的高磁导率硅钢片叠成，以减少涡流损耗。

（7）电磁铁主要由励磁线圈、铁芯（也叫静铁芯）和衔铁（也叫动铁芯）等部分组成，电磁铁是利用通电的铁芯线圈产生的电磁力或力矩吸引衔铁或保持某种工件于固定位置，通过将电磁能转化为机械能来实现各种控制的一种电器。电磁铁在汽车上应用广泛，如汽车电喇叭、燃油电磁阀、ABS 油阀等都是由电磁铁来控制的。

（8）汽车电喇叭利用衔铁触点控制电磁铁电路的通断，使电磁铁不断吸合和断开，产生振荡，发出鸣叫音。

（9）继电器是自动控制电路中常用的一种元件，是用较小的电流来控制较大电流的一种自动开关，在电路中起着自动操作、自动调节、安全保护等作用，在汽车电路中被广泛采用。

## 练习与思考

### 一、填空题

1. 定量地描述磁场在一定面积分布情况的物理量是_____，定量地描述磁场中各点的强弱和方向的物理量是_____。在均匀磁场中，它们之间的关系是_____。

2. 用来表示物质导磁性能的物理量是_____，根据磁导率的大小，可将物质分成两类，即_____和_____。

3. 磁场中某点的磁场强度等于该点的_____与媒介质的_____的比值，用公式表示为_____。

4. 铁磁材料具有_____性、_____性和_____性。

5. 变压器是按照_____原理工作的,它的用途主要有_____、_____和_____。

6. 变压器的原绕组 880 匝,接在 220 V 的交流电源上,要在副绕组上得到 6 V 电压,副绕组的匝数应是_____。若副绕组上接有 3 Ω 的电阻,则原绕组的电流为_____。

7. 变压器的损耗包括_____和_____两种。

8. 汽车上使用的继电器很多,如_____、_____、_____等。

9. 电磁铁由_____、_____和_____三个主要部分组成。

## 二、判断题

1. 两个形状、大小和匝数完全相同的环形螺管线圈,一个用硬纸板作芯子,另一个用铁芯。当线圈通以大小相等的电流时,硬纸板和铁芯中的磁场强度不相等。           (    )

2. 变压器可以改变各种电源的电压。                                        (    )

3. 变压器带负载运行时,当初级绕组加以额定电压后,在任何负载下,初级绕组中电流都是额定值。                                                            (    )

4. 用万用表 $R \times 1$ kΩ 挡测量汽车点火线圈的二次绕组阻值,若万用表指示阻值无穷大,则说明二次绕组短路。                                              (    )

5. 当电磁式继电器的线圈通电后,其动断触点打开。                            (    )

6. 磁场强度与磁感应强度都是描述磁场中某点的磁场强度与方向的物理量。       (    )

## 三、单选题

1. 对变压器描述正确的是(        )。

A. 变压器可以改变交流电的电压

B. 变压器可以改变直流电的电压

C. 变压器可以改变交流电压,也可以改变直流电压

D. 变压器除了改变交流电压、直流电压外,还能改变电流等

2. 变压器原绕组 100 匝,副绕组 1000 匝,在原绕组两端接有电动势为 12 V 的蓄电池,则副绕组的输出电压是(        )。

A. 120 V              B. 12 V              C. 0.8 V              D. 0 V

3. 降压变压器必须符合(        )。

A. $I_1 > I_2$              B. $I_1 < I_2$              C. $k < 1$              D. $N_1 < N_2$

4. 为了安全,机床上照明电灯的电压是 36 V,这个电压是把 220 V 的交流电压通过变压器降压后得到的。如果这台变压器给 40 W 的电灯供电(不计变压器的损耗),则一次侧和二次侧绕组的电流之比是(        )。

A. 1∶1              B. 55∶9              C. 9∶55              D. 无法确定

5. 一台单相变压器,原边绕组匝数为 1000,副边绕组匝数为 500,副边接的负载电阻为 5 Ω,忽略变压器的损耗,则折算到原边绕组输入端的等效电阻为(        )。

A. 10 Ω              B. 25 Ω              C. 20 Ω              D. 5 Ω

6. 变压器是根据(        )原理而制成的。

A. 自感              B. 互感              C. 有感              D. 无感

7. 当电磁铁的铁芯因某种原因而裂开,则电磁铁(        )。

A. 能正常作用　　　　　　　　　B. 失去电磁吸力无法使用

C. 使用过程会烧毁　　　　　　　D. 以上三种说明都不对

8. 有一变压器，其变比为 10，若在初级绕组输入 100 V 的直流电压，则输出端电压为（　　　）。

A. 10 V　　　　　B. 100 V　　　　　C. 0 V　　　　　D. 不能确定

9. 继电器在汽车电路中的作用是（　　　）。

A. 关闭或打开管路阀门　　　　　B. 带动机械传动机构

C. 接通或断开电路　　　　　　　D. 改变电压

10. 磁感应强度是用来描述磁场中某点（　　　）的物理量。

A. 磁场方向　　　　　　　　　　B. 磁场强弱

C. 磁场强弱与方向　　　　　　　D. 磁力线

11. 电机、变压器的铁芯选用（　　　）。

A. 硬磁材料　　　B. 软磁材料　　　C. 矩磁材料　　　D. 无磁材料

## 四、多选题

1. 磁阻的大小与（　　　）有关。

A. 磁路长度　　　　　　　　　　B. 铁芯材料的磁导率

C. 铁芯的截面积　　　　　　　　D. 电流大小

2. 根据相对磁导率的不同，物质可分为（　　　）。

A. 铁磁物质　　　B. 软磁物质　　　C. 非铁磁物质　　　D. 顺磁物质

3. 铁磁物质的特性有（　　　）。

A. 高导磁性　　　B. 磁饱和性　　　C. 磁滞性　　　D. 高导电性

4. 铁磁物质可分为（　　　）。

A. 顺磁物质　　　B. 软磁物质　　　C. 硬磁物质　　　D. 矩磁物质

5. 软磁材料可用于制作（　　　）。

A. 变压器铁芯　　　　　　　　　B. 电机铁芯

C. 电磁铁铁芯　　　　　　　　　D. 计算机磁芯磁鼓

## 五、计算题

1. 某单相变压器的初级电压为 3000 V，次级电压为 220 V，负载是一台 220 V、25 kW 的电阻炉，求初级、次级绕组中的电流各为多少？

2. 有一额定容量为 2 kVA，一次绕组、二次绕组额定电压为 380 V/110 V 的单相变压器。

（1）试求一次绕组、二次绕组额定电流；

（2）一次绕组加额定电压时，问是否在任何负载下一、二次绕组中的电流都是额定值？为什么？

（3）若负载为 110 V、15 W 的白炽灯泡，问接多少盏能达到满载运行？

3. 有一交流信号源的电动势为 1 V，内阻为 600 Ω，负载电阻为 150 Ω，欲使负载获得最大功率，必须在信号源和负载之间接一匹配变压器，试求变压器变压比、初级电流和次级电流。

# 项目4　汽车发电机与电动机

（1）掌握汽车交流发电机的结构。

（2）能正确描述交流发电机的工作原理及特性。

（3）掌握直流电动机的结构和工作原理。

（4）了解直流电动机的励磁方式。

（5）能正确拆装、检测汽车交流发电机和汽车启动机。

（6）熟悉发电机和电动机在汽车上的应用。

（7）培养良好的表达能力和人际沟通能力；具有小组团结协作能力。

电机是利用电磁感应原理实现电能与机械能相互转换的旋转机械，将机械能转换为电能的电机称为发电机，而将电能转换为机械能的电机则称为电动机。

根据使用的电源性质不同，电动机可分为交流电动机和直流电动机。交流电动机又分为异步电动机和同步电动机。

现代汽车上安装有许多辅助电气设备，如电动刮水器、电动门窗、电动后视镜、电动天窗、电动座椅、中央集控门锁等，这些电气设备都是由直流电动机来驱动的。例如，电动刮水器通过机械连杆机构将电动机的旋转运动变为刮臂在挡风玻璃上一定范围内的往复运动，从而实现刮雨动作。另外，汽车启动系统中使用的启动机采用的就是直流串励式电动机。

本项目围绕汽车交流发电机和直流电动机的结构和工作原理展开，通过对汽车交流发电机和直流电动机的拆装和检测，使读者熟悉和掌握直流电动机在汽车上的典型应用。

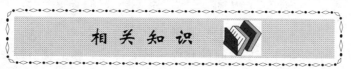

## 一、汽车交流发电机

汽车电源系统主要由蓄电池、发电机和电压调节器等组成。发电机是汽车电器的主要电源，由汽车发动机驱动，蓄电池是辅助电源。当点火开关在启动位置时，蓄电池提供启动时所需的电力，发动机启动后，发电机给汽车上的电器装置供电，并向蓄电池充电，以补充蓄电池在使用中所消耗的电能。随着汽车上用电设备的数量越来越多，要求发电机要有较大的输出功率。

## （一）普通交流发电机的结构

目前国内外生产的汽车用交流发电机多采用三相同步交流发电机，其结构按其类型的不同而异，普通式与整体式的交流发电机在结构上大同小异，而与无刷式、永磁式交流发电机有较大的差异。图 4.1 为国产 JF132 型交流发电机的结构图，它主要由转子、定子、电刷、整流器（由硅二极管组成）、前后端盖、风扇及带轮等组成。

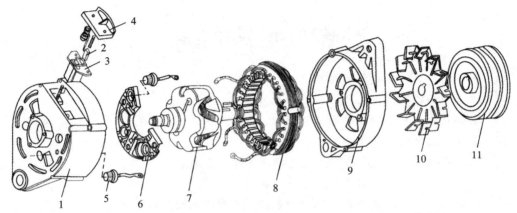

1—后端盖；2—电刷；3—电刷架；4—电刷弹簧压盖；5—硅二极管；6—散热板；
7—转子；8—定子总成；9—前端盖；10—风扇；11—带轮

图 4.1　国产 JF132 型交流发电机结构图

### 1. 转子

转子是交流发电机的旋转磁场部分，其功用是建立磁场，主要由转轴、两块爪形磁极（简称爪极）、磁轭、励磁绕组（又称磁场绕组）、滑环等部件组成，如图 4.2 所示。

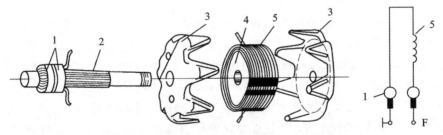

1—滑环；2—转轴；3—爪极；4—磁轭；5—磁场绕组

图 4.2　交流发电机转子

两块爪极被压装在转轴上，爪极间的空腔内装有磁轭，其上绕有励磁绕组。绕组两端的引线分别焊在与转轴绝缘的两个滑环上，滑环由彼此绝缘的两个铜环组成。两个电刷装在与端盖绝缘的电刷架内，通过弹簧力使其与滑环保持接触。当两个电刷与直流电源接通时，励磁绕组中便有电流流过，并产生轴向磁通，使一块爪极磁化为 N 极，另一块爪极磁化为 S 极。爪极互相交错压装在励磁绕组外面，从而形成相互交错的磁极。

将转子爪极设计成鸟嘴型的目的是使磁场呈正弦规律分布，从而使定子绕组产生的感应电动势近似于正弦波形。转子每转一周，定子的每相电路上就能产生周波个数等于磁极对数的交流电动势。

## 2. 定子

交流发电机的定子是发电机的电枢部分，其功用是产生三相交流电，由定子铁芯和定子绕组组成。定子铁芯由内圆带槽的环状硅钢片叠成，各硅钢片之间互相绝缘。定子绕组为三相对称绕组，安装在定子铁芯的槽内。三相绕组一般为星形连接，在发电机低速旋转时也能发出足够的电量，少量也有三角形连接。当三相绕组采用星形连接时，三相绕组的三个起端各引出一个端子，三个末端连在一起，如图 4.3 所示。

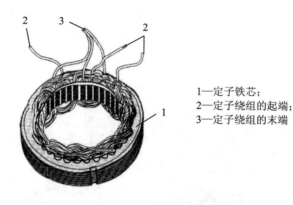

1—定子铁芯；
2—定子绕组的起端；
3—定子绕组的末端

图 4.3    定子绕组的星形连接

转子在定子内转动，两者之间具有很小的气隙。为使三相绕组中产生大小相等、相位彼此相差 120°电角度的对称电动势，三相绕组的绕法需遵循以下原则。

（1）每相绕组的线圈个数、每个线圈的节距和匝数，必须完全相等。

（2）三相绕组的起端 A、B、C 在定子槽内的排列，必须相隔 120°电角度。

为了使三相绕组各个起端之间相隔 120°电角度，而线圈节距为 3，故各起端之间的距离应为 $2+3n$ 个槽（$n=0,1,2,3,\cdots$），即 2，5，8，11，$\cdots$ 个槽均可。图 4.4 为三相绕组展开图。A、B、C 三个起端依次放入 1、9、17 三个槽中，而末端 X、Y、Z 则相应地放入 34、6、14 三个槽中，这时三相绕组之间的相位差为 120°电角度。

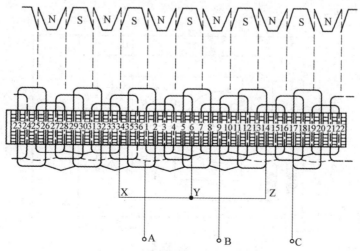

图 4.4    交流发电机定子绕组展开图

### 3. 端盖与电刷组件

端盖分前端盖(驱动端盖)和后端盖(整流端盖),其作用是安装轴承和其他零部件,支撑转轴,封闭内部构件。交流发电机的前后端盖由铝合金铸成,铝合金为非导磁材料,可减少漏磁,并具有重量轻、散热性好的优点。

后端盖上安装有电刷组件,电刷组件包括电刷、电刷架和电刷弹簧。电刷有两个,用于引入励磁电流,电刷安装在电刷架的孔内,借弹簧张力使电刷与滑环保持良好接触。国产交流发电机的电刷架有两种形式,一种电刷架可以直接从发电机的外部拆装和更换,如图4.5(a)所示,拆装检修方便,被广泛采用;另一种内装式在更换电刷时,只能在拆下端盖后才能拆装,如图4.5(b)所示。

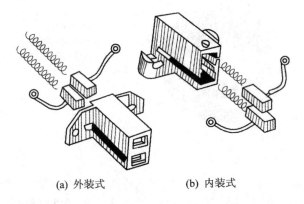

(a) 外装式　　　　　(b) 内装式

图 4.5　电刷组件

交流发电机有内、外搭铁之分,故电刷的引线接法也不同。对于内搭铁式交流发电机,如图4.6(a)所示,其磁场绕组直接通过交流发电机外壳搭铁,一根电刷引出线接到发电机后端盖上的磁场接线柱"F"(或标"磁场")上,另一根电刷的引线,用螺钉固定在后端盖搭铁接线柱"—"(或标"E")上。对于外搭铁式交流发电机,如图4.6(b)所示,其磁场绕组必须通过电压调节器后再搭铁,故电刷引线必须分别与发电机后端盖"F+"(或"$F_1$")和"F—"(或"$F_2$")接线柱相连。

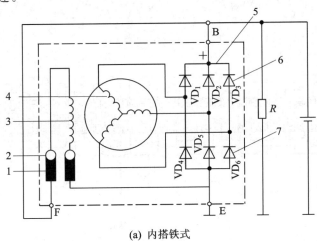

(a) 内搭铁式

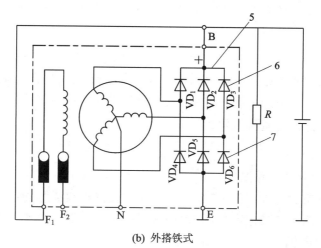

(b) 外搭铁式

1—电刷；2—滑环；3—励磁绕组；4—三相定子绕组；5—整流器；6—正二极管；7—负二极管

图 4.6　交流发电机的搭铁形式

**4. 整流器**

整流器由正整流板和负整流板组成，如图 4.7 所示，其作用是将三相定子绕组输出的交流电，通过三相桥式整流变成直流电向外输出。

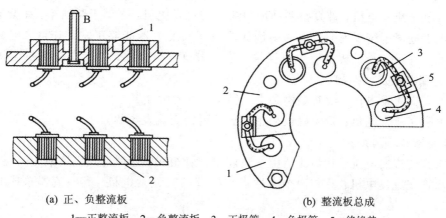

(a) 正、负整流板　　　　　　　　　　　　　　(b) 整流板总成

1—正整流板；2—负整流板；3—正极管；4—负极管；5—绝缘垫

图 4.7　整流板

整流器大多由 6 只硅二极管组成，部分发电机还有 3 只小功率励磁二极管和 2 只中性点二极管。外壳为正极、中心引线为负极的二极管，称为负极管；外壳为负极、中心引线为正极的二极管，称为正极管。安装二极管的散热板称为整流板（也称元件板），通常用铝合金制作以利散热。现代汽车用交流发电机都有两块整流板，安装 3 只正二极管的整流板称为正整流板，安装 3 只负二极管的整流板称为负整流板（也有个别发电机将 3 只负二极管安装在后端盖上），两块整流板绝缘地安装在一起，它与后端盖用尼龙或其他绝缘材料制成的垫片隔开且固定在后端盖上。

安装在正整流板上并与之绝缘的三个接线柱分别固定正、负极管子的引线和来自三相定子绕组的起端。与正整流板连接在一起的螺栓引至后端盖外部并与后端盖绝缘作为发电机的输出接线柱，该接线柱为发电机的正极，其标记为"B"（或"＋""电枢"等）。

**5．风扇和皮带轮**

在发电机前端盖前安装有风扇和 V 型皮带轮，由发动机通过 V 型皮带驱动发电机带轮和转子转动。发电机的通风散热依靠风扇来实现，发电机的后端盖上有进风口，前端盖上有出风口，当皮带轮与风扇一起旋转时，空气高速流过发电机内部进行强制通风冷却。

### （二）交流发电机的类型及型号

**1．交流发电机的分类**

1）按磁场绕组搭铁方式分类

（1）内搭铁式交流发电机：磁场绕组的一端与交流发电机壳相连接。

（2）外搭铁式交流发电机：磁场绕组的一端经电压调节器后搭铁。目前，大多数汽车都采用外搭铁式交流发电机。

2）按总体结构分类

（1）普通交流发电机（外装电压调节器式交流发电机）：无特殊装置、无特殊功能的汽车交流发电机，称为普通交流发电机。外装电压调节器式交流发电机在载货汽车和大型客车上应用较普遍。

（2）整体式交流发电机（内装电压调节器式交流发电机）：内装电压调节器式交流发电机多用于乘用车。

（3）带泵交流发电机：带真空制动助力泵的交流发电机，多用于柴油车。在柴油发动机汽车上，由于进气系统没有真空，为了确保真空制动助力器能够正常工作，常把交流发电机的轴做得长一些，从而驱动一个真空泵。除了带有真空泵之外，带泵交流发电机的结构与普通交流发电机是一样的。

（4）无刷交流发电机：没有电刷和滑环结构的交流发电机。

（5）永磁交流发电机：转子磁极采用永磁材料的交流发电机。

3）按整流器结构分类

（1）六管交流发电机：其整流器由 6 只硅二极管组成，这种形式应用最为广泛。

（2）八管交流发电机：具有两个中性点二极管的交流发电机，其整流器总成共有 8 只二极管。

（3）九管交流发电机：指具有三个磁场二极管的交流发电机，其整流器总成共有 9 只二极管。

（4）十一管交流发电机：具有中性点二极管和磁场二极管的交流发电机，其整流器总成共有 11 只二极管。

**2．交流发电机的型号**

根据中华人民共和国汽车行业标准 QC/T73—1993《汽车电气设备产品型号编制方法》的规定，国产汽车交流发电机型号组成如图 4.8 所示。

（1）产品代号：JF—普通交流发电机；JFZ—整体式交流发电机；JFB—带泵交流发电机；JFW—无刷交流发电机。J 表示"交"，F 表示"发"，Z 表示"整"，B 表示"泵"，W 表示"无"。

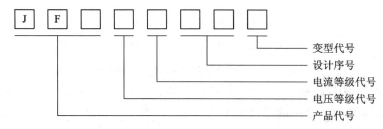

图 4.8　国产汽车交流发电机型号组成

（2）电压等级代号：用 1 位阿拉伯数字表示，各代号表示的电压等级见表 4.1。

（3）电流等级代号：用 1 位阿拉伯数字表示，各代号表示的电流等级见表 4.2。

（4）设计序号：按产品设计先后顺序，用阿拉伯数字表示，可为两位数。

（5）变型代号：交流发电机是以调整臂的位置作为变型代号，用字母表示。从驱动端看，Y—右边、Z—左边，无字母则表示在中间位置。

**表 4.1　发电机电压等级代号**

| 电压等级 | 1 | 2 | 3 | 4 | 5 | 6 | 7 |
|---|---|---|---|---|---|---|---|
| 电压/V | 12 | 24 | — | — | 6 | — |  |

**表 4.2　发电机电流等级代号**

| 电流等级 | 1 | 2 | 3 | 4 | 5 | 6 | 7 | 8 | 9 |
|---|---|---|---|---|---|---|---|---|---|
| 电流/A | ≤19 | 20～29 | 30～39 | 40～49 | 50～59 | 60～69 | 70～79 | 80～89 | ≥90 |

例如：JFZ1913Z 型交流发电机，表示该发电机是整体式交流发电机，电压等级为 12 V、输出电流大于等于 90 A、设计序号为 13、调整臂位于左边。

### （三）交流发电机工作原理及特性

**1. 交流发电机的工作原理**

1）发电原理

交流发电机产生交流电的基本原理是电磁感应原理，其工作原理如图 4.9 所示。磁场绕组通入直流电后产生磁场，转子旋转时，定子绕组与磁感线有相对的切割运动，从而在定子绕组中产生交流电。由于三相定子绕组对称绕制，所以在三相绕组中产生频率相同、幅值相等、相位互差 120°电角度的对称电动势 $e_A$、$e_B$ 和 $e_C$。三相绕组所产生的感应电动势可用下列方程式表示：

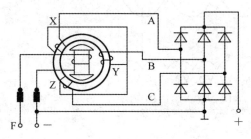

图 4.9　交流发电机工作原理图

$$e_A = E_m \sin\omega t = \sqrt{2}\, E_\varphi \sin\omega t$$

$$e_B = E_m \sin(\omega t - 120°) = \sqrt{2}\, E_\varphi \sin(\omega t - 120°)$$

$$e_C = E_m \sin(\omega t - 240°) = \sqrt{2}\, E_\varphi \sin(\omega t - 240°)$$

式中：$E_m$ 为每相电动势的最大值；$E_\varphi$ 为每相电动势的有效值；$\omega$ 为电角速度（$\omega = 2\pi f$）。

发电机每相绕组中所产生的电动势的有效值 $E_\varphi$ 为

$$E_\varphi = \frac{\sqrt{2}\,\pi KNPn\Phi}{60}$$

式中：$K$ 为定子绕组系数；$N$ 为定子每相绕组的匝数；$P$ 为磁极对数；$n$ 为发电机转速；$\Phi$ 为每极磁通。

对于某个发电机而言，$\sqrt{2}\,\pi KNP/60$ 是常量，可用一个 $C$（称为电机结构常数）代替，则

$$E_\varphi = Cn\Phi \qquad\qquad (4-1)$$

式（4-1）表明，交流发电机定子绕组中所产生的电动势的有效值取决于发电机的转速和磁场的磁通量，这一性质将直接决定着交流发电机的输出电压值。

2）整流原理

整流器是利用硅二极管的单向导电性，将交流电转换成直流电的装置。在汽车交流发电机中，整流是利用三相桥式整流电路来完成的，如图 4.10(a) 所示。三个正二极管 $VD_1$、$VD_3$、$VD_5$ 组成共阴极接法，而三个负二极管 $VD_2$、$VD_4$、$VD_6$ 组成共阳极接法。在同一瞬间，只有与电位最低的一相绕组相连的负二极管导通，同样，只有与电位最高的一相绕组

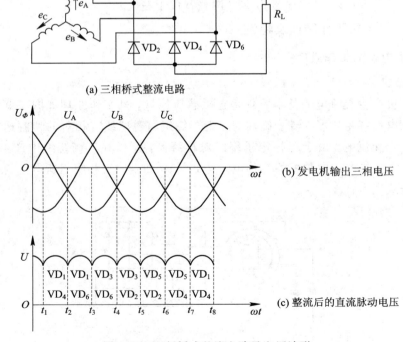

(a) 三相桥式整流电路

(b) 发电机输出三相电压

(c) 整流后的直流脉动电压

图 4.10　三相桥式整流电路及电压波形

相连的正二极管导通，同时导通的两个管子总是将发电机的电压加在负载两端，如图 4.10 （a）所示。

根据上述原则，其整流过程如下：

在 $t_1 \sim t_2$ 时间内，A 相的电位最高，而 B 相的电位最低，故对应 VD$_1$、VD$_4$ 处于正向导通状态，电流从 A 相出发，经 VD$_1$、负载 $R_L$、VD$_4$ 回到 B 相构成回路。此时，发电机的输出电压为 A、B 绕组之间的线电压。

在 $t_2 \sim t_3$ 时间内，A 相的电位最高，而 C 相的电位最低，故对应 VD$_1$、VD$_6$ 处于正向导通状态，电流从 A 相出发，经 VD$_1$、负载 $R_L$、VD$_6$ 回到 C 相构成回路。此时，发电机的输出电压为 A、C 绕组之间的线电压。

以此类推，周而复始，在负载上即可获得一个比较平稳的直流脉动电压。交流发电机输出直流电压的平均值为三相交流电线电压的 1.35 倍，是三相交流电相电压的 2.34 倍，即

$$U = 1.35 U_L = 2.34 U_\varphi$$

式中：$U$ 为输出直流电压平均值；$U_L$ 为定子绕组线电压的有效值；$U_\varphi$ 为定子绕组相电压的有效值。

有的发电机具有中性点接线柱，除了三相桥式整流电路的 6 只二极管外，还具有 2 只中性点二极管，为八管交流发电机。八管交流发电机将三相定子绕组的三个末端，即中性点引出，其接线柱的标记为"N"，它和发电机外壳之间的电压叫中性点电压。中性点电压 $U_N$ 是通过三个负二极管三相半波整流后得到的直流电压，所以等于发电机直流输出电压的一半，即 $U_N = U/2$。中性点电压一般用来控制各种用途的继电器，如磁场继电器、充电指示灯继电器等。

利用中性点二极管的输出可以提高发电机的输出功率，如图 4.11 所示。实践证明，加装 2 只中性点二极管后，在发电机转速超过 2000 r/min 时，其输出功率可提高 10%～15%。

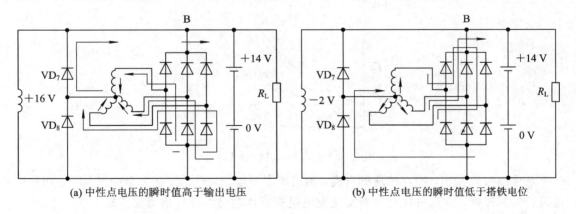

(a) 中性点电压的瞬时值高于输出电压　　　　　　(b) 中性点电压的瞬时值低于搭铁电位

图 4.11　八管交流发电机原理电路图

当交流发电机输出电流时，中性点的电压含有交流成分，即中性点三次谐波电压，且幅值随发电机的转速而变化，如图 4.12 所示。二极管 VD$_7$、VD$_8$ 是充分利用中性点三次谐波电压向负载供电，从而提高发电机的输出功率的。

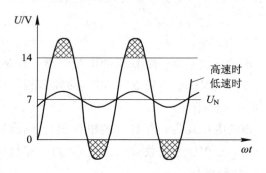

图 4.12　中性点电压波形

发电机高速运转时，当中性点电压的瞬时值高于输出电压（平均电压 14 V）时，从中性点输出电流，如图 4.11(a)所示。其输出电路为：定子绕组→中性点二极管 VD₇→负载（包括蓄电池）→负极管→定子绕组。当中性点电压瞬时值低于搭铁电位时，流过中性点二极管 VD₈ 的电流如图 4.11(b)所示。其输出电路为：定子绕组→正极管→B 接线柱→负载（包括蓄电池）→中性点二极管 VD₈→定子绕组。

**2. 交流发电机的工作特性**

汽车用硅整流交流发电机的工作特点是转速变化范围大，交流发电机的工作特性是指发电机经整流后输出的直流电压 $U$、电流 $I$ 和发电机转速 $n$ 之间的关系，包括空载特性、输出特性和外特性。

1）空载特性

空载特性是指发电机空载运行时，发电机端电压 $U$ 和转速 $n$ 之间的关系，即负载电流 $I=0$ 时，$U=f(n)$ 的函数曲线，如图 4.13 所示。

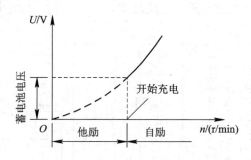

图 4.13　交流发电机的空载特性

从曲线可以看出，随着转速的升高，端电压上升较快，由他励转入自励时，即能向蓄电池进行补充充电。空载特性是判断交流发电机充电性能是否良好的重要依据。

2）输出特性

交流发电机的输出特性，又叫负载特性或输出电流特性，它是指发电机向负载供电时，保持发电机输出电压恒定（对 12 V 的发电机规定为 14 V，对 24 V 的发电机规定为 28 V）的情况下，发电机的输出电流 $I$ 与发电机转速 $n$ 之间的关系，即 $U=$ 常数时，$I=f(n)$ 的函数曲线，如图 4.14 所示。

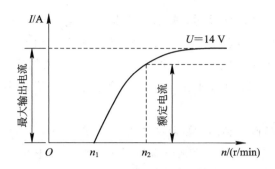

图 4.14  交流发电机的输出特性

从交流发电机的输出特性曲线可以得出以下结论:

(1) 发电机只需在较低的空载转速 $n_1$ 时,就能达到额定输出电压值,因此其具有低速充电性能好的优点。空载转速值是选定发动机与发电机之间传动比的主要依据。

(2) 发电机转速升至满载转速 $n_2$ 时,即可输出额定功率(即额定电流与额定电压之积)的电能,额定电流一般定为最大输出电流的 2/3。空载转速和满载转速是交流发电机的主要性能指标。

(3) 当发电机转速达到一定值以后,发电机的输出电流就不再随转速的升高而增大。这个性能表明,交流发电机具有自身限制输出电流的能力,不需要限流器。

交流发电机能自动限制输出电流的原因有两个:一是交流发电机定子绕组的阻抗随发电机转速的升高而增加,阻抗越大,电源的内阻越大,输出电流下降;二是随着发电机输出电流增大,电枢反应加强,磁场减弱,可使定子绕组中的感应电动势下降。两者共同作用导致当发电机的转速升高且输出电流达到一定值时,再增加转速,发电机的输出电流不再增加。

3) 外特性

外特性是指当发电机转速保持一定时,发电机端电压 $U$ 与输出电流 $I$ 之间的关系,即 $n=$ 常数时,$U=f(I)$ 的函数曲线,如图 4.15 所示。

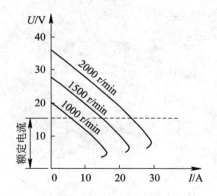

图 4.15  交流发电机的外特性

从交流发电机的外特性曲线可以得出以下结论:

(1) 发电机的转速越高,在相同电压下其输出电流越大,或在相同电流下其输出电压越高。

（2）当发电机保持在某一转速时，随着负载即输出电流的增加，发电机的端电压会很快下降。这是由于随着输出电流的增加，发电机定子绕组的压降也会增加，而且转速越高，定子绕组的阻抗越大，压降就越大；与此同时，输出电流的增加还会使电枢反应加强，这都将引起发电机的端电压下降，而端电压的下降又会使磁场电流减小，从而导致端电压的进一步下降。

那么，当发电机在高速运转时，如果突然失去负载，则其端电压会急剧升高，这时发电机中的二极管和其他的电子设备将有被击穿的危险。因此发电机工作时，绝不可以将发电机与蓄电池的线路脱开，以防过压烧坏电子元件。

（3）当发电机输出电流增大到一定值时，若负载再增加，其输出电流不仅不会增加，反而会随端电压一起下降，即在外特性曲线上存在一个转折点。所以当发电机短路时，其短路电流是较小的，这也说明交流发电机具有自身限制电流的功能。交流发电机一般工作在转折点以前。

## 二、直流电动机

直流电动机是把直流电能转换为机械能的一种旋转机械。直流电动机具有良好的调速特性，其转速可以在很宽的范围内方便地、均匀地进行调节。另外，直流电动机的启动转矩比较大，比较适合作为汽车启动机。虽然直流电动机的构造比较复杂，生产成本和维修维护技术要求高，但在对调速要求高的生产机械或需要较大启动力矩的生产机械上常常采用直流电动机来驱动。

### （一）直流电动机的结构

直流电动机由固定不动的定子和旋转的转子两部分组成，在这两部分之间的间隙叫空气隙。图 4.16 是直流电动机结构图，图 4.17 是直流电动机各个部件展开结构图。

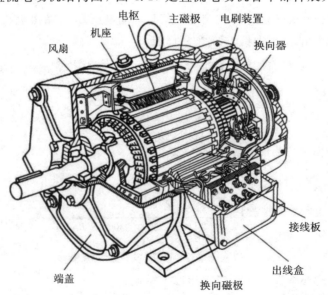

图 4.16　直流电动机结构图

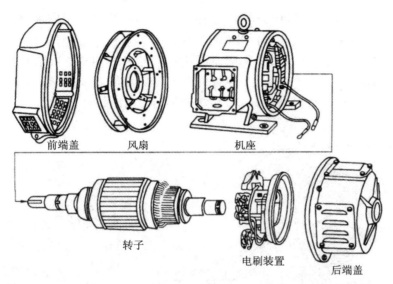

图 4.17    直流电动机各个部件展开结构图

### 1. 定子

定子的作用是产生磁场和作为电动机机械的支撑，它由主磁极、换向磁极、电刷装置、机座、端盖和轴承等组成，下面对其中部分部件进行简要介绍。

（1）主磁极。主磁极的作用是产生主磁通 $\Phi$，其结构如图 4.18 所示。主磁极由主磁极铁芯和套装在铁芯上的励磁绕组构成。主磁极铁芯包括极芯和极掌两部分。极芯上套有励磁绕组，各主磁极上的绕组一般都是串联的。改变励磁电流 $I_f$ 的方向，就可改变主磁极极性，也就改变了磁场方向。

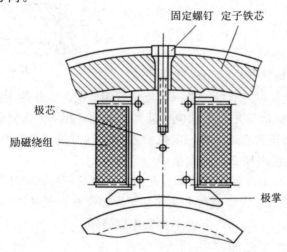

图 4.18    主磁极结构图

（2）换向磁极。在相邻的主磁极之间装有一个小磁极，这就是换向磁极，它的构造与主磁极相似，也是由铁芯和绕组组成的。换向磁极的作用是产生附加磁场，消除或减小电机换向时电刷与换向器之间的火花，使换向器不致烧坏。

（3）机座。机座是直流电动机的骨架，如图 4.19 所示。机座有两个作用：一是构成主磁路的一部分，机座中作为磁路通路的部分称为磁轭；二是对电动机起到支撑作用，起到固定定子各部件和支持转子旋转的作用。主磁极和换向磁极固定于磁轭上。机座上的接线盒有励磁绕组和电枢绕组的接线端,用来对外接线。

(4)电刷装置。电刷装置主要由用碳-石墨制成导电块的电刷、压紧弹簧和电刷盒等组成,如图 4.20 所示。固定在机座上(小容量电机装在端盖上)不动的电刷,借助于压紧弹簧的压力和旋转的换向器保持滑动接触,使电枢绕组与外电路接通。

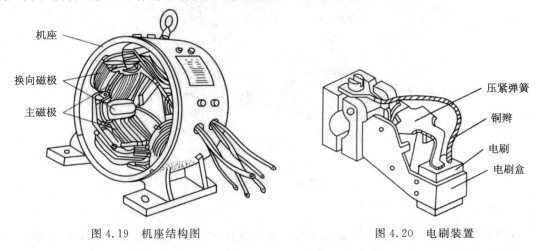

图 4.19　机座结构图　　　　　　　图 4.20　电刷装置

电刷数一般等于主磁极数,相同极性的电刷经软线汇在一起,再引到接线盒内的接线板上,作为电枢绕组的引出端。

**2. 转子**

转子是电动机实现能量转换的枢纽,又称电枢,它由电枢铁芯、电枢绕组、换向器、电枢轴等组成,如图 4.21 所示,下面对其中部分部件进行简单介绍。

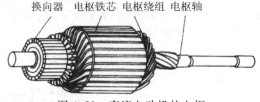

图 4.21　直流电动机的电枢

(1)电枢铁芯。电枢铁芯由硅钢片冲制叠压而成,在外圆上有分布均匀的槽用来嵌放电枢绕组。铁芯也作为电机磁路的一部分。

(2)电枢绕组。电枢绕组是产生感应电动势和电磁转矩,实现能量转换的主要部件,它由许多完全相同的线圈连接组成,按一定规则嵌放在铁芯槽内和换向片相连。绕组端部用镀锌钢丝箍住,防止绕组因离心力而发生径向位移。

(3)换向器。换向器由许多铜制换向片组成,外形呈圆柱形,片与片之间用云母绝缘。电枢绕组每个线圈的两端分别接至两个换向片上。在直流电动机中,换向器将电源的直流电转换为线圈中的交流电,以获得方向不变的电磁转矩。

**(二)直流电动机的工作原理**

**1. 转动原理**

直流电动机由磁路和电路两个基本部分组成,它的工作原理是以电磁力定律和电磁感应定律为基础的。

图 4.22 表示一台简单的直流电动机原理图。N 和 S 是直流电动机的一对固定的主磁极,它的电枢绕组只有一个线圈 abcd,线圈 abcd 的两端分别与两个换向片相连接。电枢转

动时，换向片随之一起旋转。静止的电刷 A、B 放置在换向片上。

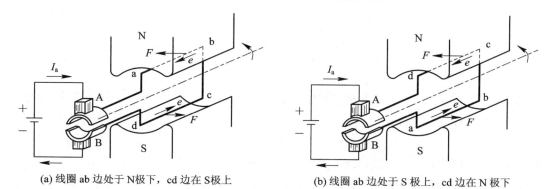

(a) 线圈 ab 边处于 N 极下，cd 边在 S 极上　　　　(b) 线圈 ab 边处于 S 极上，cd 边在 N 极下

图 4.22　直流电动机原理图

当外加直流电源接到电刷两端时，直流电流通入电枢线圈。若线圈处于如图 4.22(a)所示的位置时，ab 边处于 N 极下，cd 边在 S 极上。电枢电流 $I_a$ 经电刷 A、换向片，在电枢绕组中沿着 a→b→c→d 的方向流动，再经换向片、电刷 B 流出。根据电磁力定律，载流导体在磁场中受到电磁力的作用。运用左手定则，可以确定 ab 边受力向左，cd 边受力向右，这一对电磁力形成的电磁转矩，使电枢逆时针方向旋转。当电枢自图 4.22(a)所示的位置转过 90°时，两个线圈边都转到磁感应强度 $B=0$ 的位置(换向磁极的作用所致)，此时线圈边不受电磁力的作用，转矩消失。由于机械惯性的作用，电枢仍能转过一个角度，这时线圈 ab 边处于 S 极上，cd 边在 N 极下，线圈中电流方向改变了。电枢电流 $I_a$ 经电刷 A、换向片从线圈的 d 端流入，再经线圈的 a 端、换向片、电刷 B 流出。这时两个线圈边受力的方向仍可使电枢沿逆时针方向旋转，如图 4.22(b)所示。

从以上分析可以知道，由于换向器和电刷的作用，电源的直流电流 $I_a$ 在电枢绕组中转换成交流，保持了磁场与电流的方向关系不变，从而使得电枢能一直旋转下去，通过转轴便可带动其他工作机械。

**2. 反电动势与电磁转矩**

反电动势与电磁转矩是直流电动机运行中同时出现的两个非常重要的物理量。

1) 反电动势

当直流电动机转动时，电枢绕组切割磁感线，在绕组中产生感应电动势，如图 4.22 所示，该电动势的方向与电枢电流的方向相反，因而称为反电动势。根据电磁感应定律，电枢绕组一根导线的平均反电动势为

$$e_{av} = B_{av} l v$$

式中：$v$ 是导线切割磁感线的线速度。

电刷间的反电动势 $E$ 与每根导线中的平均反电动势 $e_{av}$ 成正比，线速度 $v$ 又与电枢的转速 $n$ 成正比，所以反电动势常用下式表示：

$$E = C_e \Phi n \qquad\qquad (4-2)$$

式中：$C_e$ 是与电动机结构有关的常数，称为电动势常数，对已制造好的电机而言，$C_e$ 是定值。由此可见，直流电动机在转动时，反电动势 $E$ 的大小与每极磁通 $\Phi$ 和电动机转速 $n$ 的乘积成正比，它的方向与电枢电流相反，在电路中起着限制电流的作用。

根据基尔霍夫定律，在电动机稳定运行时，加于电枢绕组两端的电压 $U$、反电动势 $E$ 与电枢绕组 $R_a$ 的压降之间满足方程

$$U = E + I_a R_a \qquad\qquad (4-3)$$

式(4-3)称为直流电动机的电压平衡方程式。

2）电磁转矩

直流电动机的电磁转矩是由电枢绕组通入直流电流后在磁场中受力而形成的。由电磁力定律可知，一根载流导线受磁场作用产生的平均电磁力为

$$F_{av} = B_{av} l i_a$$

式中：$B_{av}$ 为气隙平均磁感应强度；$l$ 为导线的有效长度；$i_a$ 为导线中的电流。

对于给定的电动机，电磁转矩 $M$ 与平均电磁力 $F_{av}$ 成正比，气隙平均磁感应强度 $B_{av}$ 与每极磁通 $\Phi$ 成正比，导线的有效长度 $l$ 是一个常数，导线电流 $i_a$ 与电枢电流 $I_a$ 成正比，所以电磁转矩常用下式表示：

$$M = C_m \Phi I_a \qquad\qquad (4-4)$$

式中：$C_m$ 是与电动机结构有关的常数，称为转矩常数，对已制造好的电动机而言，$C_m$ 是定值。

由式(4-4)可知，电动机电磁转矩 $M$ 与每极磁通 $\Phi$ 和电枢电流 $I_a$ 的乘积成正比。电磁转矩的方向由 $\Phi$ 与 $I_a$ 的方向决定，只要改变其中一个量的方向，电磁转矩的方向也随之改变，从而电动机的转向也就改变。

3）转矩平衡

在直流电动机刚接通电源的瞬间，电枢转速 $n$ 为 0，反电动势 $E$ 也为 0。此时，电枢绕组中的电流 $I_a$ 达到最大值，即 $I_{am} = U/R_a$，将相应产生最大电磁转矩 $M_{max}$，若此时的电磁转矩大于电动机的阻力矩 $M_z$，电枢就开始加速转动起来。随着电枢转速的上升，反电动势 $E$ 增大，$I_a$ 下降，电磁转矩 $M$ 也随之下降。当 $M$ 下降至与 $M_z$ 相平衡（$M = M_z$）时，电枢就以此转速稳定运转。如果直流电动机在工作过程中负载发生变化，就会出现如下的变化：

（1）工作负载增大时，$M < M_z \rightarrow n\downarrow \rightarrow E\downarrow \rightarrow I_a\uparrow \rightarrow M\uparrow \rightarrow M = M_z$，达到新的稳定，以新的较低的转速平稳运转。

（2）工作负载减小时，$M > M_z \rightarrow n\uparrow \rightarrow E\uparrow \rightarrow I_a\downarrow \rightarrow M\downarrow \rightarrow M = M_z$，达到新的稳定，以新的较高的转速平稳运转。

当电动机拖动的负载发生变化时，电动机能通过电枢转速、电枢电流和电磁转矩的自动变化来满足不同负载的需要，使之能在新的转速下稳定工作。因此直流电动机具有自动调节转矩功能。

### （三）直流电动机的额定值及励磁方式

#### 1. 直流电动机的额定值

直流电动机在标准环境温度下，带额定负载、按规定励磁方式励磁且使励磁电流为额定值、电枢绕组加额定电压时的运行方式，称为额定运行。额定数据主要有如下几个：

（1）额定电压。额定电压 $U_N$ 指直流电动机额定运行时，电枢绕组外接电源的电压，是电动机安全工作的最高电压。

（2）额定电流。额定电流 $I_N$ 指直流电动机额定运行时，电枢绕组流过的直流电流，是电动机按规定长期额定运行时电枢绕组可以通过的最大电流。

（3）额定功率。额定功率 $P_N$ 是指电动机额定运行时，轴上输出的机械功率，即

$$P_N = U_N I_N \eta_N \qquad (4-5)$$

式中：$\eta_N$ 为直流电动机的额定效率。

（4）额定转速。额定转速 $n_N$ 是指电动机额定运行时的转速。

根据铭牌上一些物理量的额定值，可以计算另一些物理量的额定值，如额定转矩为

$$M_N = 9550 \frac{P_N}{n_N} \qquad (4-6)$$

**2. 直流电动机的励磁方式**

直流电动机的性能与它的励磁方式有密切的关系，若励磁方式不同，则电动机的运行特性有很大差异。直流电动机按励磁方式，可分为以下几类。

（1）他励电动机。他励电动机中的励磁绕组与电枢绕组由不同的直流电源供电，两者不相连接，如图 4.23 所示。图中变阻器 $R_f$ 用来调节励磁电流的大小，励磁电流 $I_f$ 仅取决于他励电源的电动势和励磁电路的总电阻，而不受电枢端电压的影响。

（2）并励电动机。并励电动机的励磁绕组和电枢绕组相并联，如图 4.24 所示。由图可见，并励电动机的励磁电流 $I_f$ 不仅与励磁回路的电阻有关，而且还受电枢端电压的影响。由于励磁绕组承受着电枢两端的全部电压，其值较高，为了减小励磁绕组的铜损耗，励磁绕组必须具有较大的电阻，所以励磁绕组匝数较多，导线较细。

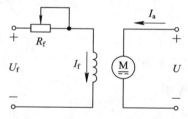
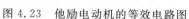
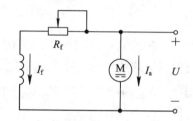

图 4.23　他励电动机的等效电路图　　　　　图 4.24　并励电动机的等效电路图

（3）串励电动机。串励电动机的励磁绕组和电枢绕组相串联，如图 4.25 所示。由于通过励磁绕组的电流 $I_f$ 就是电枢电流 $I_a$，为了减小励磁绕组的电压降和铜损耗，励磁绕组应具有较小的电阻，因此励磁绕组一般匝数较少，导线较粗。

（4）复励电动机。复励电动机的励磁绕组分成两部分：一部分与电枢绕组并联，称为并励绕组；另一部分与电枢绕组串联，称为串励绕组。当两部分励磁绕组产生的磁通方向相同时，称为积复励电动机；方向相反时则称为差复励电动机。复励电动机的等效电路图如图 4.26 所示。

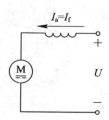
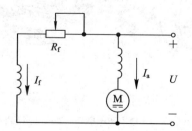

图 4.25　串励电动机的等效电路图　　　　　图 4.26　复励电动机的等效电路图

不同励磁方式的直流电动机，机械特性差别很大，适用于不同的场合，汽车用启动电动机要求启动转矩大，因而采用串励式直流电动机。

### (四)直流电动机的启动、反转和调速

**1. 启动**

由于电枢电阻很小，因此启动电流可达额定值的10～20倍，一般只有容量小的小型电动机才能在额定电压下直接启动，对于容量稍大的直流电动机，启动时可降低加在电枢绕组上的电压，或在电枢电路中串联启动变阻器。

降压启动的方法只适用于他励直流电动机。对于并励、串励和复励电动机，一般都采用在电枢电路内串联启动电阻的方法进行启动。

**2. 反转**

改变电动机的旋转方向叫反转。改变电动机的旋转方向就是改变电动机电磁转矩方向。电磁转矩的方向是由主磁通方向和电枢电流的方向共同决定的。因此，改变电枢电流或主磁通的方向都能使电磁转矩方向改变。

实现电动机反转的具体方法有改变电枢电压极性和改变励磁电压极性。对直流电动机一般以调节电枢电流流向的方法实现反转。

**3. 调速**

用人为的方法使电动机在同样的负载下得到不同的转速，叫作调速。实现调速的方法主要有改变电枢电路的电阻、改变励磁电流和降低电源电压等。

### (五)串励式直流电动机在汽车启动机上的应用

启动机是汽车启动系统的核心部件。启动机由串励式直流电动机、传动机构和控制装置三大部分组成。下面介绍启动用直流电动机的结构和工作特性。

**1. 启动用直流电动机的结构**

启动用直流电动机主要由电枢、磁极、电刷组件以及机壳等部件组成，如图 4.27 所示，电枢绕组与磁场绕组的连接为串联方式。

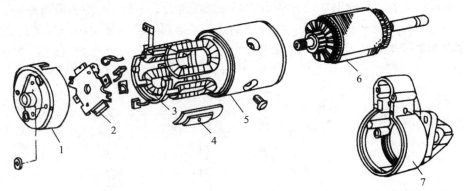

1—前端盖；2—电刷和电刷架；3—磁场绕组；4—磁极铁芯；5—机壳；6—电枢；7—后端盖

图 4.27　直流电动机的构造

（1）电枢。电枢是产生电磁转矩的核心部件。电枢绕组采用横截面积较大的矩形裸铜线绕制，换向片也比较厚。为了防止裸铜线绕组间短路，在铜线与铜线之间、铜线与铁芯之间用绝缘性能较好的绝缘纸隔开。

电枢绕组各线圈的端头均焊接在换向器的换向片上，通过换向器和电刷将蓄电池的电流引进来，并适时地改变电枢绕组中电流的方向。换向器由铜质换向片和云母片叠压而成，压装于电枢轴的一端，云母片使换向片间、换向片与轴之间均绝缘，如图 4.28 所示。

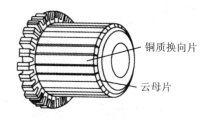

图 4.28　换向器的结构

（2）磁极。磁极的作用是通入电流后产生磁场，它由铁芯和磁场绕组构成，并通过螺钉固定在机壳内部，形成的磁路如图 4.29 所示。一般采用四个磁极，为增大电磁转矩，大功率启动机有时采用六个磁极。磁场绕组也是用粗扁铜线绕制而成的，与电枢绕组串联。四个励磁绕组的连接方式有两种：一种是四个绕组串联后再与电枢绕组串联；另一种是两个绕组分别串联后并联，然后再与电枢绕组串联，如图 4.30 所示。

图 4.29　电动机的磁路

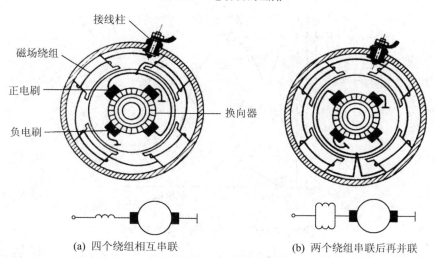

(a) 四个绕组相互串联　　　　　　(b) 两个绕组串联后再并联

图 4.30　磁场绕组的连接方式

（3）电刷组件。电刷组件的功用是将电源电压引入电枢绕组，主要由电刷、电刷架和电刷弹簧组成，如图 4.31 所示。电刷架固定在电刷端盖上，电刷安放在电刷架内。直接固定在端盖上的电刷架称为搭铁电刷架，安装在负电刷架中的电刷称为搭铁电刷。用绝缘板将电刷架绝缘固定在电刷架盖上的电刷架称为绝缘电刷架，安装在正电刷架上的电刷称为绝缘电刷。电刷架上的盘形弹簧可将电刷紧紧地压在换向片上，保证电刷与换向器接触良好。

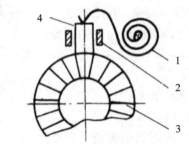

1—盘形弹簧；2—电刷架；3—换向器；4—电刷

图 4.31　电刷组件

（4）机壳。机壳中部有一个电流输入接线柱，并在内部与励磁绕组的一端相连。端盖分前后两个，前端盖由钢板压制而成，后端盖由灰铸铁浇制而成，呈缺口杯状。电刷装在前端盖内，后端盖上有拨叉座，盖口有突缘和安装螺孔，还有拧紧中间轴承板的螺钉孔。

直流电动机在汽车上的应用非常广泛，除了用于汽车启动机之外，在汽车辅助电器设备中也大量应用直流电动机，如电动刮水器、电动车窗、电动座椅、电动门锁等。

**2. 启动用直流电动机的工作特性**

直流电动机的转矩、转速和功率随电枢电流变化的规律，称为直流电动机的工作特性。图 4.32 为串励式直流电动机的工作特性曲线，其中曲线 $M$、$n$ 和 $P$ 分别代表转矩特性、机械特性和功率特性。启动机的特性取决于直流电动机的特性，而串励式直流电动机特性的特点是启动转矩大，机械特性软。

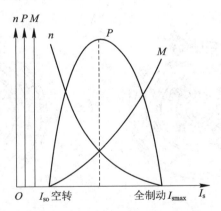

图 4.32　串励式直流电动机的工作特性曲线

（1）转矩特性。电动机产生的电磁转矩 $M$ 随电枢电流 $I_s$ 变化的关系称为转矩特性。电动机产生的电磁转矩与电枢电流和磁极磁通量成正比（$M=C_m\Phi I_s$）。对于串励式电动机，磁场绕组的励磁电流 $I_f=I_s$，而磁极磁通量 $\Phi$ 在磁极未饱和时与励磁电流 $I_f$ 成正比（$\Phi=CI_f$），于是就有：

$$M = C_{m}I_{s}CI_{f} = C'I_{s}^{2}$$

串励式直流电动机的转矩特性曲线如图 4.33 所示。磁通在磁路未饱和时电磁转矩 $M$ 与电枢电流 $I_{s}$ 的平方成正比，在磁路饱和时电磁转矩 $M$ 才与电枢电流 $I_{s}$ 成正比。与并励式直流电动机相比，在相同电枢电流 $I_{s}$ 的情况下，串励式直流电动机可以产生较大的电磁转矩，特别在发动机启动瞬间，由于阻力矩很大，启动机处于完全制动状态，电枢转速为零，电枢电流达到最大值，此时电枢电流所产生的转矩很大，足以克服发动机的阻力矩，使发动机容易启动。这就是汽车启动机采用串励式直流电动机的主要原因之一。

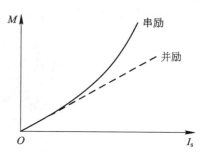

图 4.33　串励式直流电动机转矩特性

（2）机械特性。电动机的转速 $n$ 随电磁转矩 $M$ 而变化的关系称为机械特性。根据电枢绕组反电动势的关系式 $E = C_{e}\Phi n$ 和电动机电路电压平衡关系式 $U = E + I_{s}R_{s} + I_{f}R_{f}$（其中 $R_{f}$ 为磁场绕组电阻），可得到串励式直流电动机的转速 $n$ 与电枢电流 $I_{s}$ 的关系为

$$n = \frac{U - I_{s}(R_{s} + R_{f})}{C_{e}\Phi}$$

图 4.34　串励式直流电动机机械特性

串励式电动机在磁极未饱和时，$\Phi$ 将随 $I_{s}$ 的增大而增大，同时 $I_{s}R_{s} + I_{f}R_{f}$ 也增大，因此电枢转速 $n$ 随 $I_{s}(M)$ 的增大下降较快，具有软的机械特性。串励式直流电动机的机械特性曲线如图 4.34 所示。

从机械特性可以看出，串励式直流电动机具有轻载转速高、重载转速低的特性。重载转速低，可以保证电动机在启动时（重载）不会超出允许的功率而烧毁，使启动安全可靠。但功率较大的串励式电动机不可在轻载或空载情况下长时间使用。

（3）功率特性。电动机的输出功率 $P$ 随电枢电流 $I_{s}$ 的变化规律称为功率特性。电动机的输出功率 $P$ 由电动机电磁转矩 $M$ 和转速 $n$ 来确定，即

$$P = \frac{Mn}{9550}$$

由此可知，在全制动（$n=0$）和空载（$M=0$）时，电动机的输出功率均为 0，而在电枢电流接近全制动电流一半时其输出功率最大，其功率特性曲线见图 4.32。启动机工作时间短，允许以最大功率状态工作，因此启动机的额定功率一般也就是电动机的最大功率或接近于最大功率。

## 一、汽车交流发电机的拆解与测量

当确认发电机有故障后，就需要拆解发电机，对有关部件进行检修。以丰田汽车发电

机为例，拆装检修过程主要包括拆卸、分解、检修、组装、安装五个步骤，如图 4.35 所示，请按照步骤要求进行训练，并将测试结果填入表 4.3。

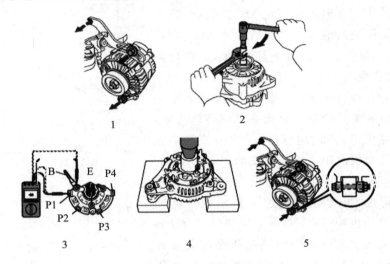

图 4.35　交流发电机的拆装检修

**1. 拆卸**

断开蓄电池负极（一）电缆之前，应对 ECU 等元件内保存的信息作一个记录。

脱开发电机电缆和连接器，拆卸所有的发电机安装螺栓，然后拆卸发电机。

**2. 分解**

拆卸发电机皮带轮、发电机电刷座总成、发电机调节器总成、整流器、发电机转子总成（驱动端盖、转子、整流器端盖）。

**3. 检修**

（1）检查发电机转子总成。

① 清洁滑环和转子，检查滑环之间是否导通。用万用表检查滑环之间是否导通，如图 4.36 所示。

② 检查滑环和转子之间的绝缘。用万用表检查滑环和转子之间的绝缘，如图 4.37 所示。

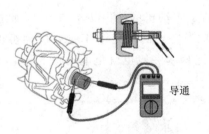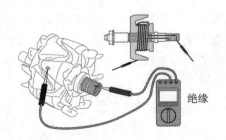

图 4.36　检查滑环之间是否导通　　　图 4.37　检查滑环和转子之间的绝缘

③ 测量滑环。用游标卡尺测量滑环的外径。如果测量值超过规定的磨损极限，更换转子。

（2）检查带整流器的发电机座，如图 4.38 所示。

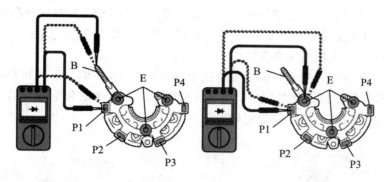

图 4.38　检查带整流器的发电机座

使用万用表的二极管测试模式，在整流器的端子 B 和端子 P1 到 P4 之间测量，交换测试导线时，检查是否只能单向导通。

改变端子 B 至端子 E 的连接方式，测量过程同上。用万用表测量每个二极管的正、反向电阻，也可以判断二极管好坏。

（3）检查定子。

① 定子绕组搭铁的检测。即检查定子绕组与定子铁芯间的绝缘情况。

② 定子绕组断路与短路的检测。定子绕组的阻值一般很小，一般采用检测电流的方法来检测其断路与短路情况。定子绕组有搭铁、断路或短路故障，均需更换定子总成。

（4）检查发电机电刷座。

用游标卡尺，测量电刷的长度，电刷的长度低于 7 mm 时应更换，更换时注意电刷的规格型号要求一致。

表 4.3　发电机检测记录表

| 发电机型号 | | |
|---|---|---|
| 序号 | 检测内容与记录 | 分析与处理方法 |
| 1 | 转子 | |
| 2 | 带整流器的发电机座 | |
| 3 | 定子 | |
| 4 | 电刷 | |

**4. 组装**

（1）安装发电机转子总成，如图 4.39 所示。

（2）安装整流器端盖，用压机将整流器端盖压到驱动端盖内。

（3）安装发电机电刷座总成。

（4）安装发电机皮带轮，如图 4.40 所示。

① 拧紧螺母时，使用 SST（专用工具）和螺母保持不动，转动轴。安装发电机皮带轮，暂时安装皮带轮锁止螺母。

② 在皮带轮轴的末端安装 SST1-A(发电机转子轴扳手)和 SST1-B(发电机皮带轮定位螺母扳手)。使用 SST1-A 在皮带轮轴一端,将 SST1-A 和 SST1-B 拧紧到指定的力矩。

③ 将 SST2 卡到台钳上,然后在 SST1-A 和 SST1-B 安装到发电机上的情况下,将皮带轮锁止螺母装入 SST 的六角部分。

④ 逆时针旋转 SST1-A 来紧固皮带轮锁止螺母,然后从 SST2 上拆卸发电机。

⑤ 使用 SSTI-B 保持不动的同时,顺时针旋转 SST1-A 来旋松它,然后从发电机上拆卸 SST1-A 和 SST1-B。确认皮带轮旋转平稳。

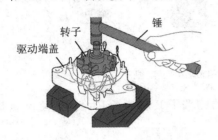 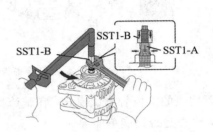

图 4.39　安装发电机转子总成　　　　图 4.40　安装发电机皮带轮

**5. 安装**

安装发电机,连接发电机电缆和连接器,连接蓄电池负极。

**6. 分析讨论**

(1) 请叙述交流发电机发电过程。

(2) 将交流发电机总成从车上拆下时,为什么要拆下蓄电池负极?

# 二、汽车直流电动机的拆解与测量

**1. 启动机的拆解**

(1) 清除外部尘污和油垢,用起子拆下护罩的紧固螺钉,并取下护罩与密封纸垫圈。

(2) 用铁丝钩提起电刷弹簧,将电刷取出。

(3) 取下穿心螺栓,分离前端盖、外壳和电枢,拆下电磁开关等。

(4) 拆下中间轴承板、拔叉和啮合器。

**2. 直流电动机的检测**

1) 电枢的检测

对电枢轴、换向器、电枢绕组进行检测,并把测试结果填入表 4－4 中。

(1) 电枢轴的检测。

① 用游标卡尺检测轴颈外径与衬套内径的配合间隙,应与标准相符。

② 用百分表检测电枢轴径向圆跳动,应与标准相符。一般电枢轴径向圆跳动应不大于 0.10~0.15 mm。

(2) 换向器的检测。

主要包括换向器的外观检查、换向器圆柱度的检查、换向器外径的检查、换向器云母片槽深度的检查。

(3) 电枢绕组的检测。

① 电枢绕组搭铁的检查：如图 4.41 所示，用万用表 $R \times 1$ kΩ 或 $R \times 10$ kΩ 挡测量换向器和铁芯（或电枢轴）之间的电阻，应为无穷大，否则为搭铁。

② 电枢绕组短路的检查：如图 4.42 所示，把电枢放在电枢检验器上，接通电源，将铁片放在电枢上方的线槽上，并转动电枢。铁片应不振动。若铁片振动，表明电枢绕组短路。

③ 电枢绕组断路的检查：目测电枢绕组的导线是否甩出或脱焊。再用万用表两触针依次与两相邻换向器铜片接触，所测电阻值应一样。如果读数不一样，则说明断路。电枢绕组若有严重搭铁、短路或断路时，应更换电枢总成。

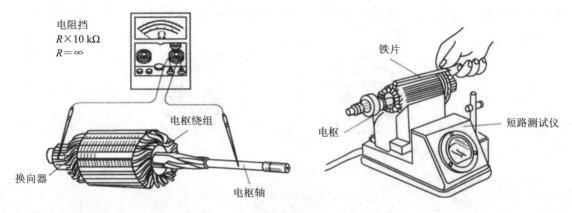

图 4.41　电枢绕组搭铁的检测　　　　　　　图 4.42　电枢绕组短路的检测

2）磁场绕组的检测

对磁场绕组进行搭铁、断路和短路的检查，并把测试结果填入表 4.4 中。

（1）磁场绕组搭铁的检查：用万用表 $R \times 1$ kΩ 或 $R \times 10$ kΩ 挡测量启动机接柱和外壳间的电阻，阻值应为无穷大，否则为搭铁故障，如图 4.43 所示。

（2）磁场绕组断路的检查：如图 4.43 所示，用万用表 $R \times 1$ kΩ 挡测量启动机接柱和绝缘电刷间的电阻，阻值应很小，若为无穷大则为断路。

（3）磁场绕组短路的检查：如图 4.44 所示，用蓄电池 12 V 直流电源正极接启动机接线柱，负极接绝缘电刷，将螺丝刀放在每个磁极上，检查磁极对螺丝刀的吸力，应相同。若某磁极吸力弱，则为匝间短路。磁场绕组若有严重搭铁、短路或断路时，应更换新品。

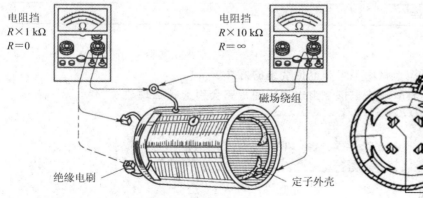
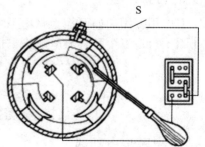

图 4.43　磁场绕组搭铁和断路的检测　　　　　图 4.44　磁场绕组短路的检测

3）电刷组件的检测

对电刷组件进行检测，并把测试结果填入表4.4中。

（1）电刷外观检查：电刷在架内应活动自如，无卡滞。

（2）电刷磨损检查：用直尺测量电刷高度，目测电刷与换向器的接触面积，均应符合标准。电刷磨损后的高度不应小于电刷原高度的一半，一般不小于 10 mm；电刷与换向器的接触面不低于80%。

（3）电刷架的检查：如图 4.45 所示，用万用表 $R \times 1$ kΩ 或 $R \times 10$ kΩ 挡测量绝缘电刷架和后盖间的电阻，应为无穷大；用万用表 $R \times 1$ kΩ 挡测量搭铁电刷架和后盖间的电阻，应为零。

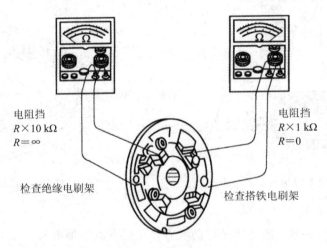

图 4.45　电刷架的检测

（4）电刷弹簧检查：用弹簧秤检查弹簧的弹力，应与规定相符。

**表 4.4　启动机检测记录表**

| 启动机型号 | | |
|---|---|---|
| 序号 | 检测内容与记录 | 分析与处理意见 |
| 1 | 电枢总成 | |
| 2 | 磁场绕组 | |
| 3 | 电刷组件 | |

**3．分析讨论**

（1）用万用表如何检查磁场绕组和电枢绕组的好坏？

（2）启动机中的直流电动机电枢绕组出现匝间短路会引起什么现象？

拓 展 知 识

# 一、三相异步电动机

三相异步电动机具有结构简单、坚固耐用、运行可靠、价格低廉、维护方便等优点，在工农业生产中得到广泛应用。三相异步电动机是应用最多的一种交流异步电动机,它的工作电源是三相交流电。

**1. 三相异步电动机的结构**

三相异步电动机的两个基本组成部分为定子(固定部分)和转子(旋转部分)。此外还有端盖、风扇等附属部分,如图 4.46 所示。

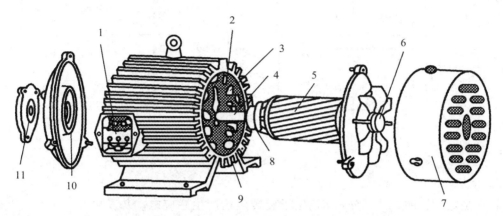

1—接线盒;2—定子铁芯;3—定子绕组;4—转轴;5—转子;
6—风扇;7—罩壳;8—轴承;9—机座;10—端盖;11—轴承盖

图 4.46　三相异步电动机的构造

1) 定子

定子是用来产生旋转磁场的,在工作时是静止不动的。三相异步电动机的定子一般由外壳、定子铁芯、定子绕组等部分组成。

外壳包括机座、端盖、轴承盖及接线盒等部件。机座用铸铁或铸钢制成,其作用是固定铁芯和绕组。

定子铁芯是电动机磁路的一部分,由厚度为 0.5 mm 的、相互绝缘的硅钢片叠成,如图 4.47 所示。硅钢片内圆上有均匀分布的槽,其作用是嵌放定子三相绕组。

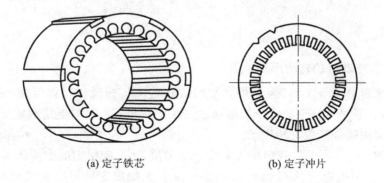

(a) 定子铁芯　　　　　　　(b) 定子冲片

图 4.47　定子铁芯及冲片示意图

定子绕组是三相电动机的电路部分,三相电动机有三相绕组,通入三相对称电流时,就会产生旋转磁场。三相绕组可接成星形或三角形,如图 4.48 所示。

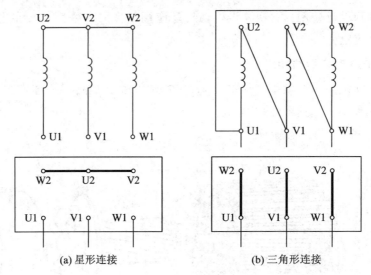

| (a) 星形连接 | (b) 三角形连接 |

图 4.48　定子绕组的连接

2) 转子

转子是电动机的旋转部分，切割定子旋转磁场产生感应电动势及电流，并形成电磁转矩使电动机旋转。转子由转子铁芯和转子绕组组成，如图 4.49 所示。转子绕组是自成闭路的短路线圈。转子绕组不需外接电源供电，其电流是由电磁感应作用产生的。鼠笼式电动机由于构造简单，工作可靠，使用方便，成为了应用得最广泛的一种电动机。

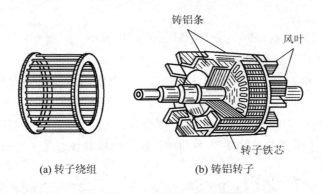

(a) 转子绕组　　　　　　(b) 铸铝转子

图 4.49　鼠笼型转子示意图

**2. 三相异步电动机的转动原理**

三相定子绕组 AX、BY、CZ，它们在空间按互差 120°的规律对称排列。并接成星形与三相电源 U、V、W 相连。三相定子绕组通过三相对称电流，随着电流在定子绕组中通过，在三相定子绕组中就会产生旋转磁场。

当 $\omega t = 0°$ 时，$i_A = 0$，AX 绕组中无电流；$i_B$ 为负，BY 绕组中的电流从 Y 流入 B 流出；$i_C$ 为正，CZ 绕组中的电流从 C 流入 Z 流出；由右手螺旋定则可得合成磁场的方向如图 4.50(a) 所示。

当 $\omega t = 120°$ 时，$i_B = 0$，BY 绕组中无电流；$i_A$ 为正，AX 绕组中的电流从 A 流入 X 流出；$i_C$ 为负，CZ 绕组中的电流从 Z 流入 C 流出；由右手螺旋定则可得合成磁场的方向如图 4.50(b) 所示。

当 $\omega t = 240°$ 时，$i_C = 0$，CZ 绕组中无电流；$i_A$ 为负，AX 绕组中的电流从 X 流入 A 流出；$i_B$ 为正，BY 绕组中的电流从 B 流入 Y 流出；由右手螺旋定则可得合成磁场的方向如图 4.50(c)所示。

可见，当定子绕组中的电流变化一个周期时，合成磁场也按电流的相序方向在空间旋转一周。随着定子绕组中的三相电流不断地作周期性变化，产生的合成磁场也不断地旋转，因此称为旋转磁场。

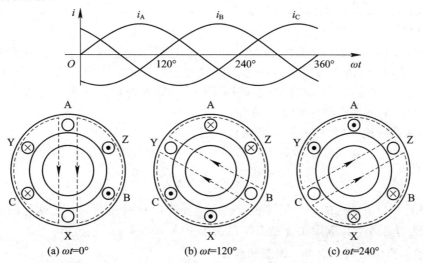

图 4.50　旋转磁场的形成

旋转磁场的方向是由三相绕组中的电流相序决定的，若想改变旋转磁场的方向，只要改变通入定子绕组的电流相序，即将三根电源线中的任意两根对调即可。

鼠笼式导体切割磁力线而在其内部产生感应电动势和感应电流。感应电流又使导体受到一个电磁力的作用，于是导体就沿磁铁的旋转方向转动起来，这就是异步电动机的基本转动原理。转子转动的方向和磁极旋转的方向相同。

**3. 三相异步电动机的极数与转速**

1）极数（磁极对数 $p$）

三相异步电动机的极数就是旋转磁场的极数。旋转磁场的极数和三相绕组的安排有关。

当每相绕组只有一个线圈，绕组的始端之间相差 120°空间角时，产生的旋转磁场具有一对极，即 $p = 1$；当每相绕组为两个线圈串联，绕组的始端之间相差 60°空间角时，产生的旋转磁场具有两对极，即 $p = 2$。极数 $p$ 与绕组的始端之间的空间角 $\theta$ 的关系为

$$\theta = \frac{120°}{p}$$

2）旋转磁场的转速

三相异步电动机旋转磁场的转速 $n_0$ 与电动机磁极对数 $p$ 有关，它们的关系是：

$$n_0 = \frac{60 f_1}{p} \qquad\qquad (4-7)$$

由式(4-7)可知，旋转磁场的转速 $n_0$ 决定于电流频率 $f_1$ 和磁场的极数 $p$。对某一异

步电动机而言，$f_1$ 和 $p$ 通常是一定的，所以磁场转速 $n_0$ 是个常数。

在我国，交流电频率 $f_1 = 50\ Hz$，因此对应于不同极对数 $p$ 的旋转磁场转速 $n_0$，见表 4.5。

**表 4.5　旋转磁场转速**

| $p$ | 1 | 2 | 3 | 4 | 5 | 6 |
|---|---|---|---|---|---|---|
| $n_0$ | 3000 | 1500 | 1000 | 750 | 600 | 500 |

3）转差率 $s$

电动机转子转动方向与磁场旋转的方向相同，但转子的转速 $n$ 不可能达到与旋转磁场的转速 $n_0$ 相等，否则转子与旋转磁场之间就没有相对运动，因而磁力线就不切割转子导体，转子电动势、转子电流以及转矩也就都不存在，也就是说旋转磁场与转子之间存在转速差，我们把这种电动机称为异步电动机。

旋转磁场的转速 $n_0$ 常称为同步转速。

转差率 $s$ 是用来表示转子转速 $n$ 与磁场转速 $n_0$ 相差程度的物理量，即

$$s = \frac{n_0 - n}{n_0} = \frac{\Delta n}{n_0} \times 100\% \tag{4-8}$$

转差率是异步电动机的一个重要的物理量，异步电动机运行时，转速与同步转速一般很接近，转差率很小，在额定工作状态下约为 $0.015 \sim 0.06$。

**4. 三相异步电动机的启动、调速和制动**

异步电机的主要缺点是启动电流大而启动转矩小。必须采取适当的启动方法，以减小启动电流并保证有足够的启动转矩。

鼠笼式异步电动机的启动方法包括直接启动和降压启动。直接启动又称为全压启动，就是利用闸刀开关或接触器将电动机的定子绕组直接加到额定电压下启动，只适用于小容量的电动机或电动机容量远小于供电变压器容量的场合。

降压启动是在启动时降低加在定子绕组上的电压，以减小启动电流，待转速上升到接近额定转速时，再恢复到全压运行，适用于大中型鼠笼式异步电动机的轻载或空载启动。

鼠笼式电动机可通过改变电源频率 $f$，改变磁极对数 $p$ 进行调速。

三相异步电动机的制动是给电动机一个与转动方向相反的转矩，促使它在断开电源后很快地减速或停转。

常见的电气制动方法如下：

（1）反接制动。当电动机快速转动而需停转时，改变电源相序，使转子受一个与原转动方向相反的转矩而迅速停转。注意，当转子转速接近零时，应及时切断电源，以免电机反转。

（2）能耗制动。电动机脱离三相电源的同时，给定子绕组接入一直流电源，使直流电流通入定子绕组。于是在电动机中便产生一方向恒定的磁场，使转子受一与转子转动方向相反的力 $F$ 的作用，于是产生制动转矩，实现制动。

由于这种方法是用消耗转子的动能（转换为电能）来进行制动的，所以称为能耗制动。

## 二、典型电动汽车驱动电动机

电动汽车最早是采用直流电动机驱动。随着电子技术和自动控制技术的发展以及电动

汽车技术要求的提高，无刷直流电动机、异步电动机、永磁同步电动机和开关磁阻电动机等显示出比直流电动机更为优越的性能，在电动汽车中应用越来越广泛。

**1. 直流电动机**

直流电动机具有启动加速时驱动力大、调速控制简单、技术成熟等优点。但是直流电动机的电枢电流由电刷和换向器引入，换向时可能会产生电火花，换向器容易烧蚀，电刷容易磨损，需经常更换，维护工作量大。接触部分存在磨损，不仅会使电动机效率降低，还限制了电动机的工作转速。新研制的电动汽车基本不采用直流电动机。

**2. 无刷直流电动机**

无刷直流电动机是一种高性能的电动机。它既有交流电动机的结构简单、运行可靠、维护方便等诸多优点，又具备运行效率高、无励磁损耗、运行成本低和调速性能好等特点。无刷直流电动机的工作原理与有刷直流电动机的工作原理基本相同，它是利用电动机转子位置的传感器输出信号控制电子换向线路去驱动逆变器的功率开关器件，给电枢绕组依次供电，从而在定子上产生跳跃式的旋转磁场，拖动电动机转子旋转。同时，随着电动机转子的转动，转子位置的传感器又不断送出位置信号，不断地改变电枢绕组的通电状态，使得在某一磁极下导体中的电流方向保持不变，这样电动机就旋转起来了。

**3. 永磁同步电动机**

永磁同步电动机在结构上与无刷直流电动机相似，不同之处在于它采用正弦波驱动，所以在具备无刷直流电动机优点的同时，还具有噪声低、体积小、功率密度大、转动惯量小、脉动转矩小、控制精度高等特点，达到减小系统体积，改善汽车加速性能和行驶平稳性等目的。

永磁同步电动机主要由机壳、定子和转子组成。定子包括定子铁芯和定子绕组，如图4.51所示。定子绕组镶嵌在定子铁芯中，绕组的作用是通入交流电时可以产生旋转磁场。铁芯的作用是可以提高磁导率。

接线盒　定子铁芯　定子绕组　机座

图 4.51　永磁同步电动机定子结构

永磁同步电动机与普通三相交流异步电动机的不同是转子结构，前者转子上安装有永磁体磁极，永磁磁极外凸镶嵌在转子铁芯外侧，组成若干对磁极。一块永磁体有一个 N 极和一个 S 极，如图 4.52 所示。若干个永磁体和铁芯共同构成了若干条磁路。

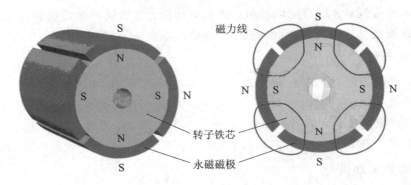

图 4.52　永磁同步电动机转子结构

　　将转子和转轴做成一体，两端用轴承安装在机壳上。转子前端安装有散热风扇随轴转动，在定子绕组不断通电产生的磁场吸引下，转子即随定子产生的旋转磁场进行运转，如图 4.53 所示。

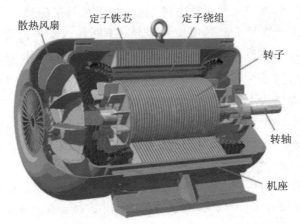

图 4.53　永磁同步电动机剖面图

　　永磁同步电动机与交流电动机相似，当定子绕组输入三相正弦交流电时，会产生一个旋转磁场。该磁场与转子的永磁体磁场相互作用，使转子产生电磁转矩，并随着定子的旋转使磁场转动。由于转子的转速与旋转磁场同步，故称之为交流同步电动机。

**4. 开关磁阻电动机**

　　开关磁阻电动机是一种新型电动机，其结构简单、坚固、工作可靠、效率高，调速系统运行性能和经济指标比普通的交流调速系统好，具有很大的潜力。

　　随着电子技术和计算机技术的飞速发展，新的电动机理论与控制方式层出不穷，正推动着新的电动机驱动技术迅猛发展。高密度、高效率、轻量化、低成本、宽调速牵引电动机驱动系统已成为研究和开发的主要热点。

项 目 小 结

　　(1) 普通交流发电机整体可以看成是由三相同步交流发电机和 6 只硅二极管组成的三相桥式全波整流器组成的。

（2）交流发电机转子的功用是建立旋转磁场，定子的作用是产生交变感应电动势，硅整流器的作用是将三相定子绕组中产生的交流电变为直流电对外输出。

（3）交流发电机的定子绕组通常为 Y 形接法，整流器为三相桥式整流电路。交流发电机的励磁方式为先他励，后自励。

（4）直流电动机由固定不动的定子和旋转的转子两部分组成。直流电动机的励磁方式有他励、并励、串励和复励，其中串励式直流电动机启动转矩大、机械特性软，适用于汽车用启动电动机。

（5）启动机由直流电动机、传动机构和控制装置三大部分组成。直流串励式电动机的特性包括转矩特性、机械特性和功率特性。

（6）永磁同步电动机与交流电动机相似，当定子绕组输入三相正弦交流电时，会产生一个旋转磁场，该磁场与转子的永磁体磁场相互作用，使转子产生电磁转矩，并随着定子的旋转磁场转动。

## 练习与思考

### 一、填空题

1. 启动机一般由_____、_____和控制装置三大部分组成。

2. 交流发电机的定子是发电机的电枢部分，定子的功用是产生三相交流电，由_____和_____组成。

3. 直流电动机的励磁方式有他励、_____、_____、_____。

4. 永磁同步电动机主要由_____、_____和_____组成。

### 二、判断题

1. 直流串励式启动机中的"串励"是指吸引线圈和保持线圈串联连接。                （  ）

2. 交流发电机中产生磁场的装置是转子。                                    （  ）

3. 启动机用直流电动机定子的作用是产生旋转磁场。                          （  ）

4. 并励式直流电动机启动转矩大、机械特性软。                              （  ）

5. 永磁同步电动机的永磁材料的主要特性通常与温度有关。                    （  ）

6. 汽车交流发电机输出 12 V 直流电压，该电压指的是正弦交流电的有效值。    （  ）

7. 在三相桥式整流电路中，每个二极管导通的时间占整个周期的 1/2。          （  ）

8. 交流发电机的定子绕组通常为 Y 形接法，整流器为三相桥式整流电路。        （  ）

9. 交流发电机是利用硅二极管的单相导电特性把交流电转换为直流电的。        （  ）

10. 串励式直流电动机的转矩特性表征了启动转矩大。                          （  ）

11. 串励式直流电动机的转矩特性是重载转速高，轻载转速低。                  （  ）

### 三、选择题

1. 一般硅整流发电机都采用（    ）连接，即每相绕组的首端分别与整流器的硅二极管相接，每相绕组的尾端在一起，形成中性点 N。

A. 星形        B. 串联          C. 三角形          D. 并联

2. 三相桥式硅整流器中每个二极管在一个周期内的导通时间为（    ）。

A. 1/2 周期　　　　　B. 1/3 周期　　　　　C. 1/4 周期　　　　　D. 1/5 周期

3. 启动机的励磁绕组安装在（　　）上。

A. 转子　　　　　B. 定子　　　　　C. 电枢　　　　　D. 换向器

4. 直流电动机的额定功率是指（　　）。

A. 输出的机械功率　　　　　　　　B. 输入的机械功率

C. 输入的电功率　　　　　　　　　D. 输出的电功率

5. 永磁同步电动机定子结构多为（　　）极形式。

A. 2　　　　　B. 3　　　　　C. 4　　　　　D. 6

6. 启动机中，甲说若电枢电流越大，转速越高；乙说若电枢电流越大，转速越低；你认为（　　）。

A. 甲对　　　　　B. 乙对　　　　　C. 甲乙都对　　　　　D. 甲乙都不对

**四、问答题**

1. 简述交流发电机的主要部件并说出它们的作用。

2. 什么是交流发电机的输出特性、空载特性与外特性？

3. 交流发电机高速运转时突然失去负载有何危害？

4. 简述电磁操纵强制啮合式启动机的工作过程。

5. 普通型电磁控制式启动机由哪几部分组成？各部分起什么作用？

# 项目 5　常用半导体器件及其应用

（1）理解半导体材料的导电机制及 PN 结的单向导电性。

（2）掌握二极管的结构、工作原理及特性。

（3）掌握整流电路的组成、工作原理并能计算整流电路的输出电压和输出电流。

（4）能解决整流电路在汽车电路中的应用问题。

（5）能用万用表对二极管进行测试。

（6）熟悉二极管在汽车上的典型应用。

（7）养成善于观察、独立思考的学习习惯，培养职业道德意识和职业素质养成意识。

半导体器件是电子线路的基础。各种半导体器件的原理，是以半导体的特性特别是 PN 结的特性为基础的。半导体二极管和晶体管是电子电路中最常用的半导体器件，也是构成集成电路的基本单元，它们的基本结构、工作原理、特性和参数是学习电子技术和分析电子电路的基础。

二极管的单向导电性在交流发电机整流中得到广泛应用，汽车稳压电路中也用到硅稳压管来稳压。

本项目从二极管的结构及特性出发，围绕汽车交流发电机整流稳压电路的应用展开，分析 PN 结的形成，重点讨论元件的原理与特性。通过学习掌握整流电路的原理及应用，读者应能具有分析、测量和计算整流稳压电路的能力，并熟知二极管在汽车上的典型应用。

![相关知识图标]

## 一、半导体基础知识

所谓半导体，就是其导电能力介于导体和绝缘体之间的一类物质。硅、锗、硒以及大多数金属氧化物和硫化物都是半导体。

很多半导体的导电能力在不同条件下有很大的差别。例如有些半导体（如钴、锰、镍等的氧化物）对温度的反应特别灵敏，环境温度增高时，它们的导电能力要增强很多，利用这种特性可制成各种热敏电阻。又如有些半导体（如镉、铅等的硫化物与硒化物）受到光照时，它们的导电能力变得很强；当无光照时，又变得像绝缘体那样不导电，利用这种特性可制成各种光敏电阻。

在纯净的半导体中掺入微量的某种杂质后，它的导电能力就可增加几十万乃至几百万倍。例如在纯硅中掺入百万分之一的硼后，硅的电阻率就从大约 $2\times10^3$ Ω·m 减小到 $4\times10^{-3}$ Ω·m 左右，利用这种特性可制成各种不同用途的半导体器件，如二极管、三极管及晶闸管等。

半导体有如此悬殊的导电特性的根本原因在于其内部结构的特殊性。

### (一) 本征半导体

本征半导体就是完全纯净的、晶格完整的半导体，其导电性能较差，用得最多的是硅和锗。图 5.1(a)所示是硅和锗的原子结构图，它们各有四个价电子，都是四价元素。将锗或硅材料提纯(去掉无用杂质)并形成单晶体后，所有原子便基本上整齐排列，其平面示意图如图 5.1(b)所示。

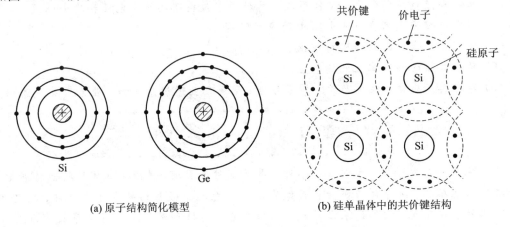

(a) 原子结构简化模型　　　　　　(b) 硅单晶体中的共价键结构

图 5.1　原子结构简化模型及共价键结构

在本征半导体的晶体结构中，每一个原子与相邻的四个原子结合。每一个原子的一个价电子与另一个原子的一个价电子组成一个电子对。这对价电子是每两个相邻原子共有的，它们把相邻的原子结合在一起，构成所谓共价键的结构。

在共价键结构中，原子最外层虽然具有八个电子而处于较为稳定的状态，但是共价键中的电子还不像绝缘体中的价电子被束缚得那样紧，在获得一定能量(温度增高或受光照)后，即可挣脱共价键的束缚(电子受到激发)，成为自由电子。温度愈高，晶体中产生的自由电子便愈多。

在电子挣脱共价键的束缚成为自由电子后，共价键中就留下一个空位，称为空穴。在一般情况下，原子是电中性的。当价电子挣脱共价键的束缚成为自由电子后，原子的电中性便被破坏，而显出带正电。因此可以把空穴想象成带一个正电荷的粒子。

在外电场的作用下，有空穴的原子可以吸引相邻原子中的价电子，填补这个空穴。同时，在失去了一个价电子的相邻原子的共价键中出现另一个空穴，它也可以由相邻原子中的价电子来递补，而在该原子中又出现一个空穴，如图 5.2 所示。如此继续下去，就好像空穴在运动。而空穴运动的方向与自由电子运动的方向相反，因此空穴运动相当于正电荷的运动。

因此，当半导体两端加上外电压时，半导体中将出现两部分电流：一是自由电子做定向运动所形成的电子电流，二是仍被原子核束缚的价电子(注意，不是自由电子)递补空穴所形成的空穴电流。在半导体中，同时存在着自由电子和空穴两种载流子，即同时存在着电子导电和空穴导电，这是半导体导电方式的最大特点，也是半导体和金属在导电原理上的本质差别。

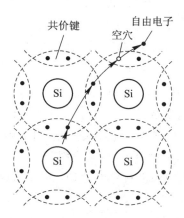

图 5.2　空穴和自由电子的形成

本征半导体中的自由电子和空穴总是成对出现，同时又不断复合。在一定温度下，载流子的产生和复合达到动态平衡，于是半导体中的载流子（自由电子和空穴）便维持一定数目。温度愈高，载流子数目愈多，导电性能也就愈好。所以，温度对半导体器件性能的影响很大。

### （二）杂质半导体

本征半导体虽然有自由电子和空穴两种载流子，但由于数量极少，导电能力仍然很低。如果在其中掺入微量的杂质（某种元素），这将使掺杂后的半导体（杂质半导体）的导电性能大大增强。因为物质的导电能力决定于物质内部运载电荷的粒子——载流子的数量和运动速度。

掺杂后的半导体，称为杂质半导体。按所掺杂质的不同性质，杂质半导体分为 N 型半导体和 P 型半导体两类。

### 1. N 型半导体

在本征半导体硅中掺入微量的五价元素，如磷，就形成了 N 型半导体。磷原子的最外层有五个价电子。由于掺入硅晶体的磷原子数比硅原子数少得多，因此整个晶体结构基本上不变，只是某些位置上的硅原子被磷原子取代。磷原子参加共价键结构只需四个价电子，多余的第五个价电子很容易挣脱磷原子核的束缚而成为自由电子。于是半导体中的自由电子数目大量增加，自由电子导电成为这种半导体的主要导电方式，故称它为电子型半导体或 N 型半导体。例如在室温 27℃ 时，每立方厘米纯净的硅晶体中约有 $1.5 \times 10^{10}$ 个自由电子或空穴，掺杂后成为 N 型半导体，其自由电子数目可增加几十万倍。由于自由电子增多而增加了复合的机会，空穴数目便减少到每立方厘米 $2.3 \times 10^{5}$ 个以下。故在 N 型半导体中，自由电子是多数载流子（简称多子），而空穴则是少数载流子（简称少子）。

### 2. P 型半导体

在本征半导体硅中掺入微量的三价元素，如硼，就形成了 P 型半导体。每个硼原子只有三个价电子，故在构成共价键结构时，将因缺少一个电子而产生一个空位。当相邻原子中的价电子受到热激发或其他的激发获得能量时，就有可能填补这个空位，而在该相邻原子中便出现一个空穴。每一个硼原子都能提供一个空穴，于是在半导体中就形成了大量空穴。这种以空穴导电作为主要导电方式的半导体称为空穴型半导体或 P 型半导体，其中空穴是多子，自由电子是少子。

无论是 P 型半导体还是 N 型半导体，虽然两种载流子的数量相差很大，但整个晶体仍为电中性，即掺杂半导体仍不带电。

### （三）PN 结

在本征半导体中掺入杂质后，载流子数目剧增，相应导电能力也大大加强。

**1. 半导体内部载流子的运动**

半导体没有外加电场时，内部的载流子处于杂乱无序的运动状态，它们自由地向各处移动。有外加电场后，载流子在电场作用下将有序地定向运动。在呈电中性的半导体中，如果一种载流子的分布不均匀，即浓度有差别时，载流子会从浓度高的区域向浓度低的区域扩散，载流子做微观上无序，但宏观上有序的运动，从而形成电流。这种由于载流子扩散运动形成的电流叫作扩散电流。

**2. PN 结的形成**

在一块完整的硅片上，用一定的工艺使其一边形成 P 型半导体，另一边形成 N 型半导体，在这两种不同半导体的交界面附近会形成一个特殊的区域——PN 结。

N 型半导体中电子是多数载流子，P 型半导体中空穴是多数载流子。PN 结中，N 区的电子必然向 P 区扩散，P 区的空穴也必然向 N 区扩散。当载流子通过两种半导体的交界面后，N 区的电子与 P 区的空穴复合，P 区的空穴与 N 区的电子复合，如图 5.3 所示。在交界面附近，N 区出现了带正电的杂质离子区域，这些杂质离子不能移动，不能参与导电，结果使这一区域带有正电荷；P 区同样出现不能移动的负离子，相应的这一区域带有负电荷。这些正负离子所在区域形成一个空间电荷区，即 PN 结。在空间电荷区内，P 区空穴和 N 区的电子在扩散过程中复合，载流子的数目很少，即载流子的浓度从很高迅速下降至很低，所以 PN 结又称为耗尽层。交界面两侧空间电荷的存在，使得这个区域产生了由 N 区指向 P 区的内电场。载流子浓度越大，空间电荷区越宽，内电场越强。注意到内电场的方向与多子扩散运动的方向相反，所以它阻碍了两区域多子的扩散，因此，又将 PN 结称为阻挡层。内电场虽然阻碍各方载流子向对方扩散，但却促使双方的少子向对方漂移（P 区的电子向 N 区漂移，使空间电荷区内的正离子数减少；N 区的空穴向 P 区漂移，使负离子数也减少），其结果是空间电荷区有变窄的趋势。另一方面，空间电荷区变窄后，内电场对多子扩散的阻碍作用减弱，又使得多数载流子继续向对方扩散，PN 结又有加宽的趋势。最终当扩散运动和漂移运动达到动态平衡时，PN 结的宽度和内电场的场强都稳定下来。

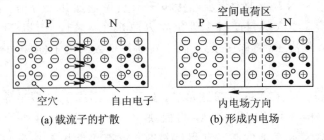

(a) 载流子的扩散　　　　　　(b) 形成内电场

图 5.3　PN 结的形成

内电场的电压与半导体材料、掺杂浓度及环境温度有关。在室温下，硅材料 PN 结的电压约为 0.6～0.7 V，锗材料 PN 结的电压约为 0.1～0.3 V。

**3. PN 结的特性**

讨论 PN 结的特性时，不仅要了解其内部的情况，更重要的是掌握 PN 结外加电压后所呈现的特性，而 PN 结的基本特性就是单向导电性。

在 PN 结上施加正向电压（P 区接电源正极，N 区接电源负极），也叫正向偏置，如图 5.4(a)所示。此时，外加的正向电场与内电场方向相反，它们共同作用于空间电荷区，破坏了原有的平衡状态，使内电场的作用减弱，P 区和 N 区的多子在外电场作用下被推向 PN 结，将一部分杂质离子中和，使空间电荷量减少，阻挡层变窄，有利于多子的扩散但不利于少子的漂移。所以，在外加正向电压时，P 区的空穴和 N 区的电子源源不断地向对方扩散，形成较大的扩散电流。此时，PN 结的内电场并未消失，所以两侧的少子依然存在漂移运动，形成的漂移电流与扩散电流的方向相反，但因其数值很少，无法与扩散电流相抗衡，可忽略不计。

在 PN 结上施加反向电压（P 区接电源负极，N 区接电源正极），也叫反向偏置。此时，外电场与内电场的方向一致，共同作用使局部场强增大，阻挡层加宽，结果阻止了多子的扩散，促进了少子的漂移，因而形成了 PN 结的反向电流，如图 5.4(b)所示。在半导体内，少子的浓度很低，能够参与漂移的少子数量有限，所以即使外加的反向电压较大，通过 PN 结的电流也很小，并且在外加反向电压增大时，电流保持基本不变，呈现饱和特性。

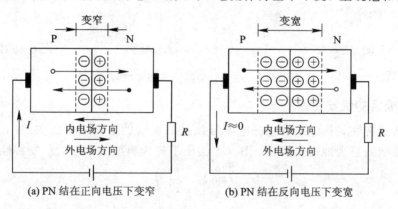

(a) PN 结在正向电压下变窄　　　　　(b) PN 结在反向电压下变宽

图 5.4　PN 结的单向导电性示意图

PN 结加正向电压时，有较大的正向电流通过，呈现的正向电阻很小，称为正向导通；而 PN 结加反向电压时，反向电流很小，呈现的反向电阻很大，称为反向截止。即 PN 结只允许一个方向的电流顺利通过，这就是 PN 结的单向导电性。

# 二、二极管

## （一）二极管的基本结构

二极管又称晶体二极管，简称二极管，它是由 PN 结作管心，外加管壳与电极引线构成的。从 P 区引出的电极称为阳极或正极，从 N 区引出的电极称为阴极或负极。按其结构不同，二极管可以分为点接触型和面接触型两类，两者区别如表 5.1 所示；按 PN 结的材料不同，可分为硅管和锗管两类。

**表 5.1　点接触型和面接触型二极管的区别**

| 名称 | 优缺点 | 适应范围 | 举　例 |
|---|---|---|---|
| 点接触型二极管 | PN 结的面积很小，工作频率较高，但不能承受较高的反向电流 | 可作高频检波和脉冲数字电路中的开关元件 | 点接触型锗二极管 2AP1，最大电流为 16 mA，而最高工作频率为 60 MHz |
| 面接触型二极管 | PN 结的面积大，允许通过较大的电流，但极间电容也大 | 可作整流等低频电路中的元件 | 硅面接触型整流二极管 2CP1，最大电流为 400 mA，而最高工作频率为 3 kHz |

　　点接触型二极管如图 5.5(a) 所示，面接触型二极管是用合金法或扩散法在半导体材料上做成的 PN 结，其结构如图 5.5(b) 所示。二极管的图形符号如图 5.5(c) 所示。

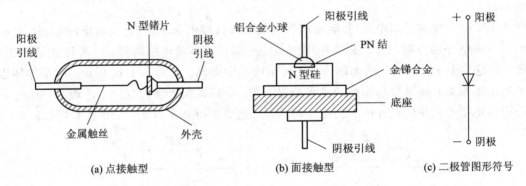

| (a) 点接触型 | (b) 面接触型 | (c) 二极管图形符号 |

图 5.5　二极管的结构及图形符号

## （二）二极管的伏安特性

　　二极管伏安特性是指二极管上的电压与流过二极管的电流之间的关系，在工程上，通常用伏安特性曲线直观地进行描述。图 5.6 给出了较为典型的硅管的伏安特性曲线。

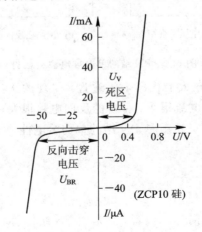

图 5.6　二极管的伏安特性曲线

**1. 正向特性**

由图 5.6 可知，当正向电压较小时，由于外电场还不足以克服内电场对载流子扩散运动所造成的阻力，故正向电流仍然很小，几乎为零，二极管呈现较大的电阻。这段区域称为死区，对应的正向电压叫做死区电压 $U_V$。在室温下，硅二极管的 $U_V \approx 0.5$ V，锗二极管的 $U_V \approx 0.2$ V。当正向电压超过 $U_V$ 时，正向电流迅速增加，二极管进入导通状态。二极管导通后，其电流变化很大，而电压的变化极小，硅管约为 $0.6 \sim 0.7$ V，锗管约为 $0.2 \sim 0.3$ V，这个值被称为二极管的导通电压。

**2. 反向特性**

当外加反向电压时，由图 5.6 可知，反向电流很小，二极管进入截止状态。当外加电压过高超过某一值时，则反向电流将突然增大，二极管失去了单向导电性，这种现象称为反向击穿，反向击穿开始发生时管子上施加的反向电压称为反向击穿电压 $U_{BR}$。一般的二极管反向击穿后将因反向电流过大而损坏，因此正常工作时，一般的二极管不允许反向击穿。

### （三）二极管的主要参数

选择电路器件时，除了掌握它的特性以外，还要了解器件具体的性能指标和应用的极限条件。二极管的参数是定量描述二极管性能的质量指标，应在这些参数范围内合理地选择和使用二极管。二极管的主要参数如下：

（1）最大整流电流 $I_F$。$I_F$ 指二极管长期运行时，允许通过的最大正向平均电流。它的大小决定于 PN 结的面积、材料和散热条件。因为电流通过 PN 结时要引起管子发热，若电流太大，发热量超过限度，就会使 PN 结烧坏。

（2）最高反向工作电压 $U_{RM}$。$U_{RM}$ 指允许加在二极管两端的最高反向电压。为避免二极管反向击穿，通常将 $U_{RM}$ 取为反向击穿电压 $U_{BR}$ 的一半或三分之二，以确保管子安全工作。

（3）反向电流 $I_R$。在室温下，二极管加反向电压未击穿时的电流值称为反向电流。该电流越小，二极管的单向导电性能就越好。由于温度升高，反向电流会急剧增加，因而在使用二极管时要注意环境温度的影响。

（4）最高工作频率 $f_M$。$f_M$ 指保证二极管具有单向导电作用的最高工作频率。由于 PN 结电容的存在，因此对二极管工作信号频率有所限制。若信号频率超出 $f_M$，则二极管的单向导电性变差，甚至会完全消失。

二极管参数是正确使用二极管的依据，一般半导体器件手册中会给出不同型号管子的参数。使用时应特别注意不要超过最大整流电流和最高反向工作电压，否则管子容易损坏。

下面举例说明含有二极管电路的简单计算。

**【例 5.1】** 在图 5.7 所示的电路中，$E = 1$ V，$R = 2$ kΩ，二极管的正向压降 $U_D = 0.6$ V，当 $U_i$ 分别等于 0 V、3 V、12 V 时，对应的输出电压 $U_o$ 和二极管电流 $I_D$ 各为多少？

**解**  先设二极管在电路中被断开，从开路电压来判断二极管的状态。设此开路电压为 $U_D'$，则建立 KVL 方程：

$$E + U_R + U_D' = U_i$$

开路时，$U_R = 0$，则

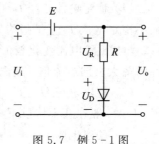

图 5.7  例 5-1 图

$$U'_D = U_i - E$$

若要二极管处于导通状态，$U'_D \geqslant U_D$，即 $U_i - 1 \geqslant 0.6$ V，亦即 $U_i \geqslant 1.6$ V。故：

$U_i = 0$ V 时，二极管截止，此时

$$U_o = -E = -1 \text{ V}, \quad I_D = 0$$

$U_i = 3$ V$> 1.6$ V，二极管导通，此时

$$U_o = U_i - E = 3 - 1 = 2 \text{ V}, \quad I_D = \frac{U_o - U_D}{R} = \frac{2 - 0.6}{2} = 0.7 \text{ mA}$$

$U_i = 12$ V$> 1.6$ V，二极管导通，此时

$$U_o = 12 - 1 = 11 \text{ V}, \quad I_D = \frac{11 - 0.6}{2} = 5.2 \text{ mA}$$

## 三、特殊半导体二极管

### 1. 稳压管

稳压管是一种特殊的面接触型硅二极管。由于在电路中能起稳定电压的作用，故称为稳压管。其图形符号和伏安特性曲线如图 5.8 所示。

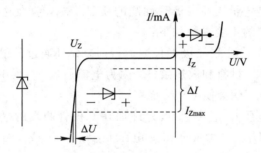

图 5.8　稳压管的图形符号及伏安特性

稳压管的外形和内部结构与普通二极管相似，也有两个电极（正极和负极）。但其截面积大于普通二极管，允许通过较大的反向电流，因此稳压管能够安全工作于反向击穿状态。从特性曲线来看，其正向特性和普通二极管一样，而反向击穿特性曲线很陡，因此稳压管工作于反向击穿状态时，虽然电流变化很大，但其两端电压变化很小，呈现出电压稳定的特性。利用这一特性，稳压管在电路中能起稳压作用。稳压管在汽车电路中应用比较广泛，如用于汽车电子式电压调节器等。

稳压管的主要参数如下：

（1）稳定电流 $I_Z$。$I_Z$ 指稳压管在稳定电压时的工作电流，其范围在 $I_{Zmin} \sim I_{Zmax}$ 之间。最小稳定电流 $I_{Zmin}$ 是指稳压管进入反向击穿区时的转折点电流。若稳压管的反向电流小于 $I_{Zmin}$，电压随电流变化较大，稳压效果不好。最大稳定电流 $I_{Zmax}$ 是指稳压管长期工作时允许的最大反向电流值，超出此值稳压管会过热而损坏。

（2）稳定电压 $U_Z$。$U_Z$ 指稳压管中的反向电流达到规定值时，稳压管两端的反向电压值。$U_Z$ 一般在几十伏以下。

（3）动态电阻 $r_Z$。$r_Z$ 指在稳压工作范围内，稳压管两端电压变化量与通过管子的电流变化量之比，即

$$r_Z = \frac{\Delta U_Z}{\Delta I_Z}$$

管子的击穿特性越徒，$r_Z$ 越小，稳压管的稳压性能越好。一般稳压管的 $r_Z$ 约为几欧姆至几十欧姆。

在汽车的仪表电路和部分电子控制电路中，一些需要精确电压值的地方常利用稳压管来获取所需电压。在汽车仪表稳压电路中，利用稳压管与汽车仪表并联，可为汽车仪表提供稳定的工作电压。

### 2. 发光二极管

半导体发光二极管是一种由磷砷化镓等半导体材料制成的将电能直接转换成光能的固体器件，简称 LED，它由一个 PN 结封装在透明管壳内构成，具有单向导电的特性，发光二极管的伏安特性曲线与普通二极管基本相似，其外形和图形符号如图 5.9 所示。

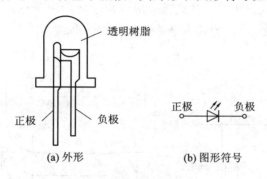

图 5.9　发光二极管外形及图形符号

LED 之所以能发光，是由它的结构及其材料所决定的，它的 PN 结面积较大，所掺的杂质浓度很高。在正向电压作用下，P 区的空穴向 N 区扩散，N 区的电子向 P 区扩散，相互注入的大量载流子相遇而复合释放出光能量。目前发光二极管的颜色有红、黄、橙、绿、白和蓝六种，发光颜色决定于制造 LED 使用的材料和掺杂浓度，例如砷化镓 LED 发红光，磷化镓 LED 发绿光等。发光二极管的工作电压在 2 V 左右，其工作电流为几毫安至十几毫安。

为防止发光二极管因正向电流过大而使 PN 结过热烧毁，在发光二极管电路中应串联适当阻值的电阻。当发光二极管用于交流电路时，为防止其被反向击穿，应在它的两端反极性并联一只普通二极管，以降低发光二极管上的反向电压。

在汽车电路中，发光二极管应用非常广泛。在仪表板上常作为指示灯或报警灯使用，当液体液面过低，制动蹄片过薄，制动灯、尾灯、前照灯等烧坏时，相应的发光二极管就会被接通发光，发出报警指示。近些年，随着 LED 的发光效率、光强分布和工艺技术上的进步，发光二极管也被广泛应用于汽车照明与信号系统，如 LED 转向灯、LED 制动灯、LED 日间行车灯、LED 前照灯等。

### 3. 光敏二极管

光敏二极管是利用硅 PN 结受光照后产生光电流的一种光敏器件，其结构与普通半导体二极管相似。光敏二极管的基本结构和符号如图 5.10 所示。

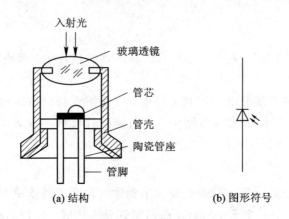

图 5.10　光敏二极管的结构及图形符号

　　光敏二极管工作于反向偏压,其光谱响应特性主要由半导体材料中所掺的杂质浓度决定。图 5.11 所示为光敏二极管的基本电路及伏安特性曲线。

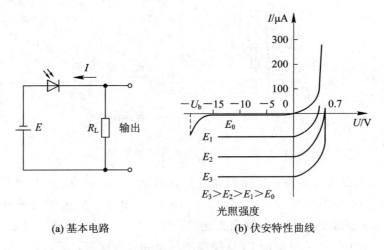

图 5.11　光敏二极管基本电路及伏安特性曲线

　　在设计和制作光敏二极管时应尽量使 PN 结的面积相对较大,以便接收入射光。光敏二极管是在反向电压作用下工作的,没有光照时,反向电流极其微弱,称为暗电流;有光照时,反向电流迅速增大到几十微安,称为光电流。光照度越大,光电流也越大。光的变化引起光敏二极管电流变化,可以把光信号转换成电信号,成为光电传感器。

　　汽车上的许多传感器就是利用光敏二极管制成的。用于汽车自动空调系统的日照强度传感器就是一个光敏二极管,可以把太阳光的照射强度转换成电流的变化,车内自动空调控制单元对这种变化进行检测,来调节排风量和排风口温度。光敏二极管作为光传感器还被应用到汽车灯光自动控制器中,用来检测车辆周围的亮暗程度。

## 四、直流稳压电路

　　在电子线路和自动控制装置中需要用电压非常稳定的直流电源。为了得到直流电,除了用直流发电机外,目前广泛采用各种半导体直流电源。常用的直流稳压电源一般由电源变压器、整流电路、滤波电路和稳压电路组成,如图 5.12 所示。

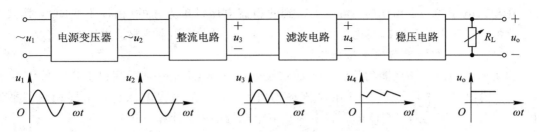

图 5.12 直流稳压电源的结构示意图

电源变压器的作用是把电网电压变换成所需要的交流电压。整流电路的作用是将交流电压变换为单向脉动电压，整流电路中的二极管或晶闸管是整流元件，它们具有单向导电性。滤波电路的作用是将脉动电压中的脉动成分滤掉，使输出电压成为比较平滑的直流电压。稳压电路的作用是使输出的直流电压保持恒定。

## （一）整流电路

### 1. 单相半波整流电路

单相半波整流电路中采用了一只二极管 VD，是最简单的整流电路，如图 5.13（a）所示。经电源变压器降压后的 $u_2$ 是频率为 50 Hz 的正弦交流电压，作用在二极管 VD 和负载电阻 $R_L$ 串联的电路上。

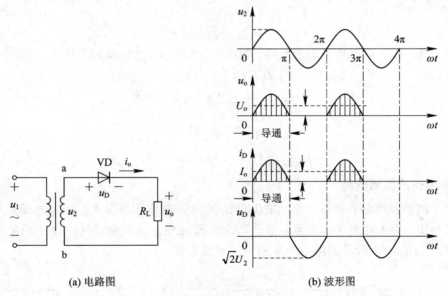

(a) 电路图          (b) 波形图

图 5.13 单相半波整流电路

1）电路工作原理

一般情况下，$u_2$ 的峰值要比二极管的导通压降大得多，所以二极管本身的导通压降可以忽略。在 $u_2$ 的正半周，二极管两端外加正向电压，由于二极管 VD 具有单向导电性，处于导通状态，这时二极管等效于闭合的开关，显然 $u_o = u_2$，故 $u_o$ 的波形按正弦规律变化。在 $u_2$ 的负半周，二极管外加反向电压，处于截止状态，管子和负载 $R_L$ 中没有电流，所以 $u_o = 0$ V。综合这两种情况，负载上得到了方向没有改变但大小变化的（直流）脉动电压。其工作波形如图 5.13（b）所示。

在输入电压的一个周期内，负载上得到的整流电压是单方向的（极性不变的），其大小是变化的，它只用了变压器副边电压的半个波形，故称为单相半波整流电路。

2）单相半波整流电路的性能指标

为了衡量整流电路性能的优劣和保证整流电路安全工作，一般采用以下几个参数：

（1）输出电压平均值 $U_O$。输出电压平均值 $U_O$ 指整流输出电压在一个周期内的平均值，它反映了整流电路将交流电压转换为直流电压的能力。计算公式为

$$U_O = \frac{1}{2\pi} \int_0^\pi \sqrt{2} U_2 \sin\omega t \, \mathrm{d}(\omega t) = \frac{\sqrt{2} U_2}{\pi} \approx 0.45 U_2 \qquad (5-1)$$

式中：$U_2$ 为变压器二次侧电压的有效值。

单相半波整流输出电压的平均值仅为变压器副边电压的 45%（或更低），即这种整流电路的转换效率比较低。

（2）整流管平均整流电流 $I_D$。整流管平均整流电流 $I_D$ 指一个周期内通过整流管的平均正向电流。选择整流管时应该使最大整流电流 $I_F > I_D$。

流经整流管的电流与负载电流相同，即

$$I_D = I_O = \frac{U_O}{R_L} \approx 0.45 \frac{U_2}{R_L} \qquad (5-2)$$

（3）整流管承受的最大反向电压 $U_{RM}$。$U_{RM}$ 指管子工作时所承受的反向电压的幅值，由图 5.13(b) 可知：

$$U_{RM} = \sqrt{2} U_2 \qquad (5-3)$$

【例 5.2】 有一单相半波整流电路，如图 5.13 所示。已知负载电阻 $R_L = 750 \ \Omega$，变压器二次电压 $U_2 = 20 \ \mathrm{V}$，试求 $U_O$，$I_O$ 及 $U_{RM}$。

**解**
$$U_O = 0.45 U_2 = 0.45 \times 20 = 9 \ \mathrm{V}$$

$$I_O = \frac{U_O}{R_L} = \frac{9}{750} = 12 \ \mathrm{mA}$$

$$U_{RM} = \sqrt{2} U_2 = \sqrt{2} \times 20 = 28.2 \ \mathrm{V}$$

**2. 单相桥式整流电路**

单相半波整流电路转换效率低，输出电压平均值小且脉动很大，输入电压只有半个周期被负载利用。为了克服这些缺点，常使用全波整流电路来代替，其中最常用的是单相桥式整流电路。图 5.14 所示电路即为单相桥式整流电路。

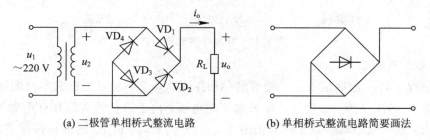

(a) 二极管单相桥式整流电路　　　　　　(b) 单相桥式整流电路简要画法

图 5.14 单相桥式整流电路

1) 电路工作原理

单相桥式整流电路由 4 个二极管组成电桥形式，电桥的两组相对节点分别接变压器二次绕组和负载。在 $u_2$ 正半周，二极管 $VD_1$ 和 $VD_3$ 正向导通，而 $VD_2$、$VD_4$ 反向截止，电流从变压器副边的上端→$VD_1$→$R_L$→$VD_3$→变压器副边的下端，在负载端自上而下地流经 $R_L$，负载上得到了与 $u_2$ 正半周相同的电压；在 $u_2$ 的负半周，$u_2$ 的实际极性是下正上负，二极管 $VD_2$、$VD_4$ 正向导通，$VD_1$，$VD_3$ 反向截止，电流从变压器副边的下端→$VD_2$→$R_L$→$VD_4$→变压器副边的上端，负载 $R_L$ 上仍得到自上而下的电流，负载上的电压与 $u_2$ 正半周时相同。其工作波形如图 5.15 所示。

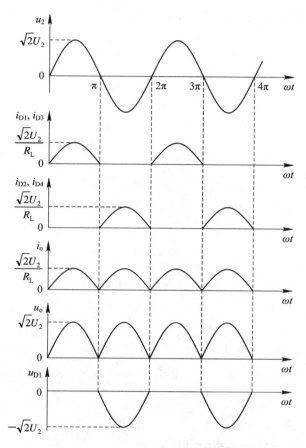

图 5.15　单相桥式整流电路的工作波形图

在交流电压的一个周期内，整流桥的 4 个二极管分两组分别导电，单相桥式整流电路充分利用了输入电压，使输入电压的正、负半周均为负载所用，所以桥式整流属于全波整流。

2) 单相桥式整流电路的性能指标

(1) 输出电压平均值 $U_O$。由以上分析可知，单相桥式整流电路的输出电压平均值比单相半波整流时增加一倍，即

$$U_O \approx 2 \times 0.45 U_2 = 0.9 U_2 \qquad (5-4)$$

(2) 整流管平均整流电流 $I_D$。$I_D$ 可表示为

$$I_D = \frac{1}{2}I_O = \frac{1}{2} \times \frac{U_O}{R_L} \approx 0.45\frac{U_2}{R_L} \qquad (5-5)$$

虽然是全波整流，由于每个二极管仍然是只有半个周期导通，但负载上的电流是二极管电流数值的两倍。

（3）整流管承受的最大反向电压 $U_{RM}$。各二极管所承受的最大反向电压为

$$U_{RM} = \sqrt{2}U_2 \qquad (5-6)$$

单相桥式整流电路在变压器二次侧电压相同的情况下，输出电压平均值高、脉动小，因此得到了广泛的应用。

**【例 5.3】**　一单相桥式整流电路的负载电阻 $R_L$ 在 $100\sim250\ \Omega$ 范围内变动，所需直流电压为 10 V，应选择什么规格的二极管？

**解**　由题意可知，$U_O = 10\ V$，$R_L = 100\sim250\ \Omega$，故负载电流最大为

$$I_O = \frac{U_O}{R_{Lmin}} = \frac{10}{100} = 100\ mA$$

平均整流电流为

$$I_D = \frac{1}{2}I_O = 50\ mA$$

对单相桥式整流电路，有

$$U_2 = \frac{U_O}{0.9} = \frac{10}{0.9} \approx 11\ V$$

二极管承受的最大反向电压为

$$U_{RM} = \sqrt{2}U_2 = \sqrt{2} \times 11 \approx 15.7\ V$$

所以，应选择 $I_F > 50\ mA$，$U_R > 15.7\ V$ 的二极管，查阅资料，可以选用 2CP10 型二极管。

**3. 三相桥式整流电路**

整流电路在汽车交流发电机中有重要应用。汽车上普遍采用硅整流交流发电机，由 6 个硅二极管组成整流电路。压装在发电机后端盖上的 3 个二极管其引线为负极，外壳为正极，称负极管；压装在散热板上的 3 个二极管其引线为正极，外壳为负极，称正极管，如图 5.16 所示。

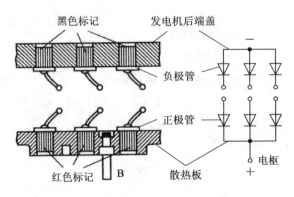

图 5.16　汽车交流发电机中的整流二极管

汽车交流发电机的整流电路为三相桥式整流电路，如图 5.17（a）所示。三个正极管

VD₁、VD₃、VD₅ 组成共阴极接法，而三个负极管 VD₂、VD₄、VD₆ 组成共阳极接法，在同一瞬间，只有与电位最低的一相绕组相连的负极管导通，同样，只有与电位最高的一相绕组相连的正极管导通，同时导通的两个管子将发电机的电压加在负载两端。图 5.17(b) 所示为发电机产生的三相交流电，在负载上可获得直流脉动电压，见图 5.17(c)。

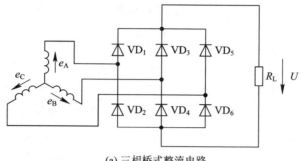

(a) 三相桥式整流电路

(b) 发电机输出三相电压

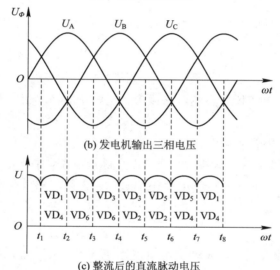

(c) 整流后的直流脉动电压

图 5.17 三相桥式整流电路及电压波形

## （二）滤波电路

整流电路虽然可以把交流电转换为直流电，但是所得到的输出电压是单向脉动电压。在大多数电子设备中整流电路中都要加接滤波器，以改善输出电压的脉动程度。

### 1. 电容滤波电路

简单的电容滤波电路是在负载 $R_L$ 两端并联一只较大容量的电容器，如图 5.18(a)所示。图中 $u'_2$ 是经过整流后的电压，其波形如图 5.18(b)所示。当负载开路($R_L = \infty$)时，设电容器初始没有储能，电容电压 $u_C = 0$。在 $t = t_0$ 时刻接通电源，电压 $u'_2$ 开始从 0 增大，由于变压器副绕组的内阻及二极管导通电阻一般比 $R_L$ 小得多，所以电容器的充电速度很快，$u_C$ 基本上随着 $u'_2$ 上升而增大，当 $u'_2$ 达到峰值时，$u_C$ 也达到最大值。此后，由于电容器没有放电回路，所以输出电压 $U_o$ 保持在 $\sqrt{2}U_2$ 的数值上，其波形如图 5.18(c)所示。

接入负载 $R_L$ 后，起始时电容电压的变化与前述情况相同，$u_C$ 迅速增大到 $\sqrt{2}U_2$。当 $u'_2$ 回落后，电容器 C 通过负载 $R_L$ 放电。在 $R_L$ 较大时，电容器的放电时间常数比充电时间常数大，所以输出电压 $u_o = u_C$ 按指数规律慢慢下降，如图 5.18(d) 中 AB 段所示。当 $u_2'$ 的数值再次增大，达到 $u_2' = u_C$ 后，整流二极管再次导通，$u_2'$ 在向电容器充电的同时，也向负载 $R_L$ 提供电流，其波形如图 5.18(d) 中 BC 段所示。在这以后，整流二极管又截止，$u_C$ 又按指数规律下降。所以电容器在周而复始地进行充电和放电，它的两端电压，即负载 $R_L$ 上得到的输出电压，是一个略呈锯齿状的脉动电压，其波形如图 5.18(d) 所示。

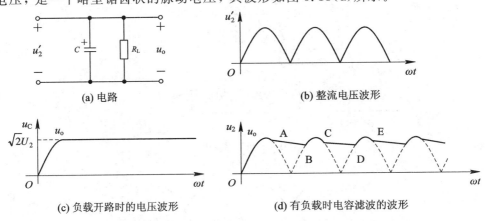

(a) 电路　　　　　　　　　　　　(b) 整流电压波形

(c) 负载开路时的电压波形　　　　(d) 有负载时电容滤波的波形

图 5.18　电容滤波电路

带有电容滤波器的单相桥式整流电路输出直流电压的平均值一般取：

$$U_o = 1.2U_2 \tag{5-7}$$

加入滤波电容后，负载两端电压的脉动程度大大减小，电压的平均值得以增大。放电时间常数 $\tau_{放} = R_L C$ 越大，放电越缓慢，输出电压脉动越小，平均值越大。

电容滤波电路简单，缺点是负载电流不能过大，否则将影响滤波效果，所以适用于负载变动不大、电流较小的场合。

**2. 电感滤波电路**

在整流电路和负载 $R_L$ 之间串联一个电感 $L$ 就构成一个简单的电感滤波电路，如图 5.19(a) 所示。根据电感的特点，在整流后电压的变化引起负载电流的改变时，电感 $L$ 上将感应出一个与整流输出电压变化相反的反电动势，两者的叠加使得负载上的电压比较平缓，输出电流亦基本保持不变。

电感滤波输出特性比较平坦，其缺点是由于铁芯的存在，其体积较大，较为笨重，易引起电磁干扰。电感滤波电路适用于负载较小、输出电流较大的场合。电感滤波保持了整流输出的直流电压量，所以在单相桥式整流后，一般有：

$$U_o = 0.9U_2$$

**3. LC 滤波器**

采用单一的电容或电感滤波时，电路虽然简单，但滤波效果欠佳，大多数场合要求更好的滤波效果，常将二者结合来构成 LC 滤波电路，如图 5.19(b) 所示。

电感器 $L$ 对交流成分有很大的阻碍作用，将整流后的直流成分送给负载 $R_L$；电容 $C$ 进一步将通过电感的交流成分滤除，使负载两端基本上保留了直流电压。另外，电感滤波适用于大电流输出，而电容滤波适用于小电流输出，两者的组合在输出电流较大的变化范围内，都有很好的滤波效果，因而对负载的适应性较强。

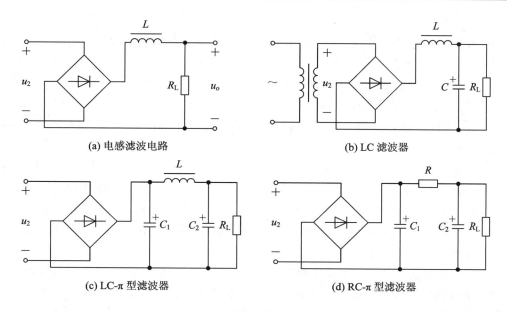

(a) 电感滤波电路　　　　　　　　　　　(b) LC 滤波器

(c) LC-π 型滤波器　　　　　　　　　　(d) RC-π 型滤波器

图 5.19　其他滤波电路

#### 4. π 型滤波器

为进一步减少输出脉动成分，提高滤波效果，可在 LC 滤波电路的输入端再加一个滤波电容，就组成了 LC-π 型滤波电路，见图 5.19(c)。这种电路实际上先由电容 $C_1$ 对整流后的输出进行电容滤波，再经 $LC_2$ 电路重复滤波，使输出电压的脉动系数大幅度下降，波形更为平滑。

如果负载电阻 $R_L$ 值较大，负载电流较小时，可用电阻代替电感，组成 RC-π 型滤波电路，如图 5.19(d) 所示。这种电路体积小、重量轻、结构紧凑，在小功率电子设备中被广泛采用。

### （三）稳压电路

经整流滤波后的电压往往会随交流电压的波动和负载的变化而变化，电压的不稳定有时会产生测量和计算的误差，引起控制装置的工作不稳定，甚至根本无法正常工作，特别是精密电子测量仪器，自动控制及晶闸管的触发电路等都要求有很稳定的直流电源供电。

#### 1. 硅稳压管稳压电路

无论是半波整流还是桥式整流，其输出都是直流脉动电压，经过滤波以后的直流电压虽然已经比较平滑，脉动较小，但它的幅值仍不稳定，外界因素对输出电压值也有影响。如负载电阻发生变化或电网电压波动等都会直接影响输出电压的数值。为了使电源的输出电压保持稳定，需要采取稳压措施。

利用硅稳压管可以组成简单的稳压电路，如图 5.20 所示，由硅稳压管 $VD_Z$ 和限流电阻 $R$ 组成，$R_L$ 是电路的负载电阻，$U_o$ 是经过整流滤波稳压后的直流电压。由于 $VD_Z$ 和 $R_L$ 并联，所以也称并联型稳压电路。

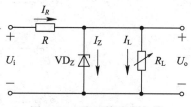

图 5.20　稳压管稳压电路

通常引起电压不稳定的原因是交流电源电压的波动和负载电流的变化，而稳压管具有很强的电流控制能力，具体如下：

（1）如果输入电压 $U_i$ 不变，而负载电阻 $R_L$ 减小，这时负载上电流 $I_L$ 要增加，电阻 $R$ 上的电流 $I_R = I_L + I_Z$ 也有增大的趋势，则 $U_R = I_R R$ 也趋于增大，这将引起输出电压 $U_o = U_Z$ 的下降。稳压管的反向伏安特性已经表明，如果 $U_Z$ 略有减小，稳压管电流 $I_Z$ 将显著减小。$I_Z$ 的减少量将补偿 $I_L$ 所需要的增加量，使得 $I_R$ 基本不变，这样输出电压 $U_o = U_i - I_R R$ 就基本稳定下来。当然，负载电阻 $R_L$ 增大时，$I_L$ 减小，$I_Z$ 增加，保证了 $I_R$ 基本不变，同样稳定了输出电压 $U_o$。

（2）如果负载电阻 $R_L$ 保持不变，而电网电压的波动引起输入电压 $U_i$ 升高时，电路的传输作用使输出电压（即稳压管两端电压）也趋于上升。由稳压管反向特性知，$I_Z$ 将显著增加，于是电流 $I_R = I_L + I_Z$ 加大，所以电压 $U_R$ 升高，即输入电压的增加量基本降落在电阻 $R$ 上，从而使输出电压 $U_o$ 基本上没有变化，达到了稳定输出电压的目的。同理，电压 $U_i$ 降低时，也可通过类似过程来稳定 $U_o$。

由此可见，稳压管稳压电路是依靠稳压管的反向特性，即反向击穿时端电压的微小变化引起管子电流较大幅度的变化，并通过限流电阻的电压调整作用实现稳压的目的的。

并联型稳压电路结构简单，但受稳压管最大电流限制，又不能任意调节输出电压，所以只适用于输出电压不需调节、负载电流小这种要求不高的场合。

**2. 三端固定式集成稳压器**

三端固定集成稳压器有三个端子：输入端 $U_i$、输出端 $U_o$ 和公共端 COM，输入端接整流滤波电路，输出端接负载，公共端接输入、输出的公共连接点。其内部由采样、基准、放大、调整和保护等电路组成。保护电路具有过流、过热及短路保护功能。

三端固定集成稳压器有许多品种。常用的是 7800/7900 系列。7800 系列输出正电压，其输出电压有 5 V、6 V、8 V、10 V、12 V、15 V、18 V、20 V、24 V 等品种。7900 系列与 7800 系列所不同的是输出电压为负值。

图 5.21 为三端集成稳压器 LM7805 和 LM7905 作为固定输出电压的典型应用。正常工作时，输入、输出电压差 2～3 V。输入电容的作用是减小纹波、消振、抑制高频和脉冲干扰，输出电容的作用是改善负载的瞬态响应，一般为 1 $\mu$F。使用三端稳压器时注意一定要加散热器，否则无法在额定电流下工作。

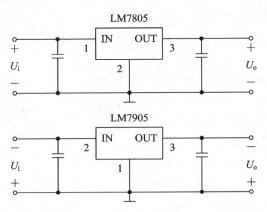

图 5.21　三端稳压电路的典型应用

　　三端可调式集成稳压器是在固定式集成稳压器的基础上发展起来的。它的三个端子为输入端 $U_i$、输出端 $U_o$、可调端 ADJ。其特点是可调端 ADJ 的电流非常小，能方便地组成精密可调的稳压电路和恒流源电路。

　　LM317 是三端可调稳压器的一种，它具有输出 1.5 A 电流的能力，其典型的应用电路如图 5.22 所示，图中 $R_1$、$R_2$ 组成可调输出电压网络，输出电压经过 $R_1$、$R_2$ 分压加到 ADJ 端。其输出电压为

$$U_o = U_{REF}\left(1 + \frac{R_2}{R_1}\right)$$

式中：$U_{REF} = 1.25$ V；$R_2$ 为可变电位器。当 $R_2$ 变化时，$U_o$ 在 1.25～37 V 之间连续可调。

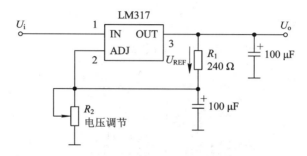

图 5.22　三端可调稳压器的典型电路

## 一、二极管的检测

### 1. 用指针式万用表检测

　　二极管有两个电极，且正向电阻小，反向电阻大。利用指针式万用表的电阻挡可大致测量出二极管的好坏和极性。将指针式万用表红表笔插入万用表的带"＋"号的插孔中，黑表笔插入万用表的带"－"号的插孔中，并将万用表转换开关拨到欧姆挡的"$R \times 100$"或"$R \times 1k$"挡，并调零；测量二极管电阻，并将测量到的数据填入表 5.2 中；判别二极管的好坏和极性，并将结论记下。

表 5.2　二极管测量数据记录分析表

| 二极管型号 | $R \times 100$ | | $R \times 1k$ | | 材　料 | | 质　量 | |
|---|---|---|---|---|---|---|---|---|
| | 正向 | 反向 | 正向 | 反向 | 硅 | 锗 | 好 | 坏 |
| | | | | | | | | |
| | | | | | | | | |
| | | | | | | | | |

### 2. 用数字式万用表检测

把数字式万用表拨到二极管挡，然后将万用表的红表笔接二极管的一极，黑表笔接另

一极。在测得正向压降值小的情况下,红表笔(表内电池的正极)所接的是二极管的正极,黑表笔所接的是二极管的负极。

### 3. 分析讨论

(1) 如何用万用表判别二极管的好坏?

(2) 选用二极管时主要考虑哪些参数?

## 二、直流稳压电源测试

直流稳压电源是电子设备中最基本、最常用的仪器之一。下面分别观察并测试整流、滤波和稳压电路的波形及其数值。

### 1. 观测半波整流电路

(1) 按图 5.23 所示的单相半波整流电路接线。

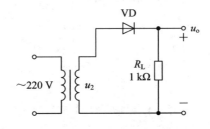

图 5.23　单相半波整流电路

(2) 从设备上找到交流 12 V,将其接入电路 $u_2$,用直流挡测量输出电压 $u_o$,将结果记入表 5.3 中。用示波器的单踪方式分别观察 $u_2$ 及 $u_o$ 的波形,并描绘下来,完成后关闭电源。

**表 5.3　整流、滤波及稳压管稳压电路的测量**

| 测 量 项 目 | 测 量 结 果 | |
|---|---|---|
| | 电压值/V | 波形 |
| 输入电压 $u_2$ | | |
| 单相半波整流输出电压 $u_o$ | | |
| 单相桥式整流输出电压 $u_o$ | | |
| 单相桥式整流、电容滤波输出电压 $u_o$ | | |
| 稳压管稳压输出电压 $U_o$($R_L = \infty$) | | |

### 2. 单相桥式整流、滤波和稳压电路

按图 5.24 所示连接单相桥式整流电路,从设备上找到交流 12 V,将其接入电路 $u_2$,用直流挡测量输出电压 $u_o$,用示波器观看 $u_o$ 的波形,并记录下来,将结果记入表 5.3 中。

在单相桥式整流电路的基础上,接入滤波电容 $C = 47\ \mu F$。接入电解电容时,一定要注意电容的极性,切勿接反。注意检查电路,保证接线正确再打开电源,测量并观察 $u_o$ 的波形。

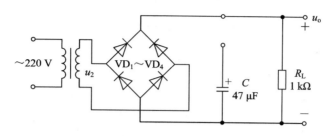

图 5.24　单相桥式整流与电容滤波电路

在图 5.24 的基础上，接入 680 Ω 限流电阻，接入稳压管稳压电路，如图 5.25 所示。注意检查电路，保证接线正确再打开电源。

保持 $u_2$ 不变，测量负载电阻 $R_L = \infty$ 时 $U_o$ 的值，并观察 $U_o$ 的波形，将测量结果记入表 5.3 中，完成后关闭电源。

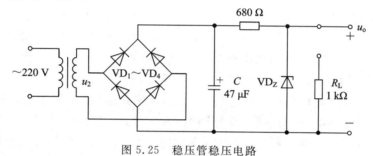

图 5.25　稳压管稳压电路

**3. 分析讨论**

(1) 在单相桥式整流电路的基础上接入滤波电容后，为什么输出直流电压平均值会提高？

(2) 在单相桥式整流电路中，如果有一个二极管短路，则电路会出现什么现象？

## 汽车晶体管式电压调节器

晶体管式电压调节器利用晶体三极管的开关作用，控制发电机励磁电路的通断，在发电机转速发生变化时，调节励磁电路的电流，使发电机电压保持稳定。

晶体管调节器一般外部有三个接线柱，分别为"＋"(或"火线""B")接线柱、"－"(或"搭铁""E")接线柱、"F"(或"磁场")接线柱，分别与发电机的三个接线柱对应连接。

内搭铁式晶体管调节器的基本电路如图 5.26 所示。发电机电压通过 $R_1$、$R_2$ 组成的分压器，将一定比例的电压加于稳压管 VS；稳压管 VS 根据发电机电压的变化而导通或截止；$VT_1$ 为小功率三极管，起放大作用，$VT_1$ 的导通或截止由稳压管 VS 控制；$VT_2$ 为大功率三极管，和发电机的励磁绕组串联，用于接通与切断发电机的励磁电路；VD 是续流二极管，励磁电路由导通变为断开状态时，励磁绕组产生的自感电动势经二极管 VD 构成放电回路，防止三极管 $VT_2$ 被击穿损坏。电路参数的设置使 $VT_1$、$VT_2$ 均工作在开关状态。

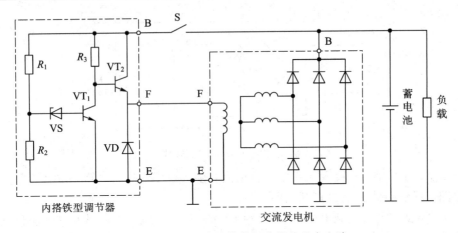

图 5.26　内搭铁式晶体管调节器的基本电路

工作时，在发电机电压达到调节电压以前，$R_2$ 上的分压低于稳压管 VS 的反向击穿电压，VS 不导通，使 $VT_1$ 也不导通；$VT_1$ 截止时 $VT_2$ 的基极电位很高，使 $VT_2$ 有足够高的正向偏压而饱和导通，发电机励磁电路接通。当发电机的电压上升至设定的调节电压时，$R_2$ 上的分压达到了稳压管 VS 的导通电压，VS 导通，$VT_1$ 也导通；$VT_1$ 饱和导通后，$VT_2$ 无正向偏压而截止，发电机励磁电路切断。发电机无励磁电流时，其端电压迅速下降，当降到 $R_2$ 上的分压不足以维持稳压管 VS 导通时，VS 截止，$VT_1$ 也截止，$VT_1$ 截止后又使 $VT_2$ 导通，发电机励磁电路又接通。如此反复，使发电机的电压维持在设定的调节电压值。实际上，$VT_2$ 开关频率很高，发电机输出电压很稳定。

图 5.27 所示是适用于外搭铁式发电机的电压调节器的基本电路。该电路是通过大功率三极管 $VT_2$ 控制"F"与"E"的通与断，而内搭铁式晶体管调节器是通过大功率三极管 $VT_2$ 控制"B"与"F"的通与断，其基本工作原理与内搭铁式发电机调节器类似。

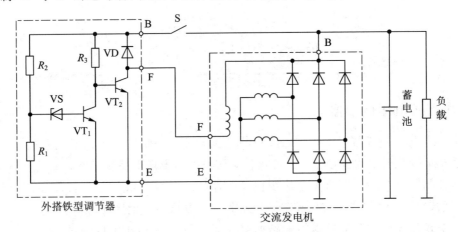

图 5.27　外搭铁式晶体管调节器的基本电路

（1）半导体的导电特性：半导体的导电能力对环境的变化很敏感，特别是对温度和光

照的变化最敏感；半导体的电流是电子电流和空穴电流之和。

（2）杂质半导体分两类：N 型半导体和 P 型半导体。在 N 型半导体中，自由电子是多子，而空穴是少子；在 P 型半导体中，空穴是多子，而自由电子是少子。

（3）PN 结是在 P 型半导体和 N 型半导体交界面形成的一个空间电荷区，PN 结具有单向导电性。

（4）晶体二极管是由 PN 结加两个引出电极和管壳组成的。晶体二极管的主要特点是其具有单向导电性。

（5）单相半波整流电路在纯电阻负载下，输出电压的平均值 $U_\circ = 0.45U_2$；单相桥式整流电路在纯电阻负载下，输出电压的平均值 $U_\circ = 0.9U_2$。

（6）半导体发光二极管是一种将电能直接转换成光能的固体器件，简称 LED。

**一、填空题**

1. 半导体是指其导电能力介于_____和_____之间的一种特殊材料。我们常用的两种半导体材料是_____和_____，它们都是_____价元素。

2. 掺杂半导体中的杂质通常指_____价的_____元素和_____价的_____元素。

3. PN 结具有_____导电性，即加正向电压，PN 结_____，加反向电压时 PN 结_____。

4. 用万用表测二极管，如果测出其正反向电阻均接近于零，表明该二极管_____，如果测出其正反向电阻很大，甚至为无穷大，表明该二极管_____。

5. 利用二极管的_____可以组成变交流为直流电的整流电路。

6. 硅二极管导通时，其正向管压降为_____V；锗二极管导通时，其正向管压降为_____V。

**二、判断题**

1. 在 P 型半导体中，空穴是多数载流子，电子是少数载流子。          （  ）

2. 当二极管两端承受正向电压就一定会导通。                    （  ）

3. 二极管的最高反向工作电压等于二极管的反向击穿电压。          （  ）

4. 整流电路能把交流电变成稳定的直流电。                      （  ）

5. 单相桥式整流电路负载电压 $U_L = 0.45U_2$。                （  ）

6. 稳压电路中稳压管工作在反向击穿状态。                      （  ）

**三、选择题**

1. PN 结加正向电压时，其正向电流是（    ）。

A. 多子扩散而成                    B. 少子扩散而成

C. 少子漂移而成                    D. 多子漂移而成

2. 用万用表 $R \times 1k$ 的电阻挡检测某一个二极管时，发现其正、反电阻均约等于20 kΩ，这说明该二极管是属于（    ）。

A. 短路状态　　　　B. 完好状态　　　　C. 极性搞错　　　　D. 断路状态

3. 一个单相半波整流电路的变压器副边电压为 10 V，负载电阻为 100 Ω，则流过二极管的平均电流为（　　）。

A. 100 mA　　　　B. 50 mA　　　　C. 45 mA　　　　D. 90 mA

4. 在单相桥式整流电路中，如果一只整流二极管接反，则（　　）。

A. 引起电源短路　　B. 成为半波整流　　C. 仍为桥式整流　　D. 引起断路

5. 在单相桥式整流电路中，如果一只整流二极管击穿，则（　　）。

A. 引起电源短路　　B. 成为半波整流　　C. 仍为桥式整流　　D. 引起断路

6. LED 具有（　　）的特性。

A. 正向导通　　　　B. 反向导通　　　　C. 双向导通　　　　D. 不导通

7. 在单相桥式整流电路中，如果一只整流二极管断路，则（　　）。

A. 输出结果没影响　　　　　　　　　B. 成为半波整流

C. 输出直流电压平均值为 0　　　　　D. 引起电源短路

8. 稳压管的正常工作状态是（　　）。

A. 导通状态　　　　B. 截止状态　　　　C. 反向击穿状态　　D. 任意状态

9. 以下二极管哪个能将光信号转化为电信号？（　　）

A. 稳压二极管　　　B. 发光二极管　　　C. 光电二极管　　　D. 普通二极管

10. 单相桥式整流电路中，若所有二极管均反接，则输出电压（　　）。

A. 为零　　　　　　　　　　　　　　B. 大小不变极性改变

C. 增大　　　　　　　　　　　　　　D. 不确定

11. 光电二极管随（　　）增强而反向电流增大。

A. 正向电压　　　　B. 光线亮度　　　　C. 环境温度　　　　D. 以上都不正确

12. 如果晶体二极管的正、反向电阻都很大，则该二极管（　　）。

A. 正常　　　　　　B. 被击穿　　　　　C. 内部断路　　　　D. 无法判断

**四、计算题**

1. 在图 5.28 中，试求下列几种情况下输出端 Y 的电位 $V_Y$ 及各元器件（$R$，$VD_A$，$VD_B$）中通过的电流（二极管的正向压降可忽略不计）：

(1) $V_A = V_B = 0$ V；

(2) $V_A = +3$ V，$V_B = 0$ V；

(3) $V_A = V_B = +3$ V。

2. 单相桥式整流电路的变压器次级电压为 18 V，负载电阻为 20 Ω。试求：

(1) 整流输出电压；

(2) 通过整流二极管的电流和整流二极管承受的最高反向电压。

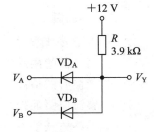

图 5.28

# 项目 6　放 大 电 路

(1) 掌握晶体三极管的结构、工作原理。

(2) 了解晶体管的伏安特性。

(3) 会用万用表对三极管进行简易测试。

(4) 会分析基本电压放大电路的工作状况。

(5) 能正确描述晶体管的基本放大电路的组成、工作原理和性能指标的意义。

(6) 掌握晶体管组成的开关电路的工作原理。

(7) 熟悉晶体管在汽车中的应用。

(8) 了解集成运算放大器的基本概念。

(9) 能正确描述集成运算放大器的线性和非线性电路。

(10) 熟悉集成运算放大器在汽车中的应用。

(11) 养成善于观察、独立思考的学习习惯,提高正确读图和分析电路工作原理的能力。

(12) 培养团队意识和相互协作精神。

　　放大电路是电子设备中应用最普遍的基本单元电路,其作用是将微弱的电信号变换成较强的电信号,以控制较大功率的负载。在汽车上利用各种传感器检测不同信号,通过放大电路将从传感器输出的微弱信号进行放大,然后传输到汽车电控单元 ECU。随着集成电路的发展,集成放大电路体积小、重量轻、可靠性高,在放大电路的应用中已占主导地位,熟悉集成运算放大器在汽车中的应用是非常必要的。

　　本项目介绍和分析晶体管组成的基本电路、工作原理以及它们在汽车电路中的一些应用,目的是使读者学会测试三极管及其放大电路。

## 相 关 知 识

## 一、晶体三极管

　　晶体三极管,简称晶体管或三极管,是最重要的一种半导体器件,它的放大作用和开关作用促使电子技术飞跃发展。晶体三极管由两个 PN 结构成,晶体管表现出单个 PN 结不具备的功能——电流放大作用,使 PN 结的应用发生质的飞跃。

### (一)晶体管的结构

半导体晶体管由两个靠得很近的 PN 结构成,两个 PN 结将整个半导体基片分成三个区域:发射区、基区和集电区,如图 6.1 所示,其中基区相对较薄。由这三个区各引出一个电极,分别称为发射极 e、基极 b 和集电极 c(或分别用字母 E、B、C 表示)。通常将发射区与基区之间的 PN 结称为发射结;集电区与基区之间的 PN 结称为集电结。

根据结构的不同,晶体管可分为 PNP 型和 NPN 型两大类。图 6.1(a)为 NPN 型晶体管结构及符号;图 6.1(b)为 PNP 型晶体管结构及符号。两种符号的区别在于发射极的箭头方向不同。图形中发射极的箭头方向表示发射结处于正向偏置时电流的实际方向。

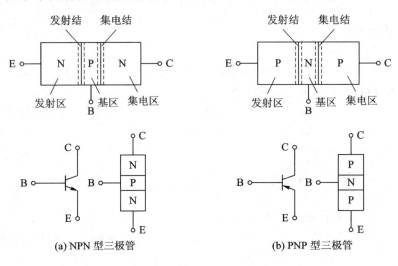

(a) NPN 型三极管　　　　　　　(b) PNP 型三极管

图 6.1　三极管的结构示意图和表示符号

不论是 NPN 管还是 PNP 管,它们在结构上有一个共同的特点:发射区的杂质浓度高,基区很薄且杂质浓度很低,集电区面积较大,且集电结的面积比发射结的面积大。

由于晶体管的功率大小不同,它们的体积和封装形式也不一样。晶体管常采用金属、玻璃或塑料封装。常用晶体管的外形及封装形式如图 6.2 所示。

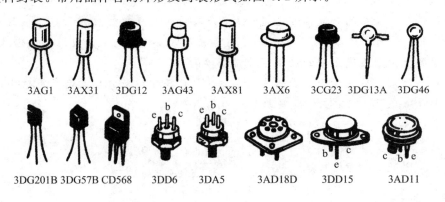

3AG1　3AX31　3DG12　3AG43　3AX81　3AX6　3CG23　3DG13A　3DG46

3DG201B 3DG57B CD568　　3DD6　　3DA5　　3AD18D　　3DD15　　3AD11

图 6.2　晶体管的外形及管脚排列

### (二)电流分配与放大原理

晶体管的一个重要作用是放大电信号,为了了解晶体管的电流分配和电流放大作用,下面以 NPN 型晶体管为例,按图 6.3 所示电路做一个实验。

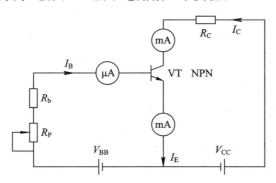

图 6.3　电流放大测试电路

要使晶体管正常工作,必须外加大小和极性适当的电压。

外加电源与晶体管的连接方式如图 6.3 所示,在图中 $V_{CC} > V_{BB}$。电路接通后,在电路中就有三支电流通过晶体管,即基极电流 $I_B$、集电极电流 $I_C$、发射极电流 $I_E$,这三路电流方向如图中箭头所示。

调节电位器 $R_P$,使基极电流 $I_B$ 为不同的数值,测出相应的集电极电流 $I_C$ 和发射极电流 $I_E$,测量结果见表 6.1。

**表 6.1　测 试 数 据**

| 电　流 | 次　　　数 | | | |
|---|---|---|---|---|
| | 1 | 2 | 3 | 4 |
| $I_B/\mu A$ | 10 | 30 | 40 | 60 |
| $I_C/mA$ | 0.99 | 2.16 | 2.96 | 4.56 |
| $I_E/mA$ | 1 | 2.19 | 3 | 4.62 |

由实验数据可得出如下结论:

(1) 发射极电流等于基极电流与集电极电流之和,即

$$I_E = I_B + I_C \qquad\qquad (6-1)$$

此结果符合基尔霍夫电流定律。

(2) $I_C$ 要比 $I_B$ 大得多。从第 3 次、第 4 次的测试数据可知,$I_C$ 与 $I_B$ 的比值分别为

$$\frac{I_C}{I_B} = \frac{2.96}{0.04} = 74; \qquad \frac{I_C}{I_B} = \frac{4.56}{0.06} = 76$$

即 $I_C$ 要比 $I_B$ 大数十倍。

(3) $I_B$ 的小变化引起 $I_C$ 的大变化。比较第 3、4 次所测数据,基极电流和集电极电流的相对变化为

$$\frac{\Delta I_C}{\Delta I_B} = \frac{4.56 - 2.96}{0.06 - 0.04} = 80$$

由此得出一个极为重要的结论,即基极电流 $I_B$ 对集电极电流 $I_C$ 的控制作用,较小的 $I_B$ 变化能引起较大的 $I_C$ 变化。这种利用基极电流 $I_B$ 的微小变化使集电极电流 $I_C$ 产生较大变化的控制作用,就是晶体管“以小控大,以弱控强”的电流放大原理。

　　晶体管的电流放大作用，实质上是用较小的基极电流信号去控制集电极的大电流信号，是"以小控大"的作用，而不是能量的放大。晶体管的放大作用，需要一定的外部条件。对于 NPN 型管，三个电极上的电位分布必须满足 $V_C > V_B > V_E$（如果用 PNP 型管，则必须满足 $V_E > V_B > V_C$），即发射结正向偏置、集电结反向偏置。

### （三）晶体管的特性曲线

　　晶体管各极电流和电压的关系曲线称为晶体管的特性曲线，特性曲线全面地反映了各极电流与电压之间的关系，它反映出晶体管的性能，是分析和计算晶体管电路的依据之一。

　　晶体管的伏安特性曲线有两种，即输入特性曲线与输出特性曲线。下面以晶体管发射极作公共端的电路（共发射极电路）为例，讨论 NPN 管的特性曲线，其测试电路如图 6.4 所示。

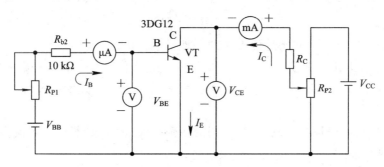

图 6.4　NPN 晶体管共发射极电路特性曲线测试电路

#### 1. 输入特性曲线

　　当集电极与发射极之间的电压 $U_{CE}$ 为某一恒定值时，输入回路中基极与发射极间的电压 $U_{BE}$ 与其产生的基极电流 $I_B$ 的关系曲线，称为输入特性曲线，即

$$I_B = f(U_{BE})\big|_{U_{CE}} = C$$

　　**注**：$C$ 表示某一恒定值（常数）。

　　图 6.5(a)是硅 NPN 型晶体管的输入特性曲线。

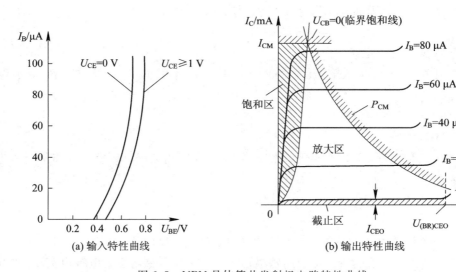

(a) 输入特性曲线　　(b) 输出特性曲线

图 6.5　NPN 晶体管共发射极电路特性曲线

由图 6.5(a)可知，晶体管的输入特性曲线是非线性的，与二极管正向特性相似，也有一段死区电压(硅管约 0.5 V，锗管约 0.1 V)。当晶体管正常工作时，发射结压降变化不大，该压降称为导通电压(硅管约 0.6～0.8 V，锗管约 0.2～0.3 V)。特别应该指出，当 $U_{CE}$ 增大时，输入特性曲线会略向右平移，但 $U_{CE}$ 大于 1 V 以后，输入特性曲线基本不再向右平移而趋于重合。

**2. 输出特性曲线**

当 $I_B$ 一定时，输出电流 $I_C$ 和输出电压 $U_{CE}$ 的关系曲线称为晶体管的输出特性曲线，即

$$I_C = f(U_{CE}) \Big|_{I_B} = C$$

图 6.5(b)是硅 NPN 型晶体管的输出特性曲线，在不同的 $I_B$ 下，可得出不同的曲线，所以晶体管的输出曲线是一组曲线。

通常把晶体管的输出特性曲线分为三个工作区，这三个区域对应了晶体管的三种工作状态。

1) 放大区

输出特性曲线近似水平部分是放大区。在放大区，$I_C = \beta I_B$($\beta$ 为电流放大系数)。放大区也称为线性区，因为 $I_C$ 和 $I_B$ 成正比的关系。在此区域内，$I_C$ 的变化基本上与 $U_{CE}$ 无关，$I_C$ 只受 $I_B$ 控制，反映了晶体管的电流放大特性。晶体管工作在放大状态时，发射结处于正向偏置，集电结处于反向偏置。

2) 截止区

$I_B = 0$ 的曲线以下区域称为截止区。$I_B = 0$ 时，$I_C = I_{CEO}$(穿透电流)$\approx 0$。对 NPN 型硅管而言，当 $U_{BE} < 0.5$ V 时即开始截止，但为了可靠截止，常在发射结上加反向电压。因此，截止的外部条件是发射结和集电结均反向偏置。集电极 C 与发射极 E 之间如同开路，即相当于开关的断开。

3) 饱和区

曲线靠近纵轴的区域是饱和区。此时发射结与集电结均处于正向偏置，这时的 $I_C$ 已达到饱和程度，不受 $I_B$ 的控制，晶体管失去了电流放大作用。饱和时集电极与发射极之间的压降称为饱和压降 $U_{CES}$，其值很小(硅管约为 0.3 V，锗管约为 0.1 V)。晶体管饱和后，再增大 $I_B$，集电极电流 $I_C$ 不再增大。处于饱和状态的 C、E 极间相当于开关闭合。在饱和区，$I_B$ 的变化对 $I_C$ 的影响较小，两者不成正比。

**【例 6.1】** 试根据图 6.6 所示管子的对地电位，判断管子是硅管还是锗管，以及处于何种工作状态。

**解** 管子的类型根据电压 $U_{BE}$ 的值确定，硅管 $|U_{BE}| = 0.6～0.8$ V，锗管 $|U_{BE}| = 0.2～0.3$ V。管子的工作状态根据三个区的特点判定。

在图(a)中，$|U_{BE}| = 0.7$ V，管子为硅管。$U_B > U_E$，发射结正偏；$U_B < U_C$，集电结反偏，故管子处于放大状态。

在图(b)中，$|U_{BE}| = 0.7$ V，管子为硅管。$U_B > U_E$，发射结正偏；$U_B > U_C$，集电结正偏，故管子处于饱和状态。

在图(c)中，$|U_{BE}| = 0.3$ V，管子为锗管。$U_B > U_E$，发射结反偏；$U_B > U_C$，集电结反偏，故管子处于截止状态。

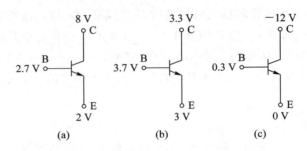

图 6.6　例 6.1 图

### (四) 晶体管的主要参数

晶体管的特性除可用特性曲线表示外，还可用一些数据来说明，这些数据就是晶体管的参数。晶体管的参数是用来表征其性能和适用范围的数据，是选择和使用晶体管的依据。晶体管的参数很多，下面介绍一些主要参数。

**1. 电流放大系数**

直流电流放大系数 $\bar{\beta}$（或 $h_{FE}$）：静态时，$I_C$ 与 $I_B$ 的比值，即 $\bar{\beta}=I_C/I_B$。

交流电流放大系数 $\beta$（或 $h_{fe}$）：动态时，集电极电流的变化量与基极电流变化量的比值，即 $\beta=\Delta I_C/\Delta I_B$。

$\bar{\beta}$ 和 $\beta$ 虽然定义不同，但两者数值较为接近。一般在工作电流不十分大的情况下，可以近似认为 $\bar{\beta}=\beta$，故常混用。通常中小功率晶体管的 $\beta$ 在 20～200 之间，大功率晶体管的 $\beta$ 在 10～50 之间。

**2. 极间反向电流**

集电结反向饱和电流 $I_{CBO}$：指发射极开路，集电结反偏时流过集电结的反向饱和电流。小功率硅管一般在 $0.1\ \mu A$ 以下；锗管为几微安至十几微安。

集电极-发射极反向电流 $I_{CEO}$：指基极开路，集电结反偏和发射结正偏时的集电极电流，习惯称穿透电流，且

$$I_{CEO}=(1+\beta)I_{CBO}$$

**3. 极限参数**

晶体管的极限参数是晶体管正常工作时，电流、电压、功率等的极限值，是晶体管安全工作的主要依据。

集电极最大允许电流 $I_{CM}$：当 $I_C$ 过大时，电流放大系数 $\beta$ 值将下降，使 $\beta$ 值下降至正常值的 2/3 时的 $I_C$ 值，定义为集电极最大允许电流 $I_{CM}$。如果集电极电流超过 $I_{CM}$，管子的性能将明显下降，甚至会烧毁。

集电结最大允许功率损耗 $P_{CM}$：与晶体管的工作温度和散热条件有关，晶体管不能超温使用。使用时，应当保证 $P_C<P_{CM}$，否则将导致热损坏。集电结最大允许功率损耗 $P_{CM}$ 的大小与环境温度有密切关系。温度越高，则 $P_{CM}$ 值越小。对于大功率管，为提高 $P_{CM}$ 值，常在管子上加散热器或散热片。

集-射极反向击穿电压 $U_{(BR)CEO}$：基极开路时，加在集电极与发射极之间的最大允许电压，称为集-射极反向击穿电压。当电压 $U_{CE}$ 大于 $U_{(BR)CEO}$ 时，$I_{CEO}$ 突然大幅度上升，说明

晶体管已被击穿。$U_{(BR)CEO}$ 是极限参数，用来说明晶体管的使用限制。为可靠工作，使用时 $V_{CC}$ 可取 $U_{(BR)CEO}$ 的 1/2 或 1/3。

除了上述主要参数以外，还有其他参数，需要时可查阅有关手册。

### （五）复合管

复合管（又称达林顿管）就是把两个或两个以上的晶体管组合成一个等效的晶体管。通常复合管的连接方式有同型管组成的 NPN 和 PNP 型、异型管组成的 NPN 和 PNP 型等四种复合管，如图 6.7 所示。

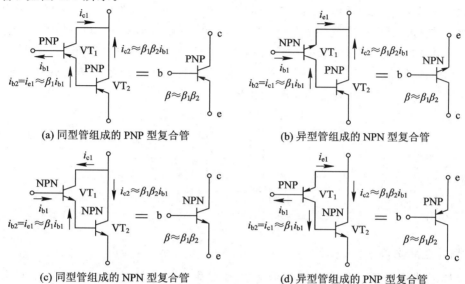

(a) 同型管组成的 PNP 型复合管     (b) 异型管组成的 NPN 型复合管

(c) 同型管组成的 NPN 型复合管     (d) 异型管组成的 PNP 型复合管

图 6.7 四种典型的复合管

如图 6.7 所示，复合管前面的 $VT_1$ 为小功率管，称为推动管。后面的 $VT_2$ 管为大功率管，称为输出管。复合管的导电类型由前面的推动管 $VT_1$ 决定，而输出功率取决于后面的输出管 $VT_2$。电流放大系数则为两管的乘积，即

$$\beta = \frac{I_{C2}}{I_{B1}} \approx \beta_1 \beta_2 \qquad (6-2)$$

### （六）特殊晶体管

#### 1. 光敏晶体管

光敏晶体管在原理上类似于晶体管，它的等效电路和图形符号如图 6.8 所示。

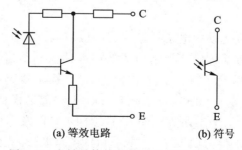

(a) 等效电路     (b) 符号

图 6.8 光敏晶体管的等效电路和图形符号

光敏晶体管的基极电流由光敏二极管提供。如果在光敏晶体管的集电极和发射极加上正向电压，则在没有光照时，C、E间几乎没有电流。有光照射时，基极产生光电流，C、E间导通，集电极有电流流过，大小在几毫安至几百毫安之间。光敏晶体管的输出特性与晶体管基本类似，只是用入射光的照度代替基极电流。光敏晶体管制成达林顿管形式时，可以获得较大的输出电流而能直接驱动某些继电器。光敏晶体管的响应速度比光敏二极管慢，灵敏度比较高。在要求响应快，对温度敏感小的场合选用光敏二极管而不用光敏晶体管。

把发光二极管和光敏晶体管组合在一起，可实现以光信号为媒介的电信号的转换，采用这种组合方式的器件称为光电耦合器，如图 6.9 所示。光电耦合器一般作为光接收器，内部的结构主要由一只发光二极管（光源）和一只光敏器件（光接收机）组成。在输入端上加上电压时，电流 $I_1$ 流过发光二极管，发光二极管发光，然后光电晶体管在接收到光后饱和，产生光电流 $I_2$，从而实现了电信号的传输。

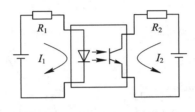

图 6.9　光电耦合器

**2. 场效应晶体管**

半导体晶体管是通过改变基极电流来实现对集电极电流的控制，是一种电流控制器件。场效应晶体管是通过改变输入电压的大小来实现对输出电流的控制，是一种电压控制器件。场效应管具有很高的输入阻抗，常用于多级放大器的输入级用于阻抗变换。场效应管可应用于放大电路，是作为输入级放大的理想器件，常用于音频放大电路的前置放大器。另外，场效应管可以方便地用作电子开关。

与晶体三极管相比，场效应管具有如下特点：

（1）通过栅源电压来控制漏极电流。

（2）控制输入端电流极小，因此输入电阻很大。

（3）利用多数载流子导电，因此温度稳定性较好。

（4）由场效应管组成的放大电路的电压放大系数要小于由三极管组成的放大电路的电压放大系数。

（5）抗辐射能力强。

（6）由于不存在因杂乱运动的电子扩散引起的散粒噪声，所以噪声小。

按结构的不同，场效应晶体管分为结型场效应晶体管和绝缘栅场效应晶体管两类，制作大规模集成电路主要应用绝缘栅场效应晶体管。绝缘栅场效应晶体管是由金属-氧化物-半导体制成的，简称 MOS（Metal-Oxide-Semiconductor）管。根据所用基片（衬底）材料不同，MOS 管分为 N 沟道和 P 沟道两类。MOS 管结构示意图及图形符号如图 6.10 所示。场效应晶体管的三个电极分别称为栅极（G）、漏极（D）和源极（S）。当栅极与源极之间加上合适的栅源电压 $U_{GS}$，就可以控制漏极电流 $I_D$。

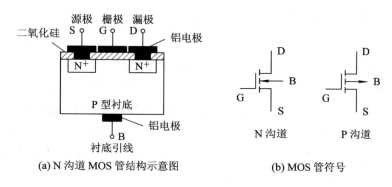

图 6.10　MOS 管结构示意图及符号

## 二、晶体管放大电路

### （一）放大器的概述

放大器的功能就是将微弱电信号放大到合适的程度，以驱动功率较大的负载工作。汽车传感器检测到的信号往往只有 mV 或 μV 数量级，放大器能够对传感器输出的微弱信号进行放大，然后传输到汽车电控单元 ECU。电子信号放大后，输出信号的功率大于输入信号的功率，输出信号的波形与输入信号的波形相同。

一个放大器，必须含有一个或多个有源器件，如晶体管、场效应管等，同时它还包含电阻、电容、电感等无源器件。

**1. 对放大器的要求**

（1）要有足够的放大倍数。放大倍数是衡量放大器放大能力的参数，有电压放大倍数、电流放大倍数和功率放大倍数。

（2）要具有一定宽度的通频带。放大器放大的信号往往不是单一频率的，而是在一定的频率范围内变化的，所以要求放大器应具有一定宽度的通频带。

（3）非线性失真要小。放大器在放大信号的过程中，放大了的信号与原信号相比，波形若产生畸形，则这种现象称为非线性失真。设计放大电路时，应通过合理设计电路和选择元件，使非线性失真减至最小。

（4）工作要稳定。放大器的各参数要基本稳定，不随工作时间和环境条件（如温度）的变化而变化。

**2. 对输入信号的要求**

由于放大器有最大允许输入电流、输入电压和输入功率，因此由信号源供给放大器的电流、电压及功率都不允许超过放大器的最大允许值。输入信号过大，可能会使放大器损坏。输入信号超过一定限度，也容易使放大器进入饱和状态，造成输出信号失真。因此，输入信号的幅度要限制在一定范围内。此外，放大器对输入信号的内阻也有一定要求。

**3. 对输出信号的要求**

由于放大器具有最大允许输出电流、输出电压和输出功率，因此一个放大器输出给下一级的电流、电压和功率都不能超过这些数值。放大器允许输出的最大功率应小于由电源提供给放大器的功率。

### （二）晶体管基本放大电路组成

晶体管的主要用途之一是利用其放大作用组成放大电路。由晶体管组成的放大电路中，晶体管有共发射极（共射）、共集电极（共集）和共基极（共基）三种接法，即三种组态，如图 6.11 所示。共射组态中发射极是输入和输出信号的公共端（或输入和输出回路的公共端），共集组态中集电极是输入和输出信号的公共端（或输入和输出回路的公共端），共基组态中基极是输入和输出信号的公共端（或输入和输出回路的公共端）。与晶体管的接法相对应，放大电路也有共射、共集和共基三种电路结构，其中共射电路应用最多，因此下面以共射电路为例，介绍基本放大电路的组成和工作原理。

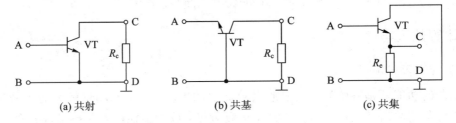

(a) 共射　　　　　　(b) 共基　　　　　　(c) 共集

图 6.11　晶体管在电路中的三种接法

图 6.12 是一个由 NPN 管组成的共射放大电路，该电路以晶体管 VT 为核心，由直流电源、晶体管、电阻、电容等元器件组成。$u_i$ 表示待放大的信号，$u_o$ 表示放大后的信号，等效电阻 $R_L$ 表示放大电路的负载。图中符号"⊥"表示接输入和输出信号的公共端，也称为"地端"，但并非真正接大地，而是表示接机壳或接底板。"⊥"表示电路中的参考零电位，电路其他各点电位都是相对"⊥"而言的。为了分析方便，通常规定，电压的正方向是以公共端为负端，其他各点为

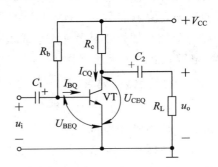

图 6.12　共射放大电路

正端。图中标出的"＋""－"分别表示各电压的参考极性，电流的参考方向如图中的箭头所示。

电路中各部分的作用分别如下：

晶体管 VT：晶体管 VT 是电路的放大元件，利用其电流放大作用，将基极电流的较小变化放大为集电极电流的较大变化。

直流电源 $V_{CC}$：为集电极直流电源，它有两个作用，其一是给晶体管提供偏置电压，以满足放大条件；其二是作为放大电路的能源。其值一般为几伏到几十伏。

集电极负载电阻 $R_c$：简称集电极电阻，它的作用是将集电极电流的变化转化为输出电压的变化，使放大电路实现电压放大。其阻值一般为几千欧到几十千欧。

基极偏置电阻 $R_b$：简称基极电阻，它和电源 $V_{CC}$ 一起为基极提供大小适当的基极电流 $I_B$，使放大电路能够不失真地放大。其阻值一般为几十千欧到几百千欧。

耦合电容 $C_1$ 和 $C_2$：它们一方面起隔直作用，$C_1$ 用来隔断放大电路与信号源之间的直流通路，而 $C_2$ 则用来隔断放大电路与负载之间的直流通路，使三者之间无直流联系，互不

影响；另一方面又起到交流耦合作用，保证输入、输出信号顺畅地传输。其容量较大，一般是几微法到几十微法的电解电容，连接时一定要注意其极性。

### （三）晶体管基本放大电路的分析

由于放大电路是交直流共存电路，因此对放大电路的分析要从两方面来进行，分析原则是把直流分量和交流分量分开，即静态分析和动态分析。静态分析讨论的对象是直流成分；动态分析讨论的对象是交流成分。由于放大电路存在电抗性，所以直流电流分量所流经的通路与交流电流分量所流经的通路是不一样的。因此，为了便于问题的研究，常将直流电源 $V_{CC}$ 对电路的作用和交流输入信号 $u_i$ 对电路的作用分开来考虑，分成直流通路和交流通路。

静态或直流工作状态时的路径称为直流通路。直流通路用于对静态工作点的研究。对于直流通路，可以视为没有交流输入信号，电路中只有直流电源 $V_{CC}$ 作用，晶体管各极电流和极间电压都是直流值，电容 $C_1$、$C_2$ 相当于开路，其等效电路如图 6.13(a) 所示。对于交流通路，可以视直流电源 $V_{CC}$ 不作用（直流电压源相当于短路），电路中只有交流输入信号 $u_i$ 作用，电容 $C_1$、$C_2$ 相当于短路，其等效电路如图 6.13(b) 所示。

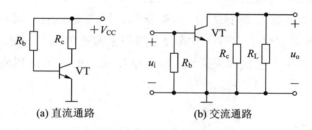

(a) 直流通路　　　　　　　(b) 交流通路

图 6.13　共射电路的分析电路

#### 1. 静态分析

对放大电路进行静态分析的目的是为了合理设置电路的静态工作点（用 $Q$ 表示），即确定静态时晶体管的基极电流 $I_{BQ}$、集电极电流 $I_{CQ}$ 和集-射间电压 $U_{CEQ}$ 的值是否工作在其伏安特性曲线的合适位置上，这是保证放大电路正常工作的前提条件，如图 6.14 所示。

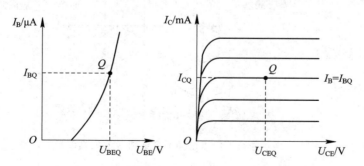

图 6.14　基本共射放大电路的静态工作点

用估算法确定静态值，根据图 6.13(a) 所示直流通路，放大电路的静态参数 $I_{BQ}$、$I_{CQ}$、$U_{CEQ}$ 可分别计算：

$$I_{BQ} = \frac{V_{CC} - U_{BEQ}}{R_b} \qquad (6-3)$$

晶体管工作于放大状态时，发射结正偏，这时 $U_{BEQ}$ 基本不变，对于硅管，$|U_{BEQ}|$ 约为 0.7 V，对于锗管，$|U_{BEQ}|$ 约为 0.3 V。由于 $U_{BEQ}$ 一般比 $V_{CC}$ 小得多，因此式(6-3)也可近似表示为

$$I_{BQ} \approx \frac{V_{CC}}{R_b} \qquad (6-4)$$

故

$$I_{CQ} = \beta I_{BQ} \qquad (6-5)$$

$$U_{CEQ} = V_{CC} - I_{CQ}R_c \qquad (6-6)$$

放大电路的任务就是不失真地将输入信号变得足够大，而波形失真是指输出信号的波形不像输入信号的波形。引起失真的最基本的一个原因是静态工作点不合适或者信号太大，使放大电路的工作范围超出了晶体管特性曲线上的线性范围，这种失真叫非线性失真。因此在交流放大电路中设置静态工作点的目的就是为了使被放大的信号不失真。

若放大器的静态工作点设置得不合适，就会引起波形非线性失真，如果静态工作点 $Q$ 偏低，则容易引起放大电路的截止失真，如果静态工作点 $Q$ 过高，则容易引起放大电路的饱和失真。对于 NPN 型晶体管来讲，当放大电路产生截止失真时，输出电压 $u_{CE}$ 的波形出现顶部失真；当放大电路产生饱和失真时，输出电压 $u_{CE}$ 的波形出现底部失真，如图 6.15 所示。

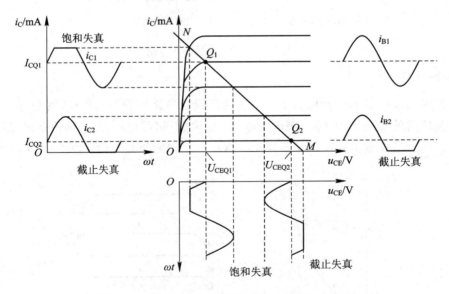

图 6.15　静态工作点选择不合适引起的失真波形

**2. 动态分析**

放大电路在有输入信号时($u_i \neq 0$)的工作状态称为动态。当有输入信号时，输入信号中除直流分量外，还有交流分量，因此晶体管不会工作在静态工作点一点上。动态分析是在静态值确定后分析信号的传输情况，考虑的只是电流和电压的交流分量。动态时，在直流

电压 $V_{CC}$ 和输入交流电压信号 $u_i$ 的共同作用下，电路中的电流和电压是由直流分量和交流分量叠加而成的脉动直流信号，其波形如图 6.16 所示。

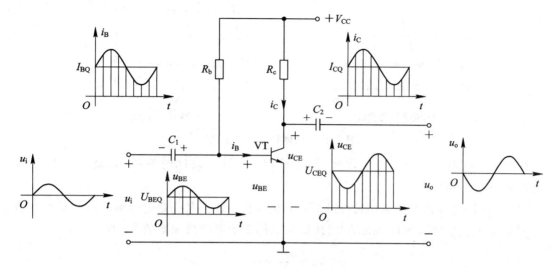

图 6.16 动态分析

放大电路中电流、电压的名称和符号如表 6.2 所示。

表 6.2 放大电路中电流和电压的名称和符号

| 名称 | 直流量<br>（静态值） | 交流量 | | 总电流 | 关系式 |
|------|-----------|------|------|--------|--------|
| | | 瞬时值 | 有效值 | | |
| 基极电流 | $I_{BQ}$ | $i_b$ | $I_b$ | $i_B$ | $i_B = I_{BQ} + i_b$ |
| 集电极电流 | $I_{CQ}$ | $i_c$ | $I_c$ | $i_C$ | $i_C = I_{CQ} + i_c$ |
| 基-射电压 | $U_{BEQ}$ | $u_{be}$ | $U_{be}$ | $u_{BE}$ | $u_{BE} = U_{BEQ} + u_{be}$ |
| 集-射电压 | $U_{CEQ}$ | $u_{ce}$ | $U_{ce}$ | $u_{CE}$ | $u_{CE} = U_{CEQ} + u_{ce}$ |

通常采用微变等效电路法进行动态分析。所谓放大电路的微变等效电路，就是把非线性元件晶体管的放大电路等效为一个线性电路，也就是把晶体管等效为一个线性元件。这样，就可以像处理线性电路那样来处理晶体管放大电路。当输入信号较小时，在静态工作点 $Q$ 附近的工作段可近似看作是线性的。线性化的条件是晶体管工作在小信号情况下。

1）晶体管的微变等效电路

图 6.17(a)是晶体管的输入特性曲线，是非线性的。在晶体管的输入特性曲线上选定合适的静态工作点，在 $Q$ 点附近的线段近似为直线，$\Delta U_{BE}$ 与 $\Delta I_B$ 之比称为晶体管的输入电阻，用 $r_{be}$ 表示，即

$$r_{be} = \frac{\Delta U_{BE}}{\Delta I_B} = \frac{u_{be}}{i_b}$$

经理论和实践证明，对微小变量而言，低频小功率晶体管的 $r_{be}$ 可用下式估算：

$$r_{be} \approx 300 + (1+\beta)\frac{26(\text{mV})}{I_{EQ}(\text{mA})}$$

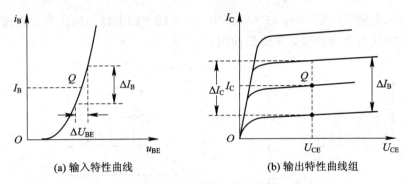

(a) 输入特性曲线　　　　　　　(b) 输出特性曲线组

图 6.17　晶体管的特性曲线

在小信号的情况下，$r_{be}$ 是一常数，由它确定 $u_{be}$ 和 $i_b$ 之间的关系。因此，晶体管的输入电路可用 $r_{be}$ 等效。

图 6.17(b)是晶体管的输出特性曲线组，在线性工作区是一组近似等距离的平行直线。忽略 $U_{CE}$ 对 $I_C$ 的影响，$\Delta I_C$ 与 $\Delta I_B$ 之比即为晶体管的电流放大系数 $\beta$，即

$$\beta = \frac{\Delta I_C}{\Delta I_B} = \frac{i_c}{i_b}$$

在小信号的条件下，$\beta$ 是一常数，由它确定 $i_c$ 受 $i_b$ 控制的关系。因此，晶体管的输出电路可用一等效恒流源 $i_c = \beta i_b$ 代替，以表示晶体管的电流控制作用。当 $i_b = 0$ 时，$\beta i_b$ 不复存在，所以它不是一个独立电源，而是受输入电流 $i_b$ 控制的受控源。图 6.18 是晶体管及其微变等效电路。

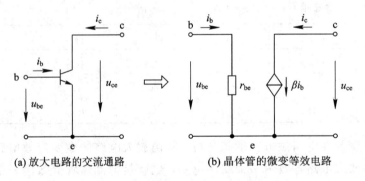

(a) 放大电路的交流通路　　　　　　　(b) 晶体管的微变等效电路

图 6.18　晶体管及其微变等效电路

2）放大电路的微变等效电路

由晶体管的微变等效电路和放大电路的交流通路可得出放大电路的微变等效电路，如图 6.19 所示。

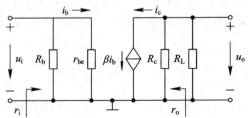

图 6.19　放大电路的微变等效电路

3）放大电路的动态性能分析

常用的衡量放大电路性能的技术指标有电压放大倍数、输入电阻和输出电阻等，它们的意义可用图 6.20 来说明。

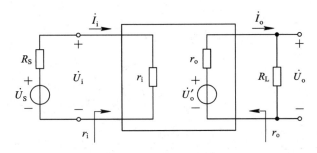

图 6.20　放大电路框图

（1）电压放大倍数 $A_u$。电压放大倍数是反映放大电路放大能力的重要指标，共射放大电路的电压放大倍数定义为输出电压与输入电压的相量之比，即

$$A_u = \frac{\dot{U}_o}{\dot{U}_i} = -\beta \frac{R'_L}{r_{be}} \tag{6-7}$$

式中：负号表示输出电压与输入电压相位相反；$R'_L$ 为交流负载等效电阻；$r_{be}$ 为晶体管的输入电阻。

$$R'_L = \frac{R_c R_L}{R_c + R_L} \tag{6-8}$$

当 $R_L = \infty$，即 $R_L$ 未接时，有

$$A_{uo} = -\beta \frac{R_c}{r_{be}} \tag{6-9}$$

（2）输入电阻 $r_i$。放大器的输入端总要连信号源，而输出端总要接上负载，对信号源来说，放大电路相当于它的负载，这可用一电阻等效代替，输入电阻是从放大电路输入端看进去的等效电阻。定义为输入电压与输入电流的相量之比。输入电阻越大，从信号源索取的电流就越小，则放大电路的实际输入电压 $u_i$ 就越接近信号源电压 $u_s$，信号电压损失就越小。一般情况下，希望输入电阻越大越好。

共射放大电路的输入电阻为

$$r_i = R_b \mathbin{/\mkern-5mu/} r_{be} \approx r_{be} \tag{6-10}$$

（3）输出电阻 $r_o$。对负载而言，放大电路相当于一个具有内阻 $r_o$ 的信号源，输出电阻是从输出端向放大电路看进去的等效电阻。共射放大电路的输出电阻为

$$r_o \approx R_c \tag{6-11}$$

输出电阻越小，电路接负载后放大倍数的下降越小，即放大电路的带负载能力越强。一般情况下，希望输出电阻越小越好。由于共射电路的 $R_c$ 一般为几千欧至几十千欧，因此共射放大电路输出电阻较大，电路的带负载能力也较差。

【例 6.2】　放大电路如图 6.12 所示，晶体管为低频小功率管，其 $\beta = 50$，基极偏流电阻 $R_b = 500\ \text{k}\Omega$，集电极电阻 $R_c = 5\ \text{k}\Omega$，负载 $R_L = 5\ \text{k}\Omega$，电源电压为 20 V。试求：放大电路电压放大倍数 $A_u$、输入电阻 $r_i$、输出电阻 $r_o$。

**解**　根据式(6-3)得

$$I_{BQ} = \frac{V_{CC} - U_{BEQ}}{R_b} = \frac{20 - 0.7}{500} \approx 0.04 \text{ mA}$$

而

$$I_{EQ} = (1 + \beta) I_{BQ}$$

故

$$r_{be} = 300 + (1 + \beta) \frac{26}{I_{EQ}} = 300 + (1 + \beta) \frac{26}{(1 + \beta) I_{BQ}} = 300 + \frac{26}{0.04} = 950 \ \Omega$$

根据式(6-7)得

$$A_u = -\beta \frac{R'_L}{r_{be}} = -\beta \frac{R_C /\!/ R_L}{r_{be}} = -50 \times \frac{2.5}{0.95} \approx -132$$

根据式(6-10)得

$$r_i \approx r_{be} = 950 \ \Omega$$

根据式(6-11)得

$$r_o \approx R_c = 5 \text{ k}\Omega$$

### (四) 射极输出器

**1. 射极输出器简介**

在如图6.21所示的电路中，交流信号从基极输入，从发射极输出，集电极是输入、输出回路的公共端，故称这种电路为共集电极放大电路。由于信号从发射极输出，所以又称这种电路为射极输出器。

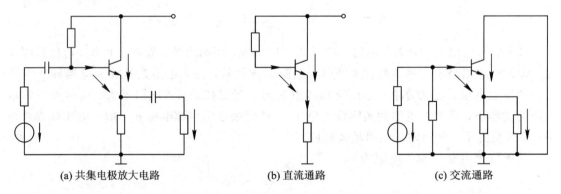

(a) 共集电极放大电路　　　　　(b) 直流通路　　　　　(c) 交流通路

图6.21　共集电极放大电路

由于射极输出器的输出电压与输入电压数值相近、相位相同，即输出信号总是跟随输入信号的变化(电压放大倍数近似等于1)而变化，因此射极输出器又称射极跟随器。

此外，射极输出器还具有输入电阻大(可达几十千欧至几百千欧)、输出电阻小(一般为几欧至几百欧)的特点。

**2. 射极输出器的应用**

由于射极输出器具有输入电阻大、输出电阻小的特点，因此它可用来作为多级放大电路的输入级、输出级和中间隔离级。

（1）用作输入级。在要求输入电阻很大的放大电路中，常用射极输出器作输入级。利用射极输出器输入电阻很大的特点，可减小对信号源的衰减，有利于信号的传输。

（2）用作输出级。由于射极输出器的输出电阻很小，因此常用作输出级。使用射极输出器作为输出级的放大电路接入负载或负载变化时，输出电压变化很小，比较稳定。

（3）用作中间隔离级。将射极输出器接在两级共射放大电路之间时，利用其输入电阻大的特点，可提高前级的电压放大倍数；利用其输出电阻小的特点，可减小后级对前级的影响，从而提高了前后两级的放大倍数，隔离了级间的相互影响，使前、后级能够得到更好的配合。

### （五）功率放大器

#### 1. 功率放大器简介

功率放大器是一种以输出较大功率为目的的放大电路，简称功放。它一般直接驱动负载，带负载能力较强。

与电压放大电路相比，电压放大电路的主要任务是使负载得到不失真放大的电压信号，输出的功率并不一定大，处在小信号状态下工作；功率放大电路的主要任务是使负载得到不失真的(或失真较小)的输出功率，处在大信号状态下工作。

电压放大电路的主要指标是电压放大倍数、输入和输出阻抗，功率放大电路的主要指标是功率、效率、非线性失真，并具有输出功率大、效率高、失真小的特点。

（1）输出功率大。输出功率是指负载获得的信号功率，是输出的交流电压、交流电流有效值的乘积。因此，要求功率放大器输出的电压和电流幅值均应较大。应用时要考虑管子的极限参数，注意管子的安全性。

（2）效率高。功率放大器的效率是输出功率与直流电源提供的直流功率之比。通常人们希望功率放大器能量消耗小，效率高。所有放大电路本质上都是能量变换器，负载上所获得的信号功率是由直流电源通过放大器件转换而来的，在能量的转换过程中，放大器件和有关的电路元件都要消耗能量。当直流电源功率一定时，为了向负载提供尽可能大的信号功率，要求功率放大器效率要高。

（3）失真小。由于功率放大器既要输出大幅值的电压，又要输出大幅值的电流，因此，作为功放的晶体管工作在大信号状态，其峰值使功放管的工作状态接近饱和与截止状态，不可避免地会产生失真，而且输出功率越大失真越严重。因此，要求输出功率大应理解为在规定的非线性失真范围内的最大输出功率。

#### 2. 互补对称功率放大器(OCL 电路)

互补对称功率放大器的原理图如图 6.22 所示。图中，一对晶体管的类型不同(一个是 NPN 管，另一个是 PNP 管)，但特性参数完全相同，称为对称管。对称管都从发射极输出信号，是两个射极输出器，因此功放电路由两个射级输出器组成。当有信号输入时，在信号的正半周，NPN 管导通，PNP 管截止，负载上的输出波形为正半周；当信号处于负半周时，PNP 管导通，NPN 管截止，负载上的输出波形为负半周。由于两管子对称，因此工作时两者轮流工作，互相补充，故称为互补对称电路。

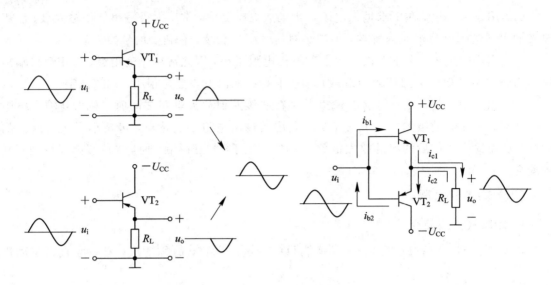

图 6.22　OCL 电路及工作原理

## （六）多级放大电路

在实际应用中，放大电路的输入信号都是很微弱的，为获得推动负载工作的足够大的电压和功率，需要将多个单级放大电路连接起来，组成多级放大电路对输入信号进行连续放大。

### 1. 多级放大电路简介

多级放大电路的组成如图 6.23 所示，输入级用于接收输入信号。为使输入信号尽量不受信号源内阻的影响，输入级应具有较高的输入电阻，常采用高输入电阻的放大电路，例如射极输出器等。中间电压放大级（中间级）用于小信号电压放大，要求有较高的电压放大倍数。输出级是大信号功率放大器，用以输出负载需要的功率。

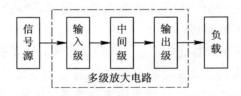

图 6.23　多级放大电路组成框图

多级放大电路总的电压放大倍数是各级放大倍数的乘积，在计算放大倍数时，注意应将后一级的输入电阻视为前一级的负载。多级放大电路的输入电阻和输出电阻与单级放大电路类似，它的输入电阻就是第一级的输入电阻，它的输出电阻就是最后一级的输出电阻。

在多级放大电路中，由于各级均存在着失真，则输出端波形失真更大，要减小波形失真，应尽力克服各单级放大电路的失真。

另外，多级放大电路总的通频带比任何一级放大电路都窄。为了满足多级放大电路对通频带的要求，必须把每个单级放大电路的通频带选得更宽些。

**2. 耦合方式**

多级放大电路是由若干个基本放大电路连接而成的，一个基本放大电路称为一级，级与级之间的连接称为级间耦合。在多级放大电路中，常见的耦合方式有四种，即直接耦合、阻容耦合、变压器耦合和光电耦合。

1）直接耦合

将前一级的输出端直接（或通过电阻）接到后一级的输入端，称为直接耦合，如图 6.24 所示。

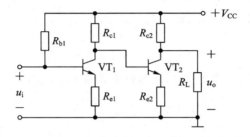

图 6.24　直接耦合两级放大电路

直接耦合的多级放大电路具有良好的频率特性，不但能放大交流信号，还能放大直流信号和缓变信号，所以又称"直流放大电路"。由于直接耦合无电容、无变压器，因此在集成电路中得到广泛应用。

2）阻容耦合

阻容耦合多级放大电路如图 6.25 所示。图中前级的输出电阻通过电容 $C_2$（称为耦合电容）与后级的输入电阻相连，因而称为阻容耦合。

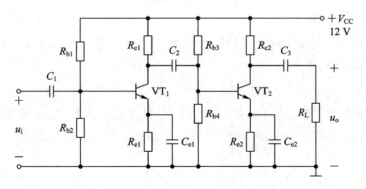

图 6.25　阻容耦合多级放大电路

阻容耦合结构简单，价格低廉，在多级分立元件交流放大电路中获得广泛应用。但阻容耦合放大电路不能放大直流信号和缓变信号，并且集成电路中制造大电容也比较困难，使阻容耦合的应用又具有很大的局限性。

3）变压器耦合

变压器耦合多级放大电路如图 6.26 所示。图中前级的输出通过变压器与后级的输入端相连，因而称为变压器耦合。变压器耦合的最大特点是能够进行阻抗变换，实现负载与放大电路之间的阻抗匹配，使负载获得最大功率。

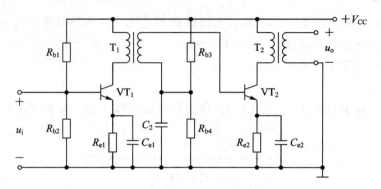

图 6.26　变压器耦合多级放大电路

由于变压器具有体积大、笨重和频率特性差的缺点，同时也不能放大直流和缓变信号，因此应用较少。

4）光电耦合

光电耦合电路如图 6.27 所示。图中方框内是光电耦合器，它由发光二极管和光敏晶体管封装在同一管壳内组成。前级输出信号使发光二极管发光，光敏晶体管受到光照后，产生光电流。光电流的大小随输入端信号的增加而增大，光电耦合器以光为媒介，实现电信号从前级向后级传输，它的输入端和输出端在电气上绝缘，具有抗干扰、隔噪声等特点，已得到越来越广泛的应用。

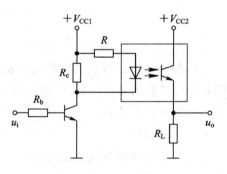

图 6.27　光电耦合电路

### （七）晶体管开关特性

晶体管具有饱和、放大、截止三种工作状态。当晶体管在饱和和截止状态下交替工作时，晶体管具有开关作用。

#### 1. 截止状态

对硅管而言，当发射结电压 $U_{BE} < 0.5$ V 时，已处于截止状态，为了保证可靠截止，晶体管的截止状态是指发射结加 0 V 输入电压时的工作状态，相当于开关断开，如图 6.28 所示。

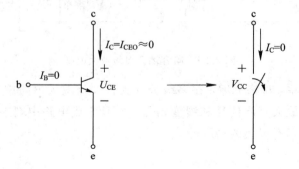

图 6.28　截止状态的晶体管等效为断开的开关

### 2. 饱和状态

当晶体管的发射结和集电结均处于正向偏置时,晶体管处于饱和状态。晶体管饱和时, $U_{CE}$ 很小,但电流很大,呈低阻状态,晶体管如同工作在短路状态。忽略 $U_{CES}$ 不计时,饱和的晶体管 c、e 极间近似地等效为一只闭合的开关,如图 6.29 所示。

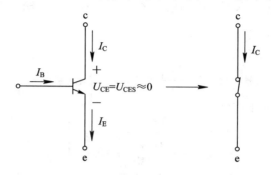

图 6.29　饱和状态的晶体管等效为闭合的开关

图 6.30 所示为汽车中常见的继电器控制原理电路,当开关 S 闭合时,继电器线圈 KA 中有电流流过,继电器常开触点闭合;当开关 S 断开时,继电器线圈 KA 失电,其常开触点断开。实际电路中,开关 S 是由晶体管组成的电子开关,通过输入信号 $U_i$ 控制晶体管处于饱和导通或截止两种状态,从而能起到开关 S 的作用。NPN 型晶体管电子开关电路图如图 6.31 所示。

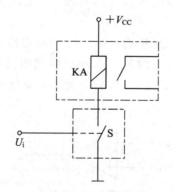 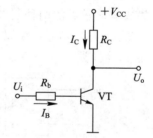

图 6.30　继电器控制原理电路图　　　　图 6.31　NPN 型晶体管开关电路图

晶体管截止时相当于开关断开,在电路的输出端输出高电压;晶体管饱和导通时相当于开关接通,在电路的输出端输出低电压。

## 三、集成运算放大器的结构与特性

### (一)集成运算放大器的结构

集成运算放大器(简称集成运放)本质上是一个高电压增益、高输入电阻和低输出电阻的直接耦合多级放大电路,是一种通用性很强的多功能部件,因在模拟电子计算机中作为各种数学运算器而得名。

近些年,集成运放得到迅速发展。就集成度而言,集成电路有小规模、中规模、大规模和超大规模之分；就导电类型而言，有双极型、单极型和两者兼容的；就功能而言，有数字集成电路和模拟集成电路。集成电路与反馈电路配合可完成多种数学运算功能。随着集成器件的大量生产，它在自动控制、测量设备、计算技术等电子技术领域中获得了日益广泛的应用。

集成运放内部电路由输入级、中间电压放大级（中间级）、输出级和偏置电路四部分组成，如图 6.32 所示。

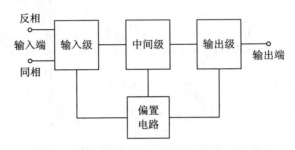

图 6.32　集成运算放大器的内部组成电路框图

输入级采用输入电阻高并且可以消除零点漂移的放大电路，中间级采用放大倍数高的多级共发射极放大电路，输出级可利用输出电阻小、带载能力强的互补对称功率放大电路，偏置电路向各级提供静态工作点。

集成运放的内部电路相当复杂，从使用角度出发，只需关注它的外部特性。运算放大器的特点包括输入电阻非常高，输出电阻很小，电压放大倍数很大，能放大交流信号也能放大直流信号等。

集成运放的符号如图 6.33 所示。其中 $u_-$ 为反相输入端，$u_+$ 为同相输入端，$u_o$ 为输出端。目前，集成运放常见的两种封装方式是金属壳封装和双列直插式塑料封装，其外形如图 6.34(a)、图 6.34(b) 所示。金属壳封装有 8、10、12 管脚等种类，双列直插式有 8、10、12、14、16 管脚等种类。

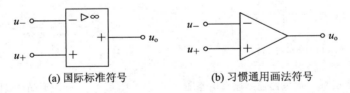

(a) 国际标准符号　　　　　　　(b) 习惯通用画法符号

图 6.33　集成运放的符号

常用的 F007 是第二代通用型集成运放，图 6.34(c) 给出了 F007 引脚图，国外产品的对应型号为 $\mu$A741(LM741)。它通过 7 个引脚与外电路相接，各引脚的功能是：

引脚 4、7：分别接电源 $-V_{EE}$ 和 $+V_{CC}$。

引脚 1、5：外接调零电位器，其滑点与电源 $-V_{EE}$ 相连。如果输入为零，输出不为零，则应调节调零电位器使输出为零。

引脚 6：输出端。

引脚 2：反相输入端。由此端输入信号时，输出信号与输入信号极性相反。

引脚 3：同相输入端。由此端输入信号时，输出信号与输入信号极性相同。

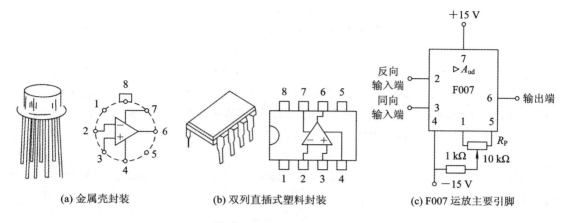

图 6.34  集成运放的两种封装

## （二）集成运放的电压传输特性

### 1. 理想集成运放

在分析运算放大器时，一般可以将它理想化，这种集成运算放大器我们称之为理想运算放大器，它的主要特点如下：

（1）开环电压放大倍数 $A_o = \infty$；

（2）输入电阻 $r_i = \infty$；

（3）输出电阻 $r_o = 0$；

（4）共模抑制比 $K_{CMRR} = \infty$。

### 2. 集成运放的传输特性

1）传输特性

传输特性是表示集成运放输出电压与输入电压之间的特性曲线，如图 6.35 所示曲线 ①。图中 BC 段为集成运放工作的线性区，AB 段和 CD 段为集成运放工作的非线性区（即饱和区）。在理想情况下，认为 BC 段与纵轴重合，所以它的理想传输特性可以由曲线②B′C′表示。B′C′段表示集成运放工作在线性区，B′A 和 C′D 段表示运放工作在非线性区。

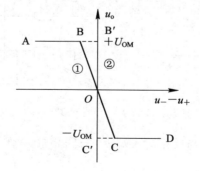

图 6.35  运放传输特性曲线

2）工作在线性区的集成运放

当集成运放电路的反相输入端和输出端有通路时（称为负反馈），如图 6.36 所示，一般情况下，可以认为集成运放工作在线性区。由图 6.35 曲线②可知，这种情况下，有：

$$u_{\circ} = A_{\circ}(u_+ - u_-)$$

因 $A_{\circ} = \infty$，$u_{\circ}$ 为有限值（绝对值小于电源电压），所以，$(u_+ - u_-) = 0$，即

$$u_+ = u_- \qquad\qquad (6-12)$$

由于理想集成运放的 $A_{\circ} = \infty$，故可以认为它的两个输入端之间的差模电压近似为零，由于 $u_+ = u_-$，反相输入端与同相输入端之间可视为短路。但事实上 $A_{\circ}$ 不可能无限大，两个输入端又不可能短接，所以不是真正短路，而是"虚假短路"，简称"虚短"。

由于理想集成运放的输入电阻 $r_i = \infty$，故可以认为两个输入端电流近似为零，即

$$i_+ = i_- = 0 \qquad\qquad (6-13)$$

实际上 $r_i$ 不可能无限大，$u_+$ 和 $u_-$ 也不可能完全相等，$i_+$ 和 $i_-$ 只能是近似为零，称为"虚假断路"，简称"虚断"。

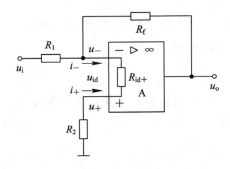

图 6.36　带有负反馈的运放电路

另外，由于理想集成运放的输出阻抗 $r_{\circ} = 0$，故输出电压 $u_{\circ}$ 不受负载影响，但受运放输出电流限制，因此负载电阻不能太小。

实际运放工作在线性区时，与理想运放相差不大，可将实际运放看作理想运放，这将大大简化对运算放大应用电路的分析。

3）工作在非线性区的集成运放

当集成运算放大器处于开环状态或集成运放的同相输入端和输出端有通路时（称为正反馈），如图 6.37 和图 6.38 所示，这时集成运放工作在非线性区。它具有如下特点：

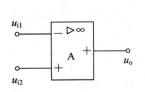

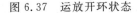

图 6.37　运放开环状态

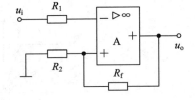

图 6.38　带有正反馈的运放电路图

对于理想集成运放而言，当反相输入端 $u_-$ 与同相输入端 $u_+$ 不等时，输出电压是一个恒定的值，极性可正可负。

当 $u_- > u_+$ 时：

$$u_{\circ} = -U_{OM} \qquad\qquad (6-14)$$

当 $u_- < u_+$ 时：

$$u_{\circ} = +U_{OM} \qquad\qquad (6-15)$$

式中：$U_{OM}$ 是集成运算放大器输出电压的最大值。其工作特性如图 6.35 中 AB′和 C′D 段所示。

## 四、集成运放的典型应用

### （一）基本运算电路

利用集成电路和其他外围元件，运算放大器能完成比例、加减、积分与微分、对数与反对数以及乘除等运算功能。此时要求运放工作在线性区，因此电路中都存在深度负反馈。在分析这些电路时，都是将集成运放看成是理想运放的。下面介绍比例运算电路和加减法运算电路。

#### 1. 比例运算电路

1）反相比例运算电路

图 6.39 为反相比例运算电路。在该电路中，信号从反相输入端输入，同相输入端通过电阻 $R_2$ 接地，$R_f$ 为反馈电阻。由"虚断"的概念，可知 $i_+ = i_- = 0$，可得 $u_+ = 0$；由"虚短"的概念，可知 $u_+ = u_- = 0$。反相输入端与同相输入端的电位均为零，尽管反相端并不接地，但它与地的电位相等，但又不是真正接地，故称为"虚地"。由电路分析可知，$i_i = i_f$，即

$$\frac{u_i - u_-}{R_1} = \frac{u_- - u_o}{R_f}$$

将 $u_- = 0$ 代入可得

$$u_o = -\frac{R_f}{R_1} u_i \tag{6-16}$$

由此可见，$u_o$ 与 $u_i$ 的比例关系是 $-\dfrac{R_f}{R_1}$，式中的负号说明输入信号与输出信号的相位相反，是一个反相放大器，该电路的放大倍数为

$$A_{uf} = \frac{u_o}{u_i} = -\frac{R_f}{R_1} \tag{6-17}$$

图 6.39 中的 $R_2$ 为平衡电阻，也叫补偿电阻，为保证集成运放输入级电路的对称性，它的阻值应等于反相输入端各支路电阻并联的等效值，使用中应使 $R_2 = R_1 /\!/ R_f$。

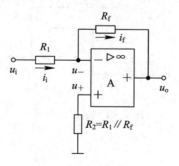

图 6.39  反相比例运算电路

当 $R_f = R_1$ 时，$A_{uf} = -1$，此时我们称该电路为反号器或反相器，可用于变号运算。

2）同相比例运算电路

图 6.40 是同相比例运算电路。从图中可知，信号通过 $R_2$ 加到运放同相端的电路，其

反馈信号加至反相端，是一个电压串联负反馈电路。

由"虚短"和"虚断"概念，可知 $u_+ = u_-$，$i_+ = i_- = 0$，得 $u_+ = u_- = u_i$，$i_i = i_f$。

分析电路可得

$$\frac{0 - u_-}{R_1} = \frac{u_- - u_o}{R_f}$$

因 $u_+ = u_- = u_i$，整理得

$$u_o = \left(1 + \frac{R_f}{R_1}\right) u_i \qquad (6-18)$$

式(6-18)说明，在同相比例运算电路中，$u_o$ 与 $u_i$ 的比例关系是 $1 + \dfrac{R_f}{R_1}$，输出电压与输入电压同相。电路的电压放大倍数为

$$A_{uf} = \frac{u_o}{u_i} = 1 + \frac{R_f}{R_1} \qquad (6-19)$$

3）电压跟随器

若将图 6.40 所示电路的 $R_1$ 去掉，就变成了电压跟随器，如图 6.41 所示。由图可知 $u_i = u_+ = u_- = u_o$。

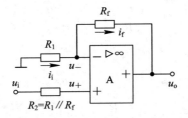

图 6.40　同相比例运算电路

$u_o$ 与 $u_i$ 大小相等，相位相同。不论输入电压如何变化，输出电压总是与它相等，故称电压跟随器。电压跟随器的电压放大倍数为 1。该电路的输入电阻很高，输出电阻很低，具有良好的跟随和隔离作用，其跟随效果优于射极跟随器。

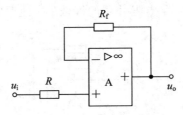

图 6.41　电压跟随器

**2. 加减法运算电路**

1）加法运算电路

加法运算电路如图 6.42 所示，电路所完成的功能是对多个输入信号求和。该电路的反相输入端有多个输入信号，同相输入端通过电阻接地，电路形式与反相比例运算放大器相似。

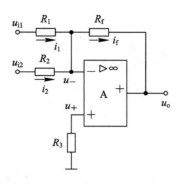

图 6.42 加法运算电路

图中 $R_3 = R_1 /\!/ R_2 /\!/ R_f$。由"虚短"和"虚断"的概念,分析电路可得

$$u_o = -R_f \left( \frac{u_{i1}}{R_1} + \frac{u_{i2}}{R_2} \right) \tag{6-20}$$

式中,当 $R_1 = R_2 = R$ 时,有

$$u_o = -\frac{R_f}{R}(u_{i1} + u_{i2}) \tag{6-21}$$

上述电路是用反相比例运算放大器构成的求和电路,除此之外,用同相比例运算电路也可构成求和电路,如图 6.43 所示。

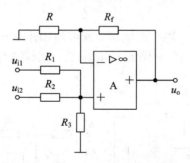

图 6.43 同相比例加法电路

该电路的输入与输出关系式为

$$u_o = \frac{R_f}{R_1} u_{i1} + \frac{R_f}{R_2} u_{i2} \tag{6-22}$$

电路中:$R /\!/ R_f = R_1 /\!/ R_2 /\!/ R_3$。

2) 减法运算电路

图 6.44 为双端输入的减法运算电路,它的特点是信号分别从反相输入端和同相输入端输入。

当输入信号 $u_{i1}$ 为零时,电路相当于同相比例运算放大器,输出信号为

$$u_o = \left( 1 + \frac{R_f}{R_1} \right) u_{i2}$$

当输入信号 $u_{i2}$ 为零时,电路相当于反相比例运算放大器,输出信号为

$$u_o = -\frac{R_f}{R_1} u_{i1}$$

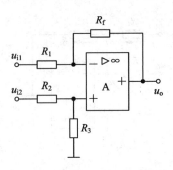

图 6.44　双端输入的减法运算电路

当同相输入端和反相输入端均有信号输入时，由叠加原理可得

$$u_o = \left(1 + \frac{R_f}{R_1}\right) u_+ - \frac{R_f}{R_1} u_{i1}$$

式中，$u_+ = \dfrac{R_3}{R_2 + R_3} u_{i2}$，则上式变为

$$u_o = \left(1 + \frac{R_f}{R_1}\right) \frac{R_3}{R_2 + R_3} u_{i2} - \frac{R_f}{R_1} u_{i1} \qquad (6-23)$$

若 $R_1 = R_2$，$R_3 = R_f$，则输出电压为

$$u_o = \frac{R_f}{R_1}(u_{i2} - u_{i1}) \qquad (6-24)$$

由此可见，只要适当选择电路中的电阻，就可使输出电压与两输入电压的差值成比例。

**【例 6.3】** 已知 $R_1 = R_3 = R_4 = 10 \text{ kΩ}$，$R_2 = R_5 = 100 \text{ kΩ}$，求解图 6.45 所示电路中 $u_o$ 与 $u_{i1}$、$u_{i2}$ 的关系式。

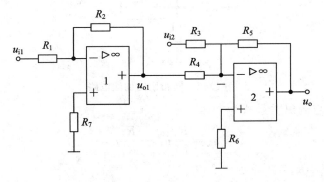

图 6.45　例 6.3 电路图

**解**　运放 1 构成反相比例运算放大器，可得

$$u_{o1} = -\frac{R_2}{R_1} u_{i1} = -\frac{100}{10} u_{i1} = -10 u_{i1}$$

运放 2 构成加法运算电路，故有

$$u_o = -\left(\frac{R_5}{R_3} u_{i2} + \frac{R_5}{R_4} u_{o1}\right) = -\left(\frac{100}{10} u_{i2} + \frac{100}{10} u_{o1}\right) = 100 u_{i1} - 10 u_{i2}$$

本题是由两个运放实现的减法运算电路。

在实际中，常用的集成放大器有单运算放大器电路 μA741（如图 6.46(a) 所示，图中

NC 表示空脚)、双运算放大器电路 F353(如图 6.46(b)所示)、四运算放大器电路 F4156(如图 6.46(c)所示),它们的电源电压均为 ±15 V。

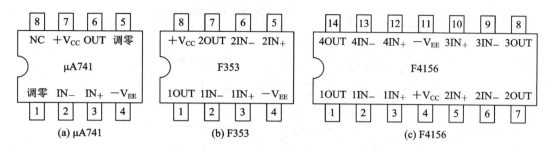

图 6.46　三种常用集成运放的引脚图

## (二) 电压比较器

集成运放除用于运算电路外,还可以用于电压比较器。电压比较器的作用是用来比较输入电压和参考电压大小,这种电路的集成运放工作在非线性区。常用的电压比较器有单值比较器和滞回比较器,常用于汽车仪表电路中。

在比较器中,我们把比较器的输出电压 $u_o$ 从一个电平跳变到另一个电平时刻所对应的输入电压值称为转折电压,也叫阈值电压或门槛电压。

### 1. 单值电压比较器

图 6.47 为单值电压比较器电路,其中运放工作在开环状态,基准信号加在同相输入端,比较信号从反相输入端输入。

由理想运放的特点可知:

当 $u_{id} = u_- - u_+ > 0$,即 $u_s > u_{REF}$ 时,$u_o = -U_{OM}$;

当 $u_{id} = u_- - u_+ < 0$,即 $u_s < u_{REF}$ 时,$u_o = +U_{OM}$。

由此可作出电压比较器的输入输出电压关系曲线,即电压传输特性曲线,如图 6.48 所示。由图可见,若输入信号 $u_s < u_{REF}$,输出为 $+U_{OM}$,只要输入信号 $u_s > u_{REF}$,输出就跳变为 $-U_{OM}$。

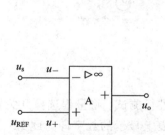

图 6.47　单值电压比较器电路

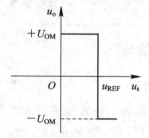

图 6.48　电压传输特性

若输入信号加在同相输入端,基准信号加在反相输入端,则电压传输特性与图 6.48 相反。

### 2. 过零比较器

如果图 6.47 中的同相输入端接地,即使输入电压和零电平比较,则称这种比较器为过零比较器，它也是一种单值比较器，如图 6.49(a)所示，它的电压传输特性如图 6.49(b)所示。

在上述电路中，阈值电压只有一个，因此此电路又叫单值电压比较器。

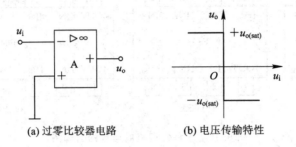

(a) 过零比较器电路　　　　　　(b) 电压传输特性

图 6.49　过零比较器

过零电压比较器除用于电压比较、电压限幅之外，还具有波形变换的功能。如果 $u_i$ 波形为正弦波，则 $u_o$ 波形为矩形波，如图 6.50 所示。

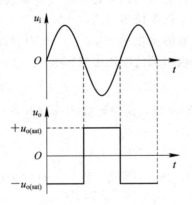

图 6.50　过零电压比较器将正弦波电压变换为矩形波电压

# 一、晶体管的检测

### 1. 检测步骤

利用数字万用表二极管检测挡或者 hFE 挡进行测试。将量程选择开关置于二极管检测挡，用表笔测试 PN 结，如果正向导通，则万用表上显示的数字即为此 PN 结的正向压降。

用万用表测出两个 PN 结的正向压降。在测试两个结时红表笔接的是共用极，则被测晶体管为 NPN 型，且红表笔所接极为基极 b；如果黑表笔接的是共用极，则被测晶体管是 PNP 型，且此极为基极 b。

将量程选择开关置于 hFE 挡，确定晶体管是 NPN 型或 PNP 型。将基极 b 对着表上面的 b 字母，读数，再把它的另两个极反转，再读数。读数较大的那次极性与表上所标的字母对应。

将基极 b、发射极 e 和集电极 c 分别插入面板上相应的插孔,这时在屏幕上所显示的"40～100"之间的数字($\beta$ 值),即为晶体管的电流放大倍数。将用万用表判别的晶体管管型和管脚的结果填入表 6.3。

**表 6.3　晶体管管型和管脚**

| 序号 | 晶体管类型 | 晶体管管脚判别结果 | 晶体管质量 |
|---|---|---|---|
| 1 | | | |
| 2 | | | |
| 3 | | | |
| 4 | | | |

用万用表判断晶体管质量,分别测量 B、E 极间和 B、C 极间 PN 结的正、反向电阻。如果正、反向电阻相差较大,说明管子基本上是好的。如果正、反向电阻都很大,说明管子内部有断路;如果正、反向电阻都很小或为零,说明管子极间短路或击穿。

**2. 分析讨论**

(1) 如何使用指针式万用表判别晶体管类型以及晶体管性能的优劣?

(2) 如何使用万用表 hFE 挡检测晶体管?

## 二、晶体管共射极放大电路测试

**1. 检测步骤**

测试电路如图 6.51 所示。

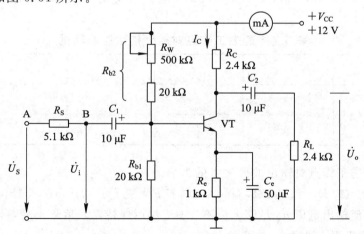

图 6.51　晶体管共射极单管放大器测试电路

检测步骤如下:

(1) 调试静态工作点。

放大电路的任务是不失真地对输入信号进行放大。为了使放大电路能够正常工作,必须设置合适的静态工作点。接通直流电源前,先将 $R_W$ 调至最大,再将函数信号发生器输出旋钮旋至零。接通 +12 V 电源、调节 $R_W$,使 $I_C = 2.0$ mA(即 $V_E = 2.0$ V),用直流电压表测量 $V_B$、$V_E$、$V_C$ 及用万用电表测量 $R_{b2}$ 值,记入表 6.4。

**表 6.4  静态工作点测试**

| 测　量　值 | | | | 计　算　值 | | |
|---|---|---|---|---|---|---|
| $V_B/V$ | $V_E/V$ | $V_C/V$ | $R_{b2}/k\Omega$ | $U_{BE}/V$ | $U_{CE}/V$ | $I_C/mA$ |
|  |  |  |  |  |  |  |

（2）测量电压放大倍数。

在放大电路输入端加入频率为 1 kHz 的正弦信号 $u_s$，调节函数信号发生器的输出旋钮使放大器输入电压 $U_i \approx 10$ mV，同时用示波器观察放大器输出电压 $u_o$ 的波形，在波形不失真的条件下用交流毫伏表测量三种情况下的 $U_o$ 值，并用双踪示波器观察 $u_o$ 和 $u_i$ 的相位关系，记入表 6.5。

**表 6.5  放大倍数测量**

| $R_c/k\Omega$ | $R_L/k\Omega$ | $U_o/V$ | $A_u$ | 观察记录一组 $u_o$ 和 $u_i$ 波形 |
|---|---|---|---|---|
| 2.4 | $\infty$ |  |  |  |
| 1.2 | $\infty$ |  |  |  |
| 2.4 | 2.4 |  |  |  |

（3）观察静态工作点对电压放大倍数的影响。

置 $R_c = 2.4$ kΩ，$R_L = \infty$，$U_i$ 适量，调节 $R_w$，用示波器监视输出电压波形，在 $u_o$ 不失真的条件下，测量 $I_C$ 和 $U_o$ 值，记入表 6.6。测量 $I_C$ 时，要先将信号源输出旋钮旋至零（即使 $U_i = 0$）。

**表 6.6  静态工作点对放大倍数影响测试**

| $I_C/mA$ |  |  |  |  |  |
|---|---|---|---|---|---|
| $U_o/V$ |  |  |  |  |  |
| $A_u$ |  |  |  |  |  |

（4）观察静态工作点对输出波形失真的影响。

置 $R_c = 2.4$ kΩ，$R_L = 2.4$ kΩ，$U_i = 0$，调节 $R_w$ 使 $I_C = 2.0$ mA，测出 $U_{CE}$ 值，再逐步加大输入信号，使输出电压 $u_o$ 足够大但不失真。然后保持输入信号不变，分别增大和减小 $R_w$，使波形出现失真，观察 $u_o$ 的波形。

**2. 分析讨论**

（1）当调节偏置电阻使放大器输出波形出现饱和或截止失真时，晶体管的管压降如何变化？

（2）在测试时如何选择输入信号的大小和频率？为什么信号频率一般选择 1 kHz，而不选择更高的？

## 三、集成运算放大器应用

### 1. 测试步骤

在通用实验台上学习运算放大器的使用方法。观察运算放大器的外形和管脚,在每次改变插头位置时都必须关掉稳压电源。插拔集成运算元件应十分小心,以免损坏元件。

先将稳压电源的两组输出电压都调到 12 V,将电源的正极和负极与实验板上的接线柱连接好,关掉稳压电源。

按照反相比例运算连线,使电路成为一个反相比例运算电路,用示波器观察输入和输出波形;在反相端加入直流信号 $U_i$(取五个不同的值)分别测出对应的 $U_o$ 值并填入表 6.7,关掉稳压电源。

**表 6.7 反相比例运算电路测试**

| 实际输入直流电压值 $U_i$ | −1.5 V | −0.5 V | 0 V | +0.5 V | +1.5 V |
|---|---|---|---|---|---|
| 测量输出电压值 $U_o$ | | | | | |
| 电压放大倍数 $A_u = U_o/U_i$ | | | | | |
| 理论计算值 $A_u$ | | | | | |

按照同相比例运算连线,使电路成为一个同相比例运算电路,用示波器观察输入和输出波形;在同相端加入直流信号 $U_i$(取五个不同的值)分别测出对应的 $U_o$,计算电压放大倍数,验证比例关系,填入表 6.8,完成后关掉稳压电源。

**表 6.8 同相比例运算电路测试**

| 实际输入直流电压值 $U_i$ | −0.8 V | −0.4 V | 0 V | +0.9 V | +1.2 V |
|---|---|---|---|---|---|
| 测量输出电压值 $U_o$ | | | | | |
| 电压放大倍数 $A_u = U_o/U_i$ | | | | | |
| 理论计算值 $A_u$ | | | | | |

### 2. 分析讨论

(1)整理实验数据,将实验数据与理论值相比较,验证关系式的正确性,分析理论计算与实验结果误差的大小及产生的原因。

(2)观察波形,比较两种运算电路的特点及性能。

拓 展 知 识

## 一、晶体管放大电路在汽车上的应用

放大特性是晶体管的最主要性能之一,图 6.52 所示的汽车电气线路搭铁(短路)检测器,是利用晶体管的放大特性制作的,它由传感器、两级放大电路、声光报警装置及直流电源等组成。

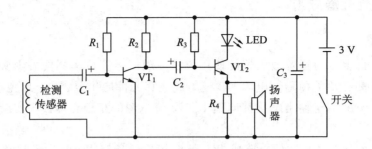

图 6.52　汽车电气线路搭铁检测器电路

　　汽车在行驶过程中，由于颠簸、振动等原因，电气线束与车体摩擦而损坏其绝缘层，发生搭铁(短路)故障。汽车电气线路搭铁(短路)检测器就是为了在不拆解导线的情况下，快速查出搭铁故障所发生的部位而设计的。检测器工作原理如下，当导线搭铁后，在搭铁点就会产生短路电流，短路点就会向周围发出高次谐波信号。这个信号就被由线圈和铁芯构成的检测传感器接收到，在传感器中产生交变的电信号。这个信号很微弱，经过晶体管 $VT_1$ 放大后，在 $VT_1$ 的集电极就会得到放大了的交变信号，再送至 $VT_2$ 的基极进行放大，使接在 $VT_2$ 集电极的发光二极管闪烁发光，接在 $VT_2$ 发射极的扬声器发出声响。传感器越接近故障点，接收到的信号越强，经过放大后，发光二极管越亮，扬声器发出的声响越大。根据发光二极管亮度的变化和扬声器声音的变化，就能快速找到故障点。

## 二、集成运放在汽车上的应用

### 1. 压敏电阻式进气压力传感器

　　汽车电控发动机中，用来测量进气量的进气压力测量电路由压阻式固态压力传感器和集成运放制成。图 6.53 所示为压敏电阻式进气压力传感器的结构示意图和工作原理示意图。

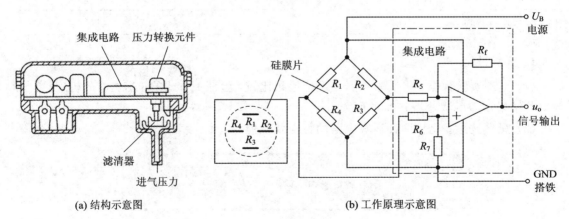

(a) 结构示意图　　　　　(b) 工作原理示意图

图 6.53　压敏电阻式进气压力传感器

　　该传感器主要由压力转换元件和集成电路组成，压力转换元件由硅膜片和附着在硅膜片上的四个阻值相等的应变电阻组成，其应变电阻接成电桥电路，当其阻值随压力而改变时，电桥产生电压输出，运算放大器用来放大电桥输出的信号。

传感器有一个通气口与进气管相通,进气压力通过进气口作用到压力转换元件上,使应变电阻的阻值发生改变,电桥输出电压信号。该电压经过运算放大器组成的放大电路后送给电子控制器 ECU,由 ECU 计算出进气量的大小。ECU 根据压力传感器传递的信号,对可燃混合气进行控制。

### 2. 蓄电池电压过低报警电路

如图 6.54 所示,蓄电池电压过低报警电路由集成运放 LM741、稳压管、发光二极管及一些电阻组成。电路中,电阻 $R_2$ 与稳压管 VS 组成电压基准电路,向比较器提供 5 V 的基准电压。电阻 $R_1$、$R_3$ 组成分压电路,中间点作为电压检测点。当蓄电池电压高于 10 V 时,比较器输出电压为 12 V,发光二极管 LED 不发光,指示电压正常;当蓄电池电压低于 10 V 时,比较器输出电压为零,发光二极管 LED 发光,指示电压过低。

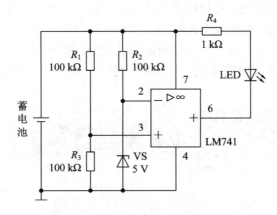

图 6.54　蓄电池电压过低报警电路

项 目 小 结

（1）晶体三极管又称为晶体管(或三极管),分为 NPN 型和 PNP 型两种类型;晶体管具有电流放大能力,电流放大系数 $\beta$ 是其重要参数之一;晶体管具有饱和导通、线性放大和截止三种不同的工作状态,对应其输出特性的饱和区、放大区和截止区;晶体管实现电流放大作用的外部条件是发射结正偏,集电结反偏。当晶体管在饱和和截止状态下交替工作时,晶体管具有开关作用。

（2）晶体管的主要用途之一是利用其放大作用组成放大电路。由晶体管组成的放大电路中,晶体管有共发射极、共集电极和共基极三种接法,共发射极放大电路简称共射电路,它和射极输出器都属于晶体管的基本放大电路。静态分析的目的是为了合理设置静态工作点,使电路工作在放大状态,防止放大电路在放大交流输入信号时产生饱和或截止失真。放大电路在有输入信号时的工作状态称为动态,电压放大倍数、输入电阻和输出电阻是放大电路的三个主要性能指标。

（3）功率放大电路和电压放大电路都是利用晶体管的放大作用将信号放大,不同的是功率放大电路以输出足够的功率为目的,工作在大信号状态,而电压放大电路的目的是输出足够大的电压，工作在小信号状态。

（4）发光二极管和光敏晶体管组合在一起，可实现以光信号为媒介的电信号的转换，这种组合方式的器件称为光电耦合器，在汽车上应用广泛。

（5）多级放大电路是由若干个基本放大电路连接而成的，一个基本放大电路称为一级，级与级之间的连接称为级间耦合。在多级放大电路中，常见的耦合方式有四种，即直接耦合、阻容耦合、变压器耦合和光电耦合。

（6）集成运算放大器简称集成运放，是具有高增益的深度负反馈直接耦合多级放大电路，用于信号处理、信号测量以及波形产生等各个方面。在分析集成运放组成的各种电路常将实际的集成运放作为理想运放来处理。集成运放的应用分为线性应用和非线性应用两方面。"虚短"和"虚断"是分析运放线性应用的两个重要依据。

（7）集成运放的典型应用：反相比例运算电路、同相比例运算电路、电压跟随器、加法运算电路、减法运算电路、单值电压比较器、过零比较器等。

（8）集成运放内部电路由输入级、中间电压放大级、输出级和偏置电路四部分组成，运算放大器的特点包括输入电阻非常高，输出电阻很小，电压放大倍数很大，能放大交流信号也能放大直流信号等。

## 练习与思考

### 一、填空题

1. 晶体管的三种工作状态分别是_____、_____和_____。

2. 多级放大电路的耦合方式有阻容耦合、_____耦合、_____耦合、_____耦合。

3. 在构成电压比较器时，运算放大器工作在开环或_____状态。

4. 晶体管可以作为开关使用，当集电极与发射极间相当于开关闭合或断开时，则晶体管应工作在_____状态或_____状态。

5. 三极管的三个电极分别是_____、_____和_____。

6. 常用的放大电路有_____、_____和_____。

7. 三极管放大电路中的电容的作用是_____。

8. 用直流电压表测得某单管共发射极放大电路的三个电极分别是 $V_1=2.8$ V，$V_2=2.1$ V，$V_3=7$ V，那么此晶体管是_____型晶体管，$V_1=2.8$ V 的那个电极是_____，$V_2=2.1$ V 的那个电极是_____，$V_3=7$ V 的那个电极是_____。

### 二、判断题

1. 晶体管可以用较小电流控制大电流。　　　　　　　　　　　　　　　　　（　　）

2. 用万用表测得晶体管任意两极间的电阻均很小，说明该管的两个 PN 结均开路。

　　　　　　　　　　　　　　　　　　　　　　　　　　　　　　　　　　（　　）

3. 共集电极放大电路（又称射极跟随器）具有电压放大倍数大、输入电阻大、输出电阻小等特点，所以常作为输入级、输出级和中间隔离级。　　　　　　　　　（　　）

4. 与电压放大电路相比，对功率放大电路要求输出功率大、效率高及失真小。（　　）

5. 电压比较器的输出电压只有两种数值。                                    （    ）

6. 场效应晶体管是通过改变输入电压的大小来实现对输出电流的控制的。        （    ）

7. 放大电路输出波形失真，一定是由于静态工作点不合适造成的。            （    ）

8. 三极管放大作用的本质是它的电流放大。                                （    ）

9. 三极管处于放大区的条件是发射结正偏、集电结反偏。                    （    ）

10. 共射极放大电路中，输入信号和输出信号的相位是同相的。              （    ）

11. 三极管放大电路不需要稳定静态工作点。                              （    ）

### 三、选择题

1. 某单管共发射极放大电路在工作时，测得晶体管上各电极对地直流电位分别为 $V_E=2.1$ V，$V_B=2.8$ V，$V_C=4.4$ V，则此晶体管已处于（      ）。

A. 放大区　　　　　B. 饱和区　　　　　C. 截止区　　　　　D. 击穿区

2. 放大器的输入电阻高，表明其放大微弱信号能力（      ）。

A. 强　　　　　　　B. 弱　　　　　　　C. 一般　　　　　　D. 无关

3. 分析运算放大器的两个依据是（      ）和（      ）。

A. $u_+\approx u_-$

B. $i_+\approx i_-\approx 0$

C. $U_o\approx U_i$

D. $A_U=1$

4. 在由运算放大器组成的电路中，运放工作在非线性状态的电路是（      ）。

A. 反相放大器　　　　　　　　　　B. 电压跟随器

C. 加法运算电路　　　　　　　　　D. 过零比较器

5. 晶体管电压放大器设置静态工作点的目的是（      ）。

A. 减小静态损耗　　　　　　　　　B. 增加放大电路的电流放大系数

C. 对交流信号进行不失真的放大　　D. 稳定电路

6. 阻容耦合多级晶体管放大器能（      ）。

A. 放大交流信号　　　　　　　　　B. 放大直流信号

C. 放大交、直流信号　　　　　　　D. 无法确定

7. 在有多个输入信号的情况下，若要求各输入信号互不影响，则应采用（      ）输入方式的电路。

A. 同相　　　　　　　　　　　　　B. 反相

C. 差分　　　　　　　　　　　　　D. 以上三种都不行

8. 当共射放大电路的静态工作点偏低时，输出信号将产生（      ）。

A. 截止失真　　　　　　　　　　　B. 饱和失真

C. 双向失真　　　　　　　　　　　D. 以上都有可能

9. 集成运放电路的实质是一个（      ）的多级放大电路。

A. 阻容耦合式　　　　　　　　　　B. 直接耦合式

C. 变压器耦合式　　　　　　　　　D. 三者都有

10. 共射放大电路的交流信号从（      ）电极输入，（      ）电极输出，发射集作为公共端。

A. 集；基　　　　　　　　　　　　B. 基；集

C. 发射；发射　　　　　　　　　　D. 以上说法都正确

## 四、计算题

1. 已知图 6.55 所示电路晶体管的 $\beta=100$，负载电阻 $R_L=2$ kΩ，试求解下列问题：

(1) 不接负载电阻时的电压放大倍数；

(2) 接负载电阻 $R_L=2$ kΩ 时的电压放大倍数；

(3) 电路的输入电阻和输出电阻。

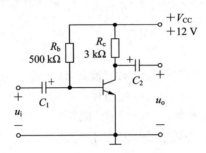

图 6.55　计算题 1 图

2. 电路如图 6.56 所示，集成运放的最大输出电压 $U_{OM}=\pm14$ V，试计算：

(1) $u_o$ 与 $u_i$ 的运算关系；

(2) 当 $u_i$ 分别为 10 mV、1 V、2 V 时的输出电压值。

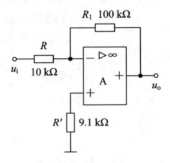

图 6.56　计算题 2 图

3. 写出图 6.57 所示电路的输入输出关系。

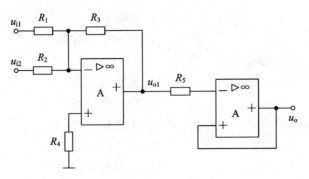

图 6.57　计算题 3 图

# 项目 7　晶闸管及其应用

学习目标

（1）能正确描述晶闸管的结构及工作特性。

（2）会分析可控整流电路的原理，并能计算可控整流电路的输出电压和输出电流。

（3）会用万用表对晶闸管进行简易测试。

（4）熟悉晶闸管在汽车上的典型应用。

（5）培养良好的心理素质和克服困难的能力。

（6）加强职业道德意识和职业素质养成意识；加强安全与环保意识。

项目描述

晶闸管是晶体闸流管的简称，晶闸管也叫作可控硅，是一种具有三个 PN 结的功率型半导体器件，因为它可以像闸门一样控制电流，所以称之为"晶体闸流管"。晶体闸流管是最常用的功率型半导体控制器件之一，具有广泛的用途。

本项目从晶闸管的结构及工作特性开始介绍，目的是使读者理解可控整流电路的原理，能对汽车上的晶闸管典型应用电路进行分析。

相关知识

## 一、晶闸管

晶闸管是近 50 年来发展起来的一种较理想的大功率电能变换与控制器件。晶闸管问世以来，弱电对强电的控制得到了快速的发展，在工业生产领域的各个方面得到了广泛的应用，如可控整流、逆变、变频、交流调压等。

晶闸管具有体积小、重量轻、功耗低、寿命长、效率高、控制灵敏、容量大等优点，利用晶闸管可以对大功率的电源进行控制和变换。晶闸管在汽车电子设备中，起着电子开关、调压、调速、调光等作用。

### 1. 晶闸管的结构

晶闸管种类很多，有普通型、双向型、可关断型等。这里主要介绍应用最广泛的普通型晶闸管。

晶闸管是具有 3 个 PN 结的 PNPN 四层结构，其内部结构如图 7.1(a) 所示。它有 3 个电极：由外层 P 区引出的电极为阳极 A、外层 N 区引出的电极为阴极 K、中间 P 区引出的电极为控制极 G。

　　目前，大功率的晶闸管常用的外壳结构有螺栓式和平板式两种，如图 7.1(b)所示。晶闸管有三个电极，阳极 A、阴极 K 和控制极(门极)G。晶闸管中通过阳极的电流比控制极中的电流大得多，所以一般晶闸管控制极的导线比阳极和阴极的导线要细。

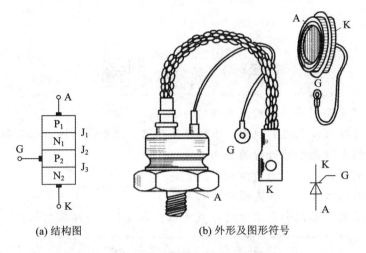

(a) 结构图　　　　　　　　　　(b) 外形及图形符号

图 7.1　晶闸管的结构图及外形、图形符号

　　螺栓式晶闸管有螺栓的一端是阳极，另一端有两根引线，其中较粗的是阴极，较细的是控制极，使用时将这种晶闸管固定在散热器上，这样安装、更换时比较方便。平板式晶闸管的中间金属环的引出线是控制极，离控制极较远的端面是阳极，近的端面是阴极，使用时晶闸管夹在两个散热器中间，散热效果好。

### 2. 晶闸管的工作特性

　　晶闸管与二极管相比，它的单向导电能力还受到控制极上的信号控制。为便于理解，下面通过实验来说明普通晶闸管的工作原理。

　　如图 7.2(a)所示，将晶闸管的阳极接电源 $E_a$ 的负极，阴极接电源 $E_a$ 的正极，并在回路中串联小灯泡(此回路称为主电路)，然后控制极接电源 $E_g$ 的正极，阴极接 $E_g$ 的负极，并通过开关 S 控制(此回路称为控制电路或触发电路)。这时不管开关 S 是否闭合，灯泡始终不亮。这说明当晶闸管阳极与阴极间加反向电压时，不管控制极有无正向触发电压，晶闸管均不导通，处于反向阻断状态。

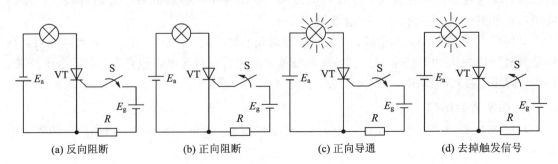

(a) 反向阻断　　　　(b) 正向阻断　　　　(c) 正向导通　　　　(d) 去掉触发信号

图 7.2　晶闸管工作特性测试电路

如图 7.2(b)所示,将 $E_a$ 的极性调换,即在晶闸管的阳极与阴极间加正向电压,当 S 断开时,灯泡不亮,说明晶闸管不导通,处于正向阻断状态。

如图 7.2(c)所示,将开关 S 闭合,即在晶闸管阳极与阴极间加正向电压的同时,给控制极与阴极间加上正向触发电压,此时灯泡亮,说明晶闸管被触发导通。

如图 7.2(d)所示,在晶闸管导通后,将开关 S 断开,灯泡仍然发光,这说明晶闸管仍然导通,控制极失去作用。

由以上分析可得出晶闸管的工作性能:

(1)导通条件:在晶闸管的阳极与阴极间加正向电压,同时在控制极与阴极间加正向电压,晶闸管就能导通,两者缺一不可。

(2)关断条件:晶闸管导通后,控制极失去控制作用,即使去掉控制极电压,晶闸管仍然导通。若要使晶闸管关断,只有在阳极与阴极间加反向电压,或去掉正向电压,使流过晶闸管的阳极主电流小于某一数值,才能关断。

(3)晶闸管导通后,控制极失去控制作用,因此控制极只需要一个触发脉冲就可触发晶闸管导通。

(4)晶闸管具有单向导电性,且导通时刻是可以通过控制极控制的,所以晶闸管可以用来构成可控整流电路。

(5)晶闸管还可以用作无触点功率静态开关,取代继电器、接触器构成控制电路。

**3. 晶闸管的主要参数**

(1)额定电压 $U_D$。为防止晶闸管因承受过大的正向电压而引起误导通,或因承受过大的反向电压被反向击穿而规定的允许加在晶闸管阳极与阴极间的最大电压,称为晶闸管的额定电压。由于晶闸管承受过电压的能力差,因此在选择晶闸管时,额定电压应取元件在电路中可能承受的最大电压瞬时值的 2~3 倍。

(2)额定电流(正向平均电流 $I_F$)。在环境温度不大于 40℃ 和标准散热及全导通的条件下,晶闸管可以连续通过的工频正弦半波电流(在一个周期内)的平均值称为额定电流(正向平均电流 $I_F$)。选用晶闸管时,额定电流至少比正常工作电流大 1.5~2 倍。

(3)通态平均电压 $U_F$。在规定的环境温度及标准散热条件下,当晶闸管流过正弦半波的正向电流的平均值时,元件阳极与阴极之间电压降的平均值称为通态平均电压。通态平均电压的范围一般为 0.4~1.2 V。

(4)维持电流 $I_H$。在室温下,控制极开路时,维持晶闸管继续导通所必需的最小电流称为维持电流。当正向电流小于 $I_H$ 时,晶闸管就自行关断。$I_H$ 值一般为几十至一百多毫安。

(5)控制极触发电压 $U_G$ 和触发电流 $I_G$。在晶闸管的阳极和阴极之间加 6 V 直流正向电压后,使晶闸管由阻断转入导通所必需的最小控制极电流称为控制极触发电流 $I_G$。产生 $I_G$ 所必需的最小电压称为控制极触发电压 $U_G$。实际使用中,应稍大于这一数值,以保证可靠触发。

## 二、单相可控整流电路

可控整流电路由主电路和触发电路两部分组成,其作用是将交流电变换为电压值可调的直流电。可控整流电路是通过改变控制角的大小实现调节输出电压大小的目的的。

**1. 单相半波可控整流电路**

将单相半波整流电路中的二极管用晶闸管代替,就成为单相半波可控整流电路,如图

7.3 所示。

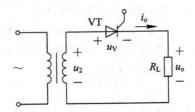

图 7.3　单相半波可控整流电路

由图 7.3 可见，在输入交流电压 $u_2$ 的正半周，晶闸管 VT 承受正向电压。假如在 $t_1$ 时刻给晶闸管的控制极加上触发脉冲，如图 7.4(b) 所示，晶闸管导通，负载上得到电压。在 VT 导通期间，晶闸管压降近似为零。当交流电压 $u_2$ 下降到接近于零值时，晶闸管正向电流小于维持电流而关断。在电压 $u_2$ 的负半周，晶闸管承受反向电压，不可能导通，负载电压和电流均为零。在第二个正半周内，再在相应的 $t_2$ 时刻加入触发脉冲，晶闸管再行导通。这样，在负载 $R_L$ 上就可以得到如图 7.4(c) 所示的电压波形。图 7.4(d) 所示波形的阴影部分为晶闸管关断时所承受的正向和反向电压，其最高正向和反向电压均为输入交流电压的幅值 $\sqrt{2}U_2$。

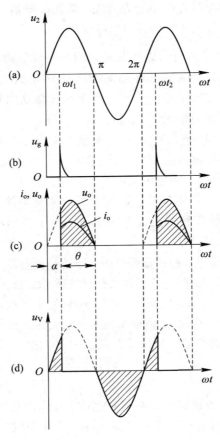

图 7.4　单相半波可控整流电路的电压与电流的波形

显然，在晶闸管承受正向电压的时间内，改变控制极触发脉冲的输入时刻(可称移相)，负载上得到的电压波形就随之改变，这样就控制了负载上输出电压的大小。

晶闸管在正向电压下不导通的范围称为控制角(又称移相角)，用 $\alpha$ 表示，而导电范围则称为导通角，用 $\theta$ 表示，可知 $\theta = \pi - \alpha$，如图 7.4(c)所示。很显然，导通角 $\theta$ 愈大，输出电压愈高。整流输出电压的平均值可以用控制角表示，即

$$U_{\circ} = \frac{1}{2\pi} \int_{\alpha}^{\pi} \sqrt{2} U_2 \sin\omega t \, \mathrm{d}(\omega t) = \frac{\sqrt{2}}{2\pi} U_2 (1 + \cos\alpha) = 0.45 U_2 \times \frac{1 + \cos\alpha}{2} \qquad (7-1)$$

从式(7-1)看出，当 $\alpha = 0°(\theta = 180°)$ 时晶闸管在正半周全导通，$U_{\circ} = 0.45 U_2$，输出电压最高，相当于不可控二极管单相半波整流电压。若 $\alpha = 180°$，$U_{\circ} = 0$，这时 $\theta = 0$，晶闸管全关断。

根据欧姆定律，电阻性负载中整流电流的平均值为

$$I_{\circ} = \frac{U_{\circ}}{R_{\mathrm{L}}} = 0.45 \frac{U_2}{R_{\mathrm{L}}} \cdot \frac{1 + \cos\alpha}{2} \qquad (7-2)$$

此电流即为通过晶闸管的平均电流。

【例 7.1】　在单相半波可控整流电路中，负载电阻为 8 Ω，交流电压有效值 $U_2 = 220$ V，控制角 $\alpha$ 的调节范围为 $60° \sim 180°$，求：

(1) 直流输出电压的调节范围；

(2) 晶闸管中最大的平均电流；

(3) 晶闸管两端出现的最大反向电压。

**解**　(1) 控制角为 60°时，由式(7-1)得出直流输出电压最大值为

$$U_{\circ} = 0.45 U_2 \cdot \frac{1 + \cos\alpha}{2} = 0.45 \times 220 \times \frac{1 + \cos 60°}{2} = 74.25 \text{ V}$$

控制角为 180°时得直流输出电压为零。

所以控制角 $\alpha$ 在 $60° \sim 180°$ 范围变化时，相对应的直流输出电压在 74.25 V～0 V 之间调节。

(2) 晶闸管最大的平均电流与负载电阻中最大的平均电流相等，由式(7-2)得

$$I_{\mathrm{F}} = I_{\circ} = \frac{U_{\circ}}{R_{\mathrm{L}}} = \frac{74.25}{10} = 7.425 \text{ A}$$

(3) 晶闸管两端出现的最大反向电压为变压器次级电压的最大值：

$$U_{\mathrm{FM}} = U_{\mathrm{RM}} = \sqrt{2} U_2 = \sqrt{2} \times 220 = 311 \text{ V}$$

考虑到安全系数，应选择额定电压为 600 V 以上的晶闸管。

**2. 单相半控桥式整流电路**

将二极管单相桥式整流电路中的两只二极管用晶闸管代替，便构成了图 7.5(a)所示的单相半控桥式整流电路。电路中四个整流元件有一半是可以控制的晶闸管。

在 $u_2$ 的正半周(a 端为正、b 端为负)，晶闸管 $VT_1$ 和二极管 $VD_4$ 承受正向电压。这期间如果在 $VT_1$ 的控制极与阴极间加入触发电压 $u_{g1}$，则 $VT_1$、$VD_4$ 导通，电流的流通路径为 a→$VT_1$→$R_{\mathrm{L}}$→$VD_4$→b。晶闸管 $VT_2$ 和二极管 $VD_3$ 都因承受反向电压而截止。当 $u_2$ 过零时，因为阳极电流减小，$VT_1$ 自行关断。

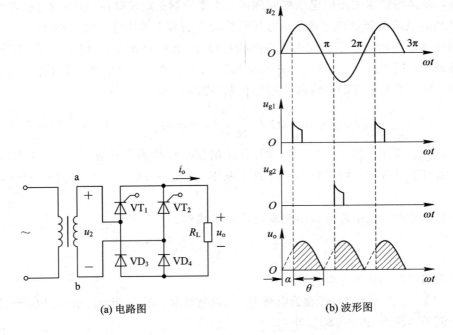

图 7.5　单相半控桥式整流电路

在 $u_2$ 的负半周（a 端为负、b 端为正），晶闸管 $\mathrm{VT_2}$ 和二极管 $\mathrm{VD_3}$ 承受正向电压。这期间，如果在 $\mathrm{VT_2}$ 的控制极与阴极间加入触发电压 $u_{g2}$，则 $\mathrm{VT_2}$ 和 $\mathrm{VD_3}$ 导通，电流的流通路径为 b→$\mathrm{VT_2}$→$R_L$→$\mathrm{VD_3}$→a。晶闸管 $\mathrm{VT_1}$ 和二极管 $\mathrm{VD_4}$ 则因承受反向电压而截止。当 $u_2$ 再次过零时，$\mathrm{VT_2}$ 自行关断。

晶闸管在上述两种情况下导通时，流过负载 $R_L$ 的电流方向是一致的。$u_2$，$u_{g1}$，$u_{g2}$ 以及 $u_o$ 的波形如图 7.5(b) 所示。

控制角 $\alpha$ 和输出电压 $U_o$ 的关系可推导如下：

$$U_o = \frac{1}{\pi}\int_{\alpha}^{\pi}\sqrt{2}U_2\sin\omega t\, \mathrm{d}(\omega t) = \frac{\sqrt{2}}{\pi}U_2(1+\cos\alpha) = 0.9U_2 \times \frac{1+\cos\alpha}{2} \qquad (7-3)$$

由式(7-3)可知，$\alpha$ 越小，$U_o$ 就越大；反之越小。当 $\alpha = 0°$ 时，晶闸管承受正向电压期间全导通，$U_o = 0.9U_2$，输出电压最高；当 $\alpha = 180°$ 时，晶闸管全关断，$U_o = 0$。

输出电流平均值为

$$I_o = \frac{U_o}{R_L} = 0.9\frac{U_2}{R_L} \cdot \frac{1+\cos\alpha}{2} \qquad (7-4)$$

晶闸管所承受的最高正向电压 $U_{FM}$、最高反向电压 $U_{RM}$ 以及二极管所承受的最高反向电压都是相等的，即

$$U_{FM} = U_{RM} = \sqrt{2}U_2 \qquad (7-5)$$

流过晶闸管的平均电流 $I_{VT_1}$、$I_{VT_2}$ 分别和二极管的平均电流 $I_{VD_4}$、$I_{VD_3}$ 相等，即

$$I_{VT_1} = I_{VT_2} = I_{VD_3} = I_{VD_4} = \frac{1}{2}I_o \qquad (7-6)$$

【例 7.2】  有一纯电阻负载，需要可调的直流电源：电压 $U_o$＝0～180 V，电流 $I_o$＝0～6 A。现采用单相半控桥式整流电路，试求交流电压的有效值。

**解**  设晶闸管导通角 $\theta$ 为 180°（$\alpha$＝0°）时，$U_o$＝180 V，$I_o$＝6 A，则交流电压有效值为

$$U_2 = \frac{U_o}{0.9} = \frac{180}{0.9} = 200 \text{ V}$$

实际还要考虑电网电压波动、管压降以及导通角常常达不到 180°（一般只有 160°～170°）等因素，交流电压要比上述计算而得到的值增大 10% 左右，即大约为 220 V。因此，可直接接到 220 V 的交流电源上，而不用整流变压器。

## 三、晶闸管及其触发电路

要使晶闸管导通，除必须使其阳极承受正向电压外，还必须在它的控制极上加适当的触发电压和电流。对晶闸管提供触发脉冲信号的电路，称为晶闸管触发电路。下面简要介绍单结晶体管及其触发电路。

### 1. 单结晶体管

单结晶体管（简称 UJT）又称双基极二极管，它是一种只有一个 PN 结和两个电阻接触电极的半导体器件，它的基片为条状的高阻 N 型硅片，两端分别引出两个基极 $B_1$ 和 $B_2$。在硅片中间略偏 $B_2$ 一侧用合金法制作一个 P 区作为发射极 E。

单结晶体管的发射极与任一基极之间都存在着单向导电性，当发射极不与电路接通时，基极 $B_1$ 和 $B_2$ 之间约有 3～12 kΩ 的电阻。发射极与基极之间的 PN 结用等效二极管 VD 表示。

图 7.6 是单结晶体管的图形符号和等效电路。

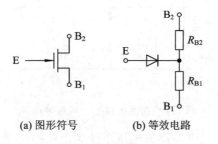

(a) 图形符号          (b) 等效电路

图 7.6  单结晶体管

单结晶体管相当于一个开关，当加在它控制极（即发射极）上的电压达到峰点电压 $U_p$ 时，单结晶体管由截止突然变为导通。导通后，当加在控制极上的电压下降到谷点电压 $U_v$ 时，单结晶体管突然由导通变为截止。

不同的单结晶体管有不同的 $U_p$ 和 $U_v$ 值。

单结晶体管的发射极与第一基极的电阻是一个随发射极电流变化而变化的电阻。所以，在单结晶体管的等效电路中，可用可变电阻表示。

这种器件特别适用于开关系统中的弛张振荡器，可用于定时电路、控制电路。

**2. 单结晶体管触发电路**

图 7.7 所示为由单结晶体管组成的触发电路（或称弛张振荡电路），可向晶闸管提供触发脉冲。该电路利用了单结晶体管的负阻特性和 RC 电路的充放电特性，组成的振荡电路频率可变。

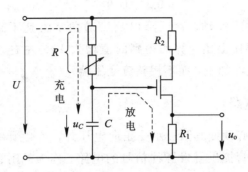

图 7.7　单结晶体管组成的弛张振荡电路

在电源接通之前，晶体管触发电路中电容器 $C$ 上的电压为零。接通电源后，它就经 $R$ 向电容器充电，电容器两端电压按指数曲线上升，当 $U_C$ 升高到等于单结晶体管峰点电压时，由于电容器两端的电压就是加在单结晶体管的发射极 E 和第一基极 $B_1$ 之间的电压，所以单结晶体管导通，电容器向 $R_1$ 放电。由于 $R_1$ 取得较小，因此放电很快，放电电流在 $R_1$ 上形成一个脉冲电压，如图 7.8 所示。

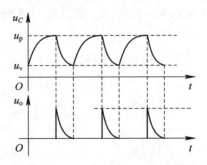

图 7.8　振荡电路产生的脉冲电压

由于电阻 $R$ 取得较大，当电容器的电压下降到单结晶体管谷点电压时，电源经过电阻 $R$ 所供给的电压小于单结晶体管的谷点电压，于是单结晶体管截止。电源再次经 $R$ 向电容器 $C$ 充电，重复上述过程，于是在 $R_1$ 上就形成一个接一个的触发脉冲。

在触发电路中，$R$ 的值不能太小，否则在单结晶体管导通之后，电源经过 $R$ 所供给的电流较大，使单结晶体管的电流不能降到谷点电流之下，电容器的电压始终大于谷点电压，会造成单结晶体管不能截止的直通现象。选用谷点电流大一些的管子，可以减少或避免这种现象。当然，$R$ 的值也不能太大，否则充电太慢，在整流的半个周期内电容器充不到峰点电压，管子就不能导通。

为了可靠地触发晶闸管，通常要求触发脉冲的功率为 $0.5 \sim 2$ W，电压幅值为 $4 \sim 10$ V，宽度在 $10\ \mu s$ 以上。

**3. 触发电路与主电路的连接**

图 7.9 所示为全波桥式可控整流电路，触发脉冲是由单结晶体管振荡电路产生的。

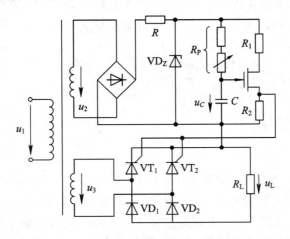

图 7.9 触发电路与主电路的连接

负载 $R_L$ 所在的电路称为主电路，产生触发脉冲的是触发电路。主电路和触发电路接在同一个变压器上是为了使 $u_2$、$u_3$ 同相，从而使触发电路的过零时刻与主电路的过零时刻保持一致，即所谓"同步"。

稳压管 $VD_Z$ 的作用是削波稳压，同时，削波以后可以增大移相范围和降低单结晶体管所承受的峰值电压。

## 四、晶闸管在汽车电路中的应用

图 7.10 所示为晶闸管式燃油油量警告灯电路。燃油油量警告灯电路与汽车上已有的燃油表和传感器一起工作。当仪表电源稳压器每输送一个电压脉冲给指示表时，在可变电

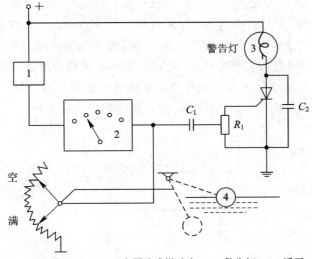

1—电源稳压器；2—双金属片式燃油表；3—警告灯；4—浮子

图 7.10 晶闸管式燃油油量警告灯电路

阻式传感器上便会出现与油液位成比例的脉冲电压。当燃油液位下降时，串入指示表电路中的可变电阻值增大，脉冲电压振幅增大，当脉冲电压振幅达到一定值时，触发晶闸管导通，接通警告灯电路，使警告灯点亮。警告灯闪烁用于提示驾驶员及时加油。只有油箱内加入一定量的燃油后，警告灯才熄灭。电阻 $R_1$ 用来调整晶闸管导通时间。

## 晶闸管特性测试

### 1. 晶闸管电阻测试

依据 PN 结的单向导电性，用万用表欧姆挡测试晶闸管三个电极之间的阻值，可初步判断管子是否完好。如用万用表 R×1 kΩ 挡测得阳极 A 和阴极 K 之间的正、反向电阻都很大，在几百千欧以上，且正、反向电阻差值很小；用 R×10 Ω 挡测得控制极 G 和阴极 K 之间的电阻，其正向电阻小于或接近于反向电阻，则表明这样的晶闸管是好的。如果阳极与阴极或阳极与控制极间有短路，阴极与控制极间有短路或断路，则表明晶闸管已损坏。

用万用表 R×1 kΩ 挡分别测量晶闸管 A-K、A-G 电极间正、反向电阻，用万用表 R×10 Ω 挡测量 G-K 电极间正、反向电阻，记入表 7.1 中。

**表 7.1　晶闸管电阻测试**

| $R_{A-K}/kΩ$ | $R_{K-A}/kΩ$ | $R_{A-G}/kΩ$ | $R_{G-A}/kΩ$ | $R_{G-K}/kΩ$ | $R_{K-G}/kΩ$ | 结论 |
|---|---|---|---|---|---|---|
|  |  |  |  |  |  |  |

### 2. 晶闸管工作特性测试

按图 7.11 连接实验电路，记录如下 6 种结果：

（1）晶闸管阳极加 12 V 正向电压，控制极开路，观察管子是否导通。

（2）晶闸管阳极加 12 V 正向电压，控制极加 5 V 正向电压，观察管子是否导通。

（3）管子导通后，去掉 +5 V 控制极电压，观察管子是否继续导通。

（4）管子导通后，反接控制极电压（−5 V），观察管子是否继续导通。

（5）管子导通后，去掉 +12 V 阳极电压，观察管子是否关断。

（6）管子导通后，反接阳极电压（−12 V），观察管子是否关断。

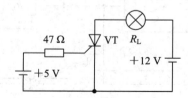

图 7.11　晶闸管实验电路

### 3. 分析讨论

（1）如何用万用表判别晶闸管的好坏？

（2）怎样使晶闸管由关断变为导通？

# 一、晶闸管的保护

晶闸管虽然具有很多优点，但是其过载能力很差，应用时如果没有很好地加以保护，常常会导致其损坏，因此在各种晶闸管装置中，必须采取适当的保护措施。

### 1. 过电流保护

由于半导体器件体积小、热容量小，特别是像晶闸管这类高电压大电流的功率器件，结温必须受到严格的控制，否则会彻底损坏。当晶闸管中流过大于额定值的电流时，热量来不及散发，使得结温迅速升高，最终将导致结层被烧坏。

晶闸管过电流保护方法中最常用的是使用快速熔断器。快速熔断器由银制熔丝埋于石英砂内制成，熔丝熔断时间极短，可以用来保护晶闸管。

### 2. 过电压保护

晶闸管承受过电压的能力也很差，当电路中的电压超过其反向击穿电压时，即使时间极短，也容易损坏晶体管。

通常过电压均具有较高的频率，因此常用电容作为吸收元件，为防止振荡，常加阻尼电阻，构成阻容吸收回路。阻容吸收回路可接在电路的交流侧、直流侧，或并接在晶闸管的阳极和阴极之间。也可利用硒堆及压敏电阻等非线性元件组成吸收回路。

# 二、几种典型的电力电子器件

晶闸管的种类和规格很多，适用于各种不同的场合。20 世纪 80 年代，在普通晶闸管基础上，为适应电力电子技术发展的需要，又开发出门极可关断晶闸管、双向晶闸管、光控晶闸管等一系列派生器件，以及单极型 MOS 功率场效应晶体管、双极型功率晶体管、功率集成电路等新型电力电子器件。

各种电力电子器件均具有导通和阻断两种工作特性。普通晶闸管是三端器件，其门极信号能控制元件的导通，但不能控制其关断，称为半控型器件。GTO（门极可关断晶闸管）、GTR（电力晶体管）、IGBT（绝缘栅双极晶体管）通过控制信号既能控制器件的导通，又能控制其关断，称为全控型器件。全控型器件控制灵活，广泛应用于整流、逆变、斩波电路中，是电动机调速、发电机励磁、感应加热、电镀等电力电子装置中的核心部件。

按照驱动电路加在电子器件控制端和公共端之间信号的性质不同，可分为电压驱动型器件，例如 IGBT、Power MOSFET；电流驱动型器件，例如晶闸管、GTO、GTR。

下面介绍几种典型的电力电子器件。

### 1. 双向晶闸管

双向晶闸管是在单向晶闸管的基础之上开发出来的，是一种交流型功率控制器件。

双向晶闸管相当于两个单向晶闸管反向并联，但只有一个控制极。双向晶闸管也具有触发控制特性。不过，它的触发控制特性与单向晶闸管有很大的不同，无论在阳极和阴极间接入何种极性的电压，只要在它的控制极上加上一个触发脉冲，不管这个脉冲是什么极性的，都可以使双向晶闸管导通。双向晶闸管不仅能够取代两个反向并联的单向晶闸管，而且只需要一个触发电路，使用起来很方便。

**2. 光控晶闸管**

光控晶闸管又称光触发晶闸管，是利用一定波长的光照信号来代替电信号对器件进行触发的。光控晶闸管的伏安特性和普通晶闸管一样，只是随着光照信号变强，其正向转折电压逐渐变低。

通常晶闸管有 3 个电极，分别为控制极 G、阳极 A 和阴极 K。由于光控晶闸管的控制信号来自光的照射，没有必要再引出控制极，所以，只有两个电极（阳极 A 和阴极 K）。

光控晶闸管除了触发信号不同以外，其他特性基本与普通晶闸管相同，因此，在使用时可按照普通晶闸管的使用原则，注意光控这个特点就行了。

**3. 可关断晶闸管**

可关断晶闸管（Gate Turn-Off Thyristor，GTO）亦称门控晶闸管。可关断晶闸管是一种通过门极来控制器件导通和关断的电力半导体器件。GTO 既具有普通晶闸管的优点（耐压高、电流大、耐浪涌能力强、价格便宜），同时又具有 GTR 的优点（自关断能力、无需辅助关断电路、使用方便），是应用于高压、大容量场合中的一种大功率开关器件，广泛应用于电力机车的逆变器、大功率直流斩波调速等领域。

如前所述，普通晶闸管（SCR）靠门极正信号触发之后，撤掉信号亦能维持通态，欲使之关断，必须切断电源，使正向电流低于维持电流，或施以反向电压关断，这就需要增加换向电路。但增加换向电路不仅会使设备的体积、重量增大，而且会降低效率，产生波形失真和噪声。可关断晶闸管克服了上述缺陷，它既保留了普通晶闸管耐压高、电流大等优点，也具有自关断能力，使用方便，是理想的高压、大电流开关器件。GTO 的容量及使用寿命均超过 GTR，只是工作频率比 GTR 低。大功率可关断晶闸管已广泛用于斩波调速、变频调速、逆变电源等领域，显示出强大的生命力。

可关断晶闸管也属于 PNPN 四层三端器件，外部也有三个电极，即门极 G、阳极 A 和阴极 K，其结构及等效电路和普通晶闸管相同，大功率 GTO 大都制成模块形式。

**4. 快速晶闸管**

快速晶闸管是普通晶闸管的一种派生器件，视电流容量大小，其开通时间为 $4\sim 8\ \mu s$，关断时间为 $10\sim 60\ \mu s$，主要用于较高频率的整流、斩波、逆变和变频电路。

快速晶闸管基本结构与普通晶闸管类似，只是为了适应中频应用的特点，其门极设计更为复杂。快速晶闸管采取的特殊措施，在一定程度上降低了静态特性，限制了它直接工作于更高频率的大功率电子设备的能力。但快速晶闸管的开关特性得到很大改善，关断时间大大缩短。使用者应根据实际应用情况选择具体参数要求。

**5. 绝缘栅双极型晶体管**

绝缘栅双极型晶体管（Insulated Gate Bipolar Transistor，IGBT）是由双极型三极管（Bipolar Junction Transistor，BJT）和绝缘栅型场效应管组成的复合全控型电压驱动式功率半导体器件，兼有金属-氧化物半导体场效应晶体管（MOSFET）的高输入阻抗和电力晶体管（GTR）的低导通压降两方面的优点。GTR 饱和压降低，载流密度大，但驱动电流较大；MOSFET 驱动功率很小，开关速度快，但导通压降大，载流密度小。IGBT 综合了以上两种器件的优点，驱动功率小而饱和压降低，非常适合应用于直流电压为 600 V 及以上的变流系统，如交流电机、变频器、开关电源、照明电路、牵引传动等。

IGBT 是能源变换与传输的核心器件，俗称电力电子装置的"CPU"，在轨道交通、智能电网、航空航天、电动汽车与新能源装备等领域应用极广。

IGBT 模块是由 IGBT 芯片与 FWD(续流二极管)芯片通过特定的电路桥接封装而成的模块化半导体产品。封装后的 IGBT 模块可直接应用于变频器、UPS 不间断电源等设备上。IGBT 模块具有节能、安装维修方便、散热稳定等特点。一般所说的 IGBT 也指 IGBT 模块。随着节能环保等理念的推进，此类产品使用更加广泛。

## 项目小结

(1) 晶闸管种类很多，有普通型、双向型、可关断型等。应用最广泛的普通型晶闸管有三个电极，分别为阳极 A、阴极 K 和控制极(门极)G，这种晶闸管是一个四层三端半导体器件，具有可控单向导电性，可以用作可控整流和无触点功率静态开关。

(2) 晶闸管也叫可控硅，是一种具有三个 PN 结的功率型半导体器件。利用晶闸管可以对大功率的电源进行控制和变换。

(3) 晶闸管的导通条件：在晶闸管的阳极与阴极间加正向电压，同时在控制极与阴极间加正向电压，两者缺一不可。

(4) 晶闸管的关断条件：晶闸管导通后，控制极失去控制作用，即使去掉控制极电压，晶闸管仍然导通。若要使晶闸管关断，则需要在阳极与阴极间加反向电压，或去掉正向电压，使流过晶闸管的阳极主电流小于某一数值。

(5) 可控整流电路由主电路和触发电路两部分组成，其作用是将交流电变换为电压值可调的直流电。可控整流电路是通过改变控制角的大小来实现调节输出电压大小的目的的。

## 练习与思考

### 一、填空题

1. 晶闸管又称为_____，其管芯由_____层半导体组成，有_____个 PN 结。

2. 晶闸管是一种可控整流元件，它的导通条件是_____电位高于_____电位，同时控制极与阴极间加适当_____电压。

### 二、判断题

1. 晶闸管是一种半导体开关元件，能在高电压大电流条件下工作。　　　　　(　　)

2. 晶闸管相当于两个三极管，具有非常高的电流放大倍数。　　　　　　　(　　)

3. 晶闸管的控制极又称为门极。　　　　　　　　　　　　　　　　　　　(　　)

4. 只要承受正向阳极电压，晶闸管就能导通。　　　　　　　　　　　　　(　　)

5. 晶闸管的控制极既能控制晶闸管导通，又能控制它关断。　　　　　　　(　　)

6. 晶闸管是一种半导体开关元件，能在高电压大电流条件下工作。　　　　　（　　）

### 三、单选题

1. 单相半波可控整流电路中，如果流入负载电阻 $R_L$ 的电流是 2 A，则流过晶闸管的电流为（　　）。

A. 2 A　　　　　B. 1 A　　　　　C. 4 A　　　　　D. 3 A

2. 晶闸管有（　　）PN 结。

A. 两个　　　　　B. 三个　　　　　C. 四个　　　　　D. 五个

3. 晶闸管的三个电极分别称为（　　）。

A. 门极、基极、源极　　　　　　　B. 栅极、控制极、阳极

C. 阴极、栅极、源极　　　　　　　D. 控制极、阳极、阴极

4. 晶闸管具有（　　）两种工作方式。

A. 导通与截止　　　　　　　　　　B. 放大与截止

C. 饱和与放大　　　　　　　　　　D. 导通与饱和

### 四、多选题

1. 晶闸管的导通条件是（　　）。

A. 阳极与阴极之间加正向电压

B. 控制极与阴极之间加正向电压

C. 控制极与阳极之间加正向电压

D. 阳极与阴极之间加反向电压

2. 晶闸管截止的条件是（　　）。

A. 控制极与阴极之间加反向电压，或不加触发信号

B. 减小阳极与阴极电压，或加大回路电阻，使晶闸管中电流的正反馈效应不能维持

C. 控制极与阳极之间加反向电压

D. 阳极与阴极之间加反向电压

### 五、计算题

1. 有一单相半波可控整流电路，负载电阻 $R_L=10\ \Omega$，直接由 220 V 电网供电，控制角 $\alpha=60°$，试计算整流电压的平均值和整流电流的平均值。

2. 有一电阻性负载，它需要可调的直流电压 $U_\circ=0\sim60$ V，电流 $I_\circ=0\sim10$ A，现采用单相半控桥式整流电路，试计算变压器副边的电压。

# 项目 8 数字电路基础及其应用

（1）了解数字电路的基本概念和特点，各种数制与码制及其转换规律，掌握逻辑代数及其运算法则。

（2）掌握"与""或""非"基本门电路的逻辑功能和复合逻辑门电路的特点。

（3）掌握基本 RS 触发器、可控 RS 触发器、JK 触发器和 D 触发器的工作原理。

（4）了解计数器、寄存器、数码显示器和七段译码器。

（5）会查阅相关数字电路手册，了解数字集成电路的引脚排列、性能特点和使用方法。

（6）能够读懂并简单分析常用汽车集成电路。

（7）具有安全操作意识、环境品质管理意识，加强安全与环保意识。

（8）注重培养并不断提升解决实际问题的能力，形成良好的岗位责任意识。

随着汽车电子技术的发展和汽车控制单元的增加，以数字电路为基础的汽车微机控制系统、数字式仪表、数字逻辑系统等已得到日益广泛的应用。电信号主要在传感器、ECU、执行元件之间进行传递。汽车上许多信号，例如温度、速度等都是随着时间连续变化的模拟信号，为了便于存储、分析和传输，需要将模拟信号进行编码转换为数字信号，在数字电路中利用数字信号完成测量、运算、控制等功能。

本项目从汽车发动机转速检测电路展开讨论，包括发动机的转速测量所涉及的数字电路基本知识，目的是使读者通过熟悉组合逻辑电路和时序逻辑电路及常用元器件功用，能分析汽车电子电路，掌握常用汽车集成电路在汽车电子电路中的具体应用。

## 一、数字电路基本知识

### （一）数字电路与模拟电路

在电子技术中，电子电路可分为模拟电路和数字电路两大类。模拟电路是传输和处理模拟信号的电路；数字电路是传输和处理数字信号的电路。在汽车电子电路中，电信号主要在传感器、ECU（电子控制单元）及执行器件之间进行传递。传感器输入 ECU 的信号大体上可以分两大类：一类是模拟信号，模拟信号是指在时间和数值上都连续变化的信号，如交流放大电路的电压信号，如图 8.1(a)所示；另一类是数字信号，数字信号是指在时间和数值上都不连续变化的离散的脉冲信号，如汽车上的光电式曲轴位置传感器信号，如图 8.1(b)所示。光电式曲轴位置传感器输出的信号是遮光盘不断通过光电耦合器而产生的"有"或"无"（透光或遮光）的规律变化的脉冲信号。

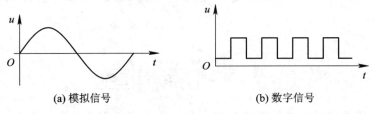

**(a) 模拟信号**　　　　　　**(b) 数字信号**

图 8.1　模拟信号与数字信号

图 8.2 所示为汽车发动机转速检测原理图，每当飞轮的一个齿转过相应的固定位置时，电磁脉冲传感器便对外发出一个电脉冲信号，经过整形和放大处理后，便成为标准的数字信号。这样根据单位时间内数字信号的个数就可以计算出发动机的转速，然后再通过显示程序和显示设备就可以在汽车仪表盘上把发动机的具体转速用数字的形式显示出来。

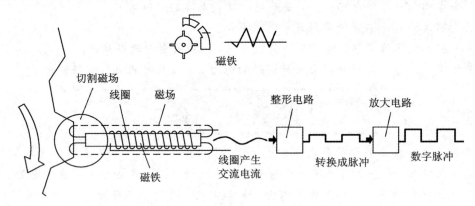

图 8.2　汽车发动机转速检测原理图

数字电路中没有脉冲信号时的状态称为静态，静态时的电压值可以为正、为负或为零（一般在 0 V 左右）。脉冲出现时电压大于静态电压值称为正脉冲，小于静态电压值称为负脉冲，如图 8.3 所示。但实际的波形并不是那么理想。

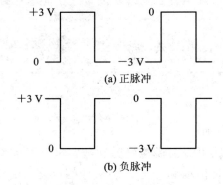

图 8.3　正脉冲和负脉冲

## （二）数字电路的特点

数字信号只有两种状态：高电平、低电平，或称为有信号、无信号。在数字电路中，通常把这两种状态用两个符号来表示，即"1"和"0"，也即逻辑 1 和逻辑 0。高电平或有信号用"1"表示，低电平或无信号用"0"表示，称为正逻辑；相反，则称为负逻辑。在数字电路的逻辑设计中，有时用正逻辑，有时用负逻辑，无特殊声明时，采用正逻辑。

数字电路的研究重点是输入信号和输出信号之间的逻辑关系，所用的数学分析工具是逻辑代数（又称"布尔代数"），描述电路逻辑功能的主要方法是逻辑变量的真值表、逻辑函数式、特性方程、状态转换图、时序图和逻辑电路图等。数字电路以二值数字逻辑为基础，只有"1"和"0"两个基本数字状态，易于用电路元件来实现。数字电路能够完成算术运算及逻辑运算。数字电路的输出与输入之间满足一定的逻辑关系，因此数字电路又称为逻辑电路。数字电路结构简单，易于制造，便于集成化、系列化生产，成本低廉，使用方便。利用数字电路组成的数字系统，工作准确可靠、精度高、保密性好、抗干扰能力强。数字电路在电子计算机、自动控制、电视、雷达、通信、数字仪表、汽车电路等各个领域中都得到了广泛的应用。

## （三）数制与编码

### 1. 数制

表示数值大小的各种计数方法称为计数体制，简称数制。按进位的原则进行计数称为进位计数制。数字电路中常用的数制有二进制、八进制、十进制、十六进制等，常用后缀 B、O、D 和 H 来区别。每一种进制有一组特定的数码，如十进制数有 0、1、2……9 共 10 个数码。数码总数称为基数，如十进制基数是 10。每位数的"1"代表的值称为权，如十进制各位的权分别是 $10^0$、$10^1$、$10^2$……及 $10^{-1}$、$10^{-2}$、$10^{-3}$……等。

二进制数的数码有"0""1"两个，基数是 2，每位的权是 2 的幂，如 $2^0$、$2^1$、$2^2$……及 $2^{-1}$、$2^{-2}$……等，进位规则是"逢二进一"。

数字电路中高、低电平两种工作状态可以方便地表示二进制数（对于正脉冲，高电平为"1"，低电平为"0"），因此数字电路中普遍使用二进制。

日常生活中，人们习惯使用的是十进制数。十进制数可以和二进制数按数值的大小相互等值转换。

二进制数转换成十进制数的方法是按权展开，再求各位数值之和。

【例 8.1】　将二进制数 11011 转换为十进制数。

**解**　　　　　　　$(11011)_2 = 1 \times 2^4 + 1 \times 2^3 + 0 \times 2^2 + 1 \times 2^1 + 1 \times 2^0$
$$= 16 + 8 + 0 + 2 + 1 = (27)_{10}$$

十进制整数转换为二进制数的常用方法是除二取余法，即将十进制数连续除以 2，并依次记下余数，一直除到商为 0 为止。以最后所得的余数为最高位，依次从后向前排列即为转换后对应的二进制数。

【例 8.2】　将十进制数 38 转换为二进制数。

**解**　用竖式除法表示除二取余法的过程。

$$
\begin{array}{r|l}
2 & 38 \quad \cdots\cdots 0 \;—\; a_0 \\
2 & 19 \quad \cdots\cdots 1 \;—\; a_1 \\
2 & 9 \quad \cdots\cdots 1 \;—\; a_2 \\
2 & 4 \quad \cdots\cdots 0 \;—\; a_3 \\
2 & 2 \quad \cdots\cdots 0 \;—\; a_4 \\
2 & 1 \quad \cdots\cdots 1 \;—\; a_5 \\
 & 0
\end{array}
$$

读写顺序

1 0 0 1 1 0

所以$(38)_{10} = (100110)_2$。

十六进制数的基数为 16，用 $0 \sim 9$，A，B，C，D，E，F 共 16 个数码分别表示一个十六进制数，其进位规则是"逢十六进一"，通常用一个十六进制数表示 4 位二进制数。要将十进制数转换为十六进制数时，可先转换为二进制数，再由二进制数转换为十六进制数。

八进制数的基数为 8，有 $0 \sim 7$ 共 8 个数码，进位规则是"逢八进一"。在数字系统中用 3 位二进制数代表 1 位八进制数的数字。八进制数是一种适合于用二进制数表示和进行运算的数，因此，也适合用于逻辑电路的处理。

二、八、十、十六进制数码的对应关系如表 8.1 所示。

**表 8.1　二、八、十、十六进制数码的对应关系**

| 十进制 | 二进制 | 八进制 | 十六进制 | 十进制 | 二进制 | 八进制 | 十六进制 |
|---|---|---|---|---|---|---|---|
| 0 | 000 | 0 | 0 | 8 | 1000 | 10 | 8 |
| 1 | 001 | 1 | 1 | 9 | 1001 | 11 | 9 |
| 2 | 010 | 2 | 2 | 10 | 1010 | 12 | A |
| 3 | 011 | 3 | 3 | 11 | 1011 | 13 | B |
| 4 | 100 | 4 | 4 | 12 | 1100 | 14 | C |
| 5 | 101 | 5 | 5 | 13 | 1101 | 15 | D |
| 6 | 110 | 6 | 6 | 14 | 1110 | 16 | E |
| 7 | 111 | 7 | 7 | 15 | 1111 | 17 | F |

**2. 编码**

用数字或某种文字符号来表示某一对象和信号的过程叫作编码。数字系统中的信息，除数据外还包括文字、符号和各种对象、信号等，这些信息都是用若干位"0"和"1"组成的二进制数表示的。

在数字电路中，十进制编码或某种文字符号难以实现，一般采用 4 位二进制数码来表示 1 位十进制数码，这种方法称为二-十进制编码，常用的有 BCD 码。BCD 码又有很多种，常用有 8421 码、余 3 码、格雷码等。二进制数码与十进制数码的对应关系见表 8.2。8421

码的 4 位数码从左到右各位对应值分别为 $2^3$、$2^2$、$2^1$、$2^0$，即 8、4、2、1，所以称为 8421 码。

**表 8.2　常 用 编 码 表**

| 十进制数 | 种 8421 码 | 5421 码 | 2421 码 | 余三码（无权码） | 格雷码（无权码） |
|---|---|---|---|---|---|
| 0 | 0000 | 0000 | 0000 | 0011 | 0000 |
| 1 | 0001 | 0001 | 0001 | 0100 | 0001 |
| 2 | 0010 | 0010 | 0010 | 0101 | 0011 |
| 3 | 0011 | 0011 | 0011 | 0110 | 0010 |
| 4 | 0100 | 0100 | 0100 | 0111 | 0110 |
| 5 | 0101 | 1000 | 1011 | 1000 | 0111 |
| 6 | 0110 | 1001 | 1100 | 1001 | 0101 |
| 7 | 0111 | 1010 | 1101 | 1010 | 0100 |
| 8 | 1000 | 1011 | 1110 | 1011 | 1100 |

$n$ 位二进制数，可以组成 $N = 2^n$ 种不同的代码，代表 $2^n$ 种不同的信息或数据。

在数字系统中，任何信息，包括各种特定的对象、信号等都需要转化为二进制代码来处理。

目前广泛应用的表示字母、符号的二进制代码是 ASCII 码，采用 7 位二进制数编码，可以表示 128 个字符。

现代汽车上配备的自诊断系统、汽车的电子控制单元（ECU）能够自动检测汽车电子故障，而各种故障在 ECU 中是以代码形式存储、处理的，这些代码称为故障码。

## 二、逻辑门电路

"逻辑"一般是指事物的前因和后果之间的关系，即条件与结果的关系，也叫逻辑关系。在数字电路中，电路的输入信号与输出信号之间存在一定的逻辑关系，实现这种逻辑关系的数字电路称为逻辑电路。

逻辑代数就是用以描述逻辑关系，反映逻辑变量运算规律的数学，它是按照一定的逻辑规律进行运算的。

逻辑代数又称布尔代数或开关代数，它是研究逻辑电路的数学工具，为分析和设计逻辑电路提供了理论基础。

逻辑代数中的逻辑变量和普通代数中的变量一样，也可以用字母 $A$、$B$、$C$……$X$、$Y$、$Z$ 等来表示。但逻辑代数中所有变量只允许取两个值，即 0 和 1（没有中间值）。逻辑代数中变量的取值（0 和 1）并不表示数量的大小，它只用来表示两种对立的逻辑状态。在逻辑代数中，只有三种基本的逻辑运算，即与运算、或运算、非运算，其他逻辑运算都是通过这三种基本运算的组合来实现的。

在数字逻辑电路中，分别用"1"和"0"表示高电平与低电平这两种相反的工作状态。采用正逻辑关系时，开关接通为"1"，断开为"0"；灯亮为"1"，熄灭为"0"。

数字电路中，用以实现一定逻辑关系的电路称为逻辑门电路，简称门电路。门电路可以用晶体二极管、晶体三极管等分立器件组成，也可以用集成电路实现，称为集成门电路。

**1. 基本逻辑门电路**

数字电路中的基本逻辑关系有三种，即"与""或""非"，与其对应的基本门电路有与门、或门、非门三种。

分析电路时应首先确定各逻辑值的含义。设开关闭合为1，断开为0；灯亮为1，灯灭为0。用 $A$、$B$ 作为开关 $S_1$、$S_2$ 的状态变量，用 $Y$ 作为灯(D)的状态变量。

1) 与门电路

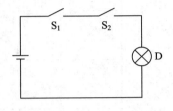

当决定某一事件的所有条件(前提)都具备时，该事件才会发生(结论)，这种结论与前提的逻辑关系称为与逻辑关系。

图 8.4 为与逻辑电路图。只有当 $S_1$ 与 $S_2$ 都闭合时，灯(D)才能亮，即 $A$ 与 $B$ 全为"1"时，灯才亮，$Y$ 为"1"；$A$ 与 $B$ 中只要一个为"0"，则 $Y$ 为"0"。$Y$ 与 $A$、$B$ 的这种关系称为与逻辑，表示为 $Y=AB$。实现与逻辑关系的运算称为与运算，运算符号为"·"，通常可以省略。由于"与"运算和普通代数乘法相类似，故"与"运算又称逻辑乘。其表达式为

图 8.4 与逻辑电路图

$$Y = A \cdot B = AB \tag{8-1}$$

实现与逻辑关系的电子电路称为与门电路，简称为与门。图 8.5 为由二极管组成的与门电路及与门的逻辑符号，对于有多个输入端的与逻辑，可用下式表示：

$$Y = ABCD$$

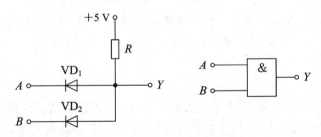

图 8.5 二极管与门电路和与门逻辑符号

与逻辑也可用逻辑状态真值表来表示，如表 8.3 所示。

**表 8.3 "与"运算真值表**

| 输 入 | | 输 出 |
| --- | --- | --- |
| $A$ | $B$ | $Y$ |
| 0 | 0 | 0 |
| 0 | 1 | 0 |
| 1 | 0 | 0 |
| 1 | 1 | 1 |

由与门真值表和逻辑表达式可以得出逻辑乘的运算规律为

$$0 \cdot 0 = 0 \qquad 0 \cdot 1 = 0 \qquad 1 \cdot 0 = 0 \qquad 1 \cdot 1 = 1$$

逻辑功能总结为：有 0 出 0，全 1 出 1。

在实际应用中，与门电路一般用来控制信号的传送。目前常用的与门集成电路有 74LS08，它的内部有 4 个二输入与门电路，图 8.6 为其外引脚排列图。

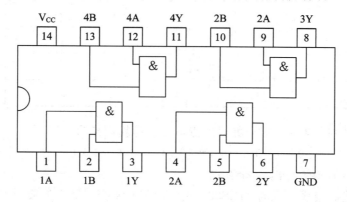

图 8.6　74LS08 外引脚排列图

**2）或门电路**

图 8.7 为实现或逻辑关系的电路，在电路中，两开关 $S_1$、$S_2$ 并联控制指示灯 D。只要 $S_1$ 或 $S_2$ 有一个接通（$A$ 或 $B$ 为"1"），灯就亮（$Y$ 为"1"）；而当开关 $S_1$、$S_2$ 全断开时（$A$、$B$ 全为"0"），灯才不亮（$Y$ 为"0"）。$Y$ 与 $A$、$B$ 的这种关系称为或逻辑。或逻辑关系又称为逻辑加，其表达式为

$$Y = A + B \tag{8-2}$$

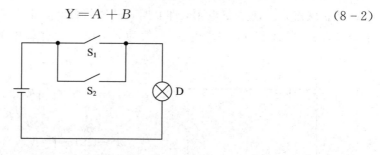

图 8.7　或逻辑电路图

或门输入变量可以是多个，如 $Y = A + B + C + \cdots$。实现或逻辑关系的电路称为或门电路，简称或门。图 8.8 为由二极管组成的或门电路及或门的逻辑符号。

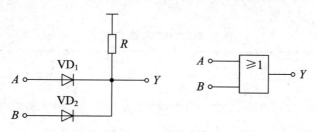

图 8.8　二极管或门电路和或门逻辑符号

或逻辑也可用逻辑状态真值表来表示，如表 8.4 所示。

**表 8.4　"或"运算状态真值表**

| 输　　　入 | | 输　　　出 |
|:---:|:---:|:---:|
| $A$ | $B$ | $Y$ |
| 0 | 0 | 0 |
| 0 | 1 | 1 |
| 1 | 0 | 1 |
| 1 | 1 | 1 |

由或门真值表和逻辑表达式，可得出逻辑加的运算规律为

$$0+0=0 \quad 0+1=1 \quad 1+0=1 \quad 1+1=1$$

逻辑功能总结为：有 1 出 1，全 0 出 0。

目前常用的或门集成电路为 74LS32，它的内部有 4 个二输入的或门电路。

3）非门电路

图 8.9 为非逻辑电路图，开关 S 与电灯 D 并联。当开关 S 接通（$A$ 为"1"）时，灯 D 不亮（$Y$ 为"0"）；当 S 断开（$A$ 为"0"）时，灯 D 亮（$Y$ 为"1"）。可见，$Y$ 与 $A$ 的状态相反。这种关系称非逻辑，非逻辑关系也叫逻辑非，其表达式为

$$Y=\overline{A} \tag{8-3}$$

图 8.10 为由三极管组成的非门电路及非门逻辑符号。在电路中，三极管工作在饱和状态或截止状态。当 $A$ 为低电平，即 0 时，晶体管截止，相当于开路，输出端 $Y$ 为接近高电平，即为 1；当 $A$ 为 1，即高电平（一般为 3 V）时，晶体管处于饱和状态，输出端 $Y$ 为 0。

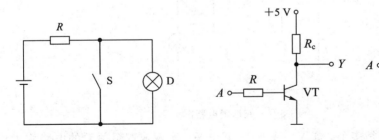

图 8.9　非逻辑电路图　　　　图 8.10　三极管组成的非门电路及非门逻辑符号

非门逻辑状态真值表见表 8.5。

**表 8.5　"非"运算真值表**

| 输　　　入 | 输　　　出 |
|:---:|:---:|
| $A$ | $Y$ |
| 0 | 1 |
| 1 | 0 |

由表 8.5，可得出逻辑非的运算规律，即 $\overline{0}=1$、$\overline{1}=0$。

非门电路常用于对信号波形的整形和倒相的电路中，常用的非门电路为 74LS04。

**2. 复合逻辑门电路**

在实际使用中，可以将上述的基本逻辑门电路组合起来，构成常用的组合逻辑电路，以实现各种逻辑功能。常用的复合逻辑门有与非门、或非门、异或门等。这些复合逻辑门电路具有复合能力，其工作速度和可靠性都得到了很大的提高，随着集成电路的不断发展，复合逻辑门电路也成为比较基本的逻辑门电路。

1）与非门电路

在一个与门的输出端接一个非门，就可完成"与"和"非"的复合运算，称"与非"运算。实现与非复合运算的电路称为与非门。与非门逻辑符号如图 8.11 所示。

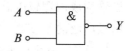

图 8.11　与非门逻辑符号

与非门的逻辑表达式为

$$Y=\overline{A \cdot B} \tag{8-4}$$

与非门电路的特点是：有 0 出 1，全 1 出 0。

常用的集成与非门电路为 74LS00，它的内部有 4 个二输入与非门电路。

2）或非门电路

在一个或门的输出端接一个非门，则可构成实现"或非"复合运算的电路，称为或非门。或非门逻辑符号如图 8.12 所示。

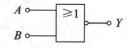

图 8.12　或非门逻辑符号

或非门的逻辑表达式为

$$Y=\overline{A+B} \tag{8-5}$$

或非门电路的特点是：有 1 出 0，全 0 出 1。

常用的集成或非门电路为 74LS02，它的内部有 4 个二输入或非门电路。

3）异或门电路

$Y=A\overline{B}+\overline{A}B$ 的逻辑运算称为"异或"运算，记作

$$Y=A \oplus B=A\overline{B}+\overline{A}B \tag{8-6}$$

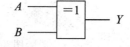

图 8.13　异或门逻辑符号

异或门逻辑符号如图 8.13 所示。异或门电路的特点是：同则出 0，不同出 1。

4）同或门电路

"同或"运算与"异或"运算相反。同或运算的符号为"⊙"。"同或"运算的逻辑表达式为

$$Y=A \odot B=\overline{AB}+AB \tag{8-7}$$

同或门电路的特点是：同则出 1，异则出 0。可见同或逻辑与异或逻辑互补，即

$$A \odot B=\overline{A \oplus B} \qquad A \oplus B=\overline{A \odot B}$$

同或门逻辑是异或非，因此，它的逻辑功能一般采用异或门和非门来实现，其逻辑符号如图 8.14 所示。

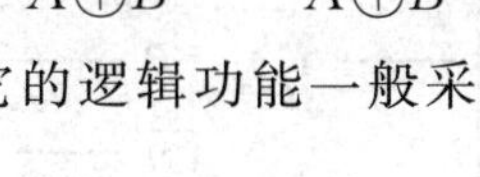

图 8.14　同或门逻辑符号

### 3. 集成逻辑门电路

利用二极管、三极管等分立元件组成的门电路称为分立元件门电路。由于分立元件门电路体积大、焊点多、可靠性差，因此目前数字电路中广泛采用的是集成逻辑门电路。集成逻辑门电路具有体积小、功耗小、成本低、可靠性高等一系列优点。集成逻辑门电路中，应用最为广泛的是 TTL 电路和 CMOS 电路。

集成门电路主要有两大类：一类是由双极型晶体管为主体构成的 TTL 集成电路，TTL（Transistor-Transistor-Logic，晶体管–晶体管–逻辑）电路是输入端和输出端都采用双极型三极管构成的逻辑电路；另一类是由单极型 MOS 管为主体构成的集成电路。TTL 电路中，应用最广泛的是 TTL 与非门电路。

1）TTL 与非门电路

图 8.15 为典型的 TTL 与非门电路。电路由输入级、倒相级和输出级三部分组成。

输入级的 $VT_1$ 为多发射极三极管，其作用和二极管与门电路的作用完全相同，该 TTL 电路实现逻辑功能对应的逻辑表达式为 $F = \overline{A \cdot B \cdot C}$，其逻辑符号如图 8.16 所示。

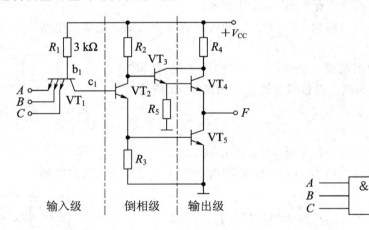

图 8.15 TTL 与非门电路          图 8.16 TTL 与非门逻辑符号

对于 TTL 门电路，接地或串联小电阻接地相当于接低电平，接电源、悬空或串联大电阻接地相当于接高电平。

2）TTL 三态输出与非门电路

三态输出与非门，是在与非门的基础上增加了控制端和控制电路而构成的，它的输出有三种状态：输出高电平、输出低电平和输出高阻抗。其逻辑符号如图 8.17 所示。

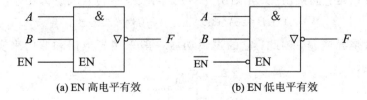

(a) EN 高电平有效          (b) EN 低电平有效

图 8.17 三态输出与非门逻辑符号

逻辑符号中的 EN 为控制端或称使能端，$A$、$B$ 为输入端。当 EN 有效时，输出 $F = \overline{AB}$，三态门工作，且相当于与非门；当 EN 无效时，不管 $A$、$B$ 的状态如何，输出端开路，总处于高阻态或禁止状态。常用的 TTL 三态输出与非门集成电路有 CD4011 和 74LS00 四双输入与非门。

　　3）CMOS 集成电路

由单极型场效应管构成的集成逻辑门电路叫作 MOS 门电路，它具有制造工艺简单、集成度高、功耗低、抗干扰能力强等优点。MOS 门电路可分为三种类型：PMOS 门电路、NMOS 门电路、CMOS 门电路。CMOS 门电路是一种互补对称场效应管集成电路，静态功耗低、抗干扰能力强、工作稳定性好、开关速度高，应用更为广泛。

最基本的 CMOS 门电路是非门电路，称为 CMOS 反相器。CMOS 也可以构成与非门、或非门和三态门等逻辑门，CMOS 门电路中不允许有输入端悬空，否则会使栅极击穿，损坏电路。

## 三、组合逻辑电路

组合逻辑电路是将基本的逻辑门电路组合起来，使其具有一定逻辑功能的电路。在任何时刻，组合逻辑电路的输出状态只取决于同一时刻各输入状态的组合，而与此前电路的状态无关。分析与设计组合逻辑电路时需要用到逻辑代数。

### 1. 逻辑代数运算法则与定律

逻辑代数又叫布尔代数，它是分析和设计数字电路的数学工具。

逻辑代数用字母表示变量。但是变量的取值只有"1""0"两个值。1 和 0 已不再表示具体的数量大小，而只是表示两种不同的逻辑状态，即"开"与"关"，"是"与"非"，"高"与"低"等。逻辑代数运算法则与定律如下。

（1）基本运算规则：

$$A + 0 = A, \quad A + 1 = 1,$$
$$A \cdot 0 = 0 \cdot A = 0,$$
$$A \cdot 1 = A, \quad A + \overline{A} = 1, \quad A + A = A,$$
$$A \cdot \overline{A} = 0, \quad A \cdot A = A, \quad \overline{\overline{A}} = A$$

（2）基本代数规律：

交换律

$$A + B = B + A$$
$$A \cdot B = B \cdot A$$

结合律

$$A + (B + C) = (A + B) + C = (A + C) + B$$
$$A \cdot (B \cdot C) = (A \cdot B) \cdot C$$

分配律

$$A(B + C) = A \cdot B + A \cdot C$$
$$A + (B \cdot C) = (A + B)(A + C)$$

（3）吸收规则：

① 原变量的吸收

$$A+AB=A$$

证明：　　　　　　　　$A+AB=A(1+B)=A \cdot 1=A$

② 反变量的吸收

$$A+\overline{A}B=A+B$$

证明：　　　$A+\overline{A}B=A+AB+\overline{A}B=A+B(A+\overline{A})=A+B$

③ 混合变量的吸收

$$AB+\overline{A}C+BC=AB+\overline{A}C$$

证明：　　　$AB+\overline{A}C+BC=AB+\overline{A}C+(A+\overline{A})BC$

$$=AB+\overline{A}C+ABC+\overline{A}BC$$

$$=AB+\overline{A}C$$

（4）反演定理：

$$\overline{A \cdot B}=\overline{A}+\overline{B}$$

$$\overline{A+B}=\overline{A} \cdot \overline{B}$$

对于一个逻辑函数来说，逻辑表达式越简单，实现这个逻辑表达式所需要的元器件可能越少，电路的可靠性也就越高。因此，在逻辑电路的设计中，需要对逻辑表达式进行化简。

**2. 组合逻辑电路的分析**

分析组合逻辑电路就是为了确定已知电路的逻辑功能，其步骤如下：

（1）由逻辑图写出各输出端的逻辑表达式；

（2）化简和变换各输出端的逻辑表达式；

（3）列出真值表；

（4）根据真值表和逻辑表达式对逻辑电路进行分析，最后确定其功能。

**【例 8.3】**　试分析图 8.18 所示电路的逻辑功能。

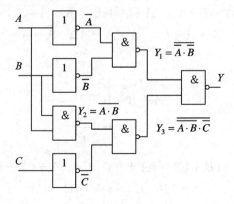

图 8.18　例 8.3 图

**解**　（1）由逻辑电路图逐级写出函数表达式。

$$Y_1 = \overline{\overline{A} \cdot \overline{B}}$$

$$Y_2 = \overline{\overline{A} \cdot B}$$

$$Y_3 = \overline{\overline{\overline{A} \cdot B} \cdot \overline{C}}$$

$$Y = \overline{Y_1 \cdot Y_3} = \overline{Y_1} + \overline{Y_3} = \overline{A}\,\overline{B} + \overline{A}B\,\overline{C}$$

（2）化简函数 $Y$ 的表达式。

$$Y = \overline{A}\overline{B} + (\overline{A} + \overline{B})\overline{C} = \overline{A}\overline{B} + \overline{A}\overline{C} + \overline{B}\overline{C}$$

（3）由逻辑函数表达式列真值表，如表 8.6 所示。

**表 8.6  例 8.3 真值表**

| 输 入 | | | 输 出 |
|---|---|---|---|
| $A$ | $B$ | $C$ | $Y$ |
| 0 | 0 | 0 | 1 |
| 0 | 0 | 1 | 1 |
| 0 | 1 | 0 | 1 |
| 0 | 1 | 1 | 0 |
| 1 | 0 | 0 | 1 |
| 1 | 0 | 1 | 0 |
| 1 | 1 | 0 | 0 |
| 1 | 1 | 1 | 0 |

（4）分析逻辑功能。由真值表可知，在 $A$、$B$、$C$ 中，当 1 的个数小于 2 个时，输出 $Y$ 为 1，否则为 0。

**3. 组合逻辑电路的设计**

组合逻辑电路的设计，就是根据逻辑功能的要求，设计出具体的组合电路，一般分四个步骤进行：

（1）对设计要求进行分析，确定输入、输出变量，及它们的逻辑赋值（什么时候为 1，什么时候为 0）；

（2）根据逻辑功能列出真值表，如果状态赋值不同，得到的真值表也不一样；

（3）根据真值表写出逻辑表达式；

（4）简化和变换逻辑表达式，从而画出逻辑图。

【**例 8.4**】 试设计一个三人表决电路，要求少数服从多数，并用与非门实现。在三个变量 $A$、$B$、$C$ 中，若有两个或三个表示同意，则表决通过，否则不通过。

**解** （1）对设计要求进行分析。设输入变量为 $A$、$B$、$C$，输出变量为 $Y$，然后对逻辑变量赋值：输入变量 $A$、$B$、$C$，同意为 1，不同意为 0；输出变量 $Y$，通过为 1，没通过为 0。

（2）根据题意列真值表，如表 8.7 所示。

**表 8.7　例 8.4 真值表**

| 输　入 | | | 输　出 |
|---|---|---|---|
| $A$ | $B$ | $C$ | $Y$ |
| 0 | 0 | 0 | 0 |
| 0 | 0 | 1 | 0 |
| 0 | 1 | 0 | 0 |
| 0 | 1 | 1 | 1 |
| 1 | 0 | 0 | 0 |
| 1 | 0 | 1 | 1 |
| 1 | 1 | 0 | 1 |
| 1 | 1 | 1 | 1 |

（3）根据真值表写出最简逻辑表达式。

$$Y = AB + BC + AC$$

可转换成与非门形式：

$$Y = \overline{\overline{AB} \cdot \overline{BC} \cdot \overline{AC}}$$

根据上面的逻辑表达式可画出逻辑电路图，如图 8.19 所示。

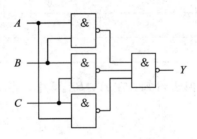

图 8.19　逻辑电路图

**4. 编码器**

在数字电路中用来完成编码工作的逻辑电路称为编码器。对 $N$ 个信号进行编码时，应按公式 $2^n \geqslant N$ 来确定需要使用的二进制代码的位数 $n$。

1）二进制编码器

将某种信号编成二进制代码的电路称为二进制编码器。1 位二进制代码可以表示 2 个信号，$n$ 位二进制数可对 $N = 2^n$ 个信号进行编码。例如，一个将 $I_0 \sim I_7$ 8 个信号编成二进制代码的编码器，3 位二进制代码的组合关系是 $2^3 = 8$，因此 $I_0 \sim I_7$ 中的任意一个输入信号可用一个 3 位二进制代码表示。因输入为 8 个信号，输出为 3 位二进制数，因此称为 8 线-3 线（8/3）编码器。

2）二-十进制编码器

二-十进制编码器执行的逻辑功能是将十进制数的 0~9 这 10 个数编为二-十进制代码，即用 4 位二进制代码来表示。图 8.20 为 8421BCD 码编码器的逻辑图，图中，1~9 为对

应于数字 $1\sim9$ 的按键输入端，$A$、$B$、$C$、$D$ 是编码器输出端，$D$ 是最高位。当按下数字 6 的键时，$DCBA=0110$，这可以通过分析电路得到。

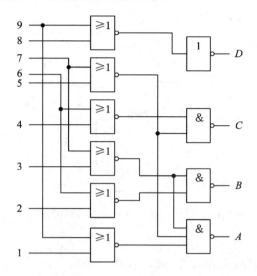

图 8.20　8421 BCD 码编码器的逻辑图

计算机的键盘输入逻辑电路就是由编码器组成的。编码为 8 位二进制数，按下某个按键即为输入相应的编码。

**5. 译码器**

译码是编码的逆过程，能实现译码功能的电路称为译码器。译码器可将二进制代码按编码时的原意转换为相应的信息状态。若译码器输入的是 $n$ 位二进制代码，则其输出端子数 $N \leqslant 2^{n}$。$N=2^{n}$ 时为完全译码，$N<2^{n}$ 时为部分译码。

1）3 线-8 线译码器

8421 BCD 译码器是常用的能将二进制代码译成对应输出信号的数字电路。以 3 位二进制译码为例，若输出端为 3 位，则输出端 $N=2^{3}=8$ 位，故称 3 线-8 线译码器，其逻辑图如图 8.21 所示，$A_0 \sim A_2$ 为输入端，$Y_0 \sim Y_7$ 为输出端。当 3 个输入端为某二进制码时，输出端对应的某一端子为高电平，其余为低电平。

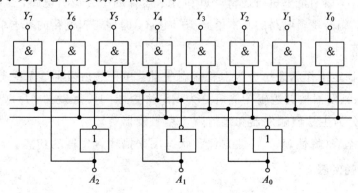

图 8.21　3 线-8 线译码器逻辑图

集成 3 线-8 线译码器 74HC138 如图 8.22 所示,与图 8.21 的逻辑输出不同的是,它的输出是低电平有效的。$E_1$、$\overline{E_2}$、$\overline{E_3}$ 为使能端(选通端),只有当 $E_1$、$\overline{E_2}$、$\overline{E_3}$ 分别为"1""0""0"时,译码功能才有效,否则输出全为"1"。

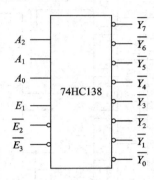

图 8.22　3 线-8 线译码器 74HC138

2) 二-十进制译码器

二-十进制译码器的功能是把 4 位 BCD 代码 0000~1001 译成 10 个高、低电平输出信号,因此又称 4 线-10 线(4/10)译码器。

74LS42 是 8421 BCD 码译码器,当输入一个 8421 BCD 码时,就会在它所表示的十进制数的对应输出端产生一个低电平有效信号。当输入的是非法码(在 8421 BCD 码中,1010~1111 不代表任何数,称为伪码,属于非法码)时,10 个输出端都是高电平,表示输入的代码是伪码,不能表示数字。

## 四、时序逻辑电路

在数字系统中,逻辑电路包括组合逻辑电路和时序逻辑电路两大类。时序逻辑电路简称时序电路。

组合逻辑电路的输出状态只取决于当时的输入状态,而时序逻辑电路有两个互补输出端,其输出状态不仅取决于当时的输入状态,还与电路原来的状态有关。时序逻辑电路具有记忆功能。

在数字系统中,既有能够进行逻辑运算和算术运算的组合逻辑电路,也有具有记忆功能的时序逻辑电路。组合逻辑电路的基本单元是门电路,时序逻辑电路的基本单元是触发器。

### (一) 触发器

触发器按其稳定工作状态可分为双稳态触发器、单稳态触发器、无稳态触发器(多谐振荡器)等。双稳态触发器按其逻辑功能可分为 RS 触发器、JK 触发器、D 触发器、T 触发器等,按其结构可分为主从型触发器和维持阻塞型触发器等。

一般采用状态表(特性表)、特性方程和状态图来描述触发器的功能。

### 1. 基本 RS 触发器

1) 电路结构

基本 RS 触发器又称 RS 锁存器,它是构成各种触发器最简单的基本单元,是组成其他触发器的基础。

基本 RS 触发器可以用两个与非门交叉连接而成，如图 8.23 所示。

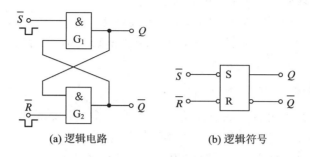

(a) 逻辑电路　　　　　　　　　　(b) 逻辑符号

图 8.23　基本 RS 触发器

$\overline{R}$ 和 $\overline{S}$ 是触发器的两个输入端，平时接高电平（此时触发器为保持状态），字母上面的横线（也就是非号）表示低电平有效（即低电平触发），当 $\overline{R}$ 端加一个低电平信号（即负脉冲触发信号）时，触发器被置成 0 状态（$Q=0$），所以 $\overline{R}$ 为置 0 端或复位端；$\overline{S}$ 端加一个低电平时，触发器被置成 1 状态（$Q=1$），所以 $\overline{S}$ 为置 1 端或置位端。基本触发器有两个互补的输出端 $Q$ 与 $\overline{Q}$，两者的逻辑状态在正常条件下保持反相。一般用 $Q$ 端的状态表示触发器状态。

2）工作原理

$\overline{R}$、$\overline{S}$ 为触发器的两个输入端，根据输入信号 $\overline{R}$、$\overline{S}$ 的不同状态，输入信号有 4 种不同的组合。

① 当 $\overline{S}=0$、$\overline{R}=1$ 时，根据与非门的特点可知 $G_1$ 输出高电平，即 $Q=1$，$\overline{Q}=0$，称触发器为置位状态，为"1"态。

② 当 $\overline{S}=1$、$\overline{R}=0$ 时，$G_1$ 门与 $G_2$ 门的状态与①相反，$Q=0$，$\overline{Q}=1$，称复位状态或"0"态。

③ 当 $\overline{S}$、$\overline{R}=1$ 时，两个与非门原工作状态不受影响，触发器输出保持不变，相当于把 $\overline{S}$ 端某一时刻的电平信号存储起来了，这就是触发器具有的记忆功能。

④ 当 $\overline{S}$、$\overline{R}=0$ 时，两个与非门输出都为"1"，达不到 $Q$ 与 $\overline{Q}$ 状态反相的逻辑要求，并且当两个输入信号负脉冲同时撤去（回到 1）后，由于两个与非门的延迟时间无法确定，触发器状态将不能确定是 1 还是 0，因此，使用时应禁止该情况的发生。为使这种情况不出现，给该触发器加一个约束条件：$\overline{S}+\overline{R}=1$。

根据以上分析，基本 RS 触发器的真值表如表 8.8 所示。

表 8.8　基本 RS 触发器真值表

| 输　　　入 | | 输　　　出 |
| --- | --- | --- |
| $\overline{R}$ | $\overline{S}$ | $Q$ |
| 0 | 1 | 0 |
| 1 | 0 | 1 |
| 1 | 1 | 保持不变 |
| 0 | 0 | 不定/不允许 |

基本 RS 触发器有 0、1 两个稳定状态，有两个稳定状态的触发器称双稳态触发器。常用的 RS 触发器可由集成电路 74LS00 组成。

此外，还可以用或非门的输入、输出端交叉连接构成置 0、置 1 触发器，这种触发器的触发信号是高电平有效，因此在逻辑符号的 $R$ 端和 $S$ 端上面没有横线。该触发器和与非门构成的触发器在工作原理上大致相同。

### 2. 可控 RS 触发器

在数字系统中，为了使多个触发器协调一致地工作，常常要求触发器有一个控制端，在此控制信号的作用下，各触发器的输出状态有序地变化。

基本 RS 触发器属于异步或无时钟触发器，它的特点是：只要输入信号发生变化，触发器的状态就会立即发生变化。在实际使用中，常常要求系统中的各触发器按一定的时间节拍翻转，即受时钟脉冲的控制，该时钟脉冲用 CP 符号表示。由 CP 控制的 RS 触发器称为可控 RS 触发器，由于该触发器的翻转和 CP 脉冲同步，所以也称作同步 RS 触发器。

图 8.24 为可控 RS 触发器的逻辑电路和逻辑符号。可控 RS 触发器是在基本 RS 触发器前加入了一个由控制门 $G_3$、$G_4$ 构成的导引电路。其中，CP 是时钟脉冲，控制端 $R$、$S$ 为信号输入端；$\overline{R}_D$、$\overline{S}_D$ 是直接复位端和直接置位端，它们不受时钟脉冲及 $G_3$、$G_4$ 门的控制。一般在工作之初，首先使触发器处于某一给定状态，在工作过程中 $\overline{R}_D$、$\overline{S}_D$ 处于"1"态。

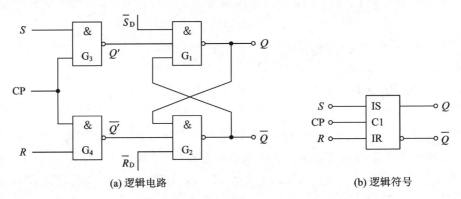

(a) 逻辑电路　　　　　　　　　　　　　　(b) 逻辑符号

图 8.24　可控 RS 触发器逻辑电路和逻辑符号

由图 8.24(a) 可知，当 CP＝0 时，$G_3$、$G_4$ 门被封锁，输入信号 $R$、$S$ 不起作用，$G_3$、$G_4$ 门输出均为 1。又因 $\overline{R}_D=1$、$\overline{S}_D=1$，输出不变，即 $Q^{n+1}=Q^n$。其中，$Q^n$ 表示时钟正脉冲到来之前的状态，称为现态，$Q^{n+1}$ 表示时钟脉冲到来之后的状态，称为次态。

当 CP＝1 时，$G_3$、$G_4$ 门打开，输入信号 $R$、$S$ 起作用，经与非门 $G_3$、$G_4$ 将 $R$、$S$ 端的信号传送到基本 RS 触发器的输入端，触发器触发翻转。由于当 $R=S=1$ 时，触发器为不定状态，因此在使用中应当避免出现这种情况，或者说 $SR=0$ 为它的约束条件。

由分析可知，可控 RS 触发器与基本 RS 触发器不同，基本 RS 触发器直接受 $\overline{R}$ 和 $\overline{S}$ 的控制，而可控 RS 触发器则由时钟脉冲控制翻转，故触发器的翻转与 CP 脉冲同步。

用类似于基本 RS 触发器的分析，可得其真值表如表 8.9 所示。

**表 8.9 可控 RS 触发器真值表**

| $R$ | $S$ | $Q^n$ | $Q^{n+1}$ | 说 明 |
|-----|-----|-------|-----------|-------|
| 0 | 0 | 0 | 0 | 触发器保持原状态不变 |
|   |   | 1 | 1 |  |
| 0 | 1 | 0 | 1 | 触发器置 1 |
|   |   | 1 | 1 |  |
| 1 | 0 | 0 | 0 | 触发器置 0 |
|   |   | 1 | 0 |  |
| 1 | 1 | 0 | $\times$ | 触发器状态不稳定,不允许 |
|   |   | 1 | $\times$ |  |

**【例 8.5】** 已知同步 RS 触发器的 $R$、$S$ 和 CP 的波形如图 8.29 所示,试画出 $Q$ 和 $\overline{Q}$ 的波形。

**解** 设触发器的初始状态为 0,可画输出波形,如图 8.25 所示。

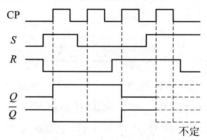

图 8.25 例 8.5 波形图

**3. JK 触发器**

JK 触发器结构有多种,图 8.26 为主从型 JK 触发器的逻辑电路和逻辑符号。JK 触发器由两级可控 RS 触发器串联而成,前一级称为主触发器,后一级称为从触发器。主触发器有两个 $S$ 端,一个接到从触发器的 $\overline{Q}$ 端,另一个作为信号输入端($J$ 端),两个 $S$ 端是逻辑"与"的关系;另有两个 $R$ 端,一个 $R$ 端接到从触发器的 $Q$ 端,一个作为信号输入端($K$ 端)。CP 脉冲直接加到主触发器的时钟输入端,经过非门反相后送到从触发器的时钟输入端。主触发器的输出端接到从触发器的输入端,并规定以从触发器的输出端($Q$)的状态作

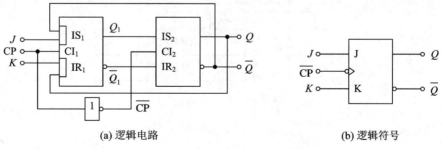

(a) 逻辑电路      (b) 逻辑符号

图 8.26 主从型 JK 触发器逻辑电路和逻辑符号

为触发器的状态。

JK 触发器的工作分两步完成：

（1）当 CP＝1 时，主触发器接收输入信号，$J$、$K$ 变化一次，从触发器状态不变。

（2）当 CP 下跳时，将主触发器的状态送给从触发器输出。

在 $J＝1$、$K＝1$ 的情况下，当每一脉冲时钟到来时，触发器的状态发生翻转，与原状态相反，此时 JK 触发器具有计数功能。

当 $J＝1$、$K＝0$ 时，经过一个时钟周期使 JK 触发器状态置 1。

当 $J＝0$、$K＝0$ 时，经过一个时钟周期使 JK 触发器状态保持不变。

当 $J＝0$、$K＝1$ 时，经过一个时钟周期使 JK 触发器状态置 0。

JK 触发器的真值表如表 8.10 所示。

表 8.10　JK 触发器的真值表

| $J$ | $K$ | $Q^{n+1}$ | 说明 |
| --- | --- | --- | --- |
| 0 | 0 | $Q^n$ | 保持 |
| 0 | 1 | 0 | 置 0 |
| 1 | 0 | 1 | 置 1 |
| 1 | 1 | $\overline{Q}^n$ | 翻转 |

主从型 JK 触发器是在 CP 从 1 跳变为 0 时翻转的，称时钟脉冲下降沿触发。这种在时钟脉冲边沿触发的触发器称为边沿触发器，而由时钟脉冲的高电平或低电平触发的触发器（如 RS 触发器）称为电平触发器。在逻辑符号中输入端处有"＞"标记时表示边沿触发，下降沿触发用再加一个小圆圈的方式表示。边沿触发器能够避免电平触发器在计数时可能发生的"空翻"现象。

JK 触发器是功能完善、使用灵活和通用性强的一种触发器，常用型号有 74LS112（下降沿触发的双 JK 触发器）、CC4072（上升沿触发的双 JK 触发器）等。

【例 8.6】　设主从 JK 触发器的初始状态为 0，已知输入 $J$、$K$ 的波形图如图 8.27 所示，试画出输出 $Q$ 的波形图。

解　输出 $Q$ 的波形图见图 8.27。

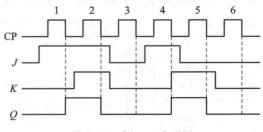

图 8.27　例 8.6 波形图

**4. D 触发器**

同步 RS 触发器不允许两个输入端同时输入 1，为了避免出现这种情况，可将 $S$ 端输入信号经非门反相器接到 $R$ 端，这样就只有一个实际的输入端，称为 $D$ 端，这种触发器称为

D 触发器，如图 8.28 所示。74LS74 就是常用的双 D 触发器。

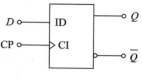

图 8.28　D 触发器逻辑符号

D 触发器只有一个触发输入端 $D$，通常为边沿触发器，分为 CP 上升沿触发和下降沿触发两种。集成 D 触发器大多是在 CP 上升沿触发的，也有在下降沿触发的。D 触发器的次态只取决于时钟脉冲触发边沿到来前控制信号 $D$ 端的状态。在触发脉冲 CP 作用下，若 $D=0$，则输出 $Q=0$；若 $D=1$，则输出 $Q=1$。D 触发器的真值表如表 8.11 所示。

**表 8.11　D 触发器的真值表**

| $D$ | $Q^n$ | $Q^{n+1}$ | 功能说明 |
|---|---|---|---|
| 0 | 0 | 0 | 输出状态与 $D$ 状态相同 |
| | 1 | 0 | |
| 1 | 0 | 1 | |
| | 1 | 1 | |

D 触发器可以通过在 JK 触发器的输入端增加一些门电路来实现，将控制信号直接加到 $J$ 端，并同时通过非门加到 $K$ 端，时钟脉冲 CP 经非门加到主从 JK 触发器的 CP 端，就构成了由上升沿触发的 D 触发器。

在时钟脉冲到来之前，即 CP＝0 时，触发器状态维持不变；当时钟脉冲到来后，即 CP＝1 时，输出等于时钟脉冲到来之前的输入信号。因此，D 触发器又称数据锁存器。D 触发器应用很广，可以作为数字信号的寄存器、移位寄存器、分频器和波形发生器等。

### （二）寄存器

在数字系统中，经常要求一次传送或储存多位二进制代码信息。为实现这一目的，可将几个触发器并行使用，组成"寄存器"或"锁存器"的逻辑电路。

寄存器常用来暂时存放数据、指令等。寄存器由若干触发器组成，一个触发器只能存放 1 位二进制数，$n$ 位二进制代码要用 $n$ 个触发器构成的 $n$ 位寄存器存储。

寄存器存放数码的方式有并行和串行两种方式。并行方式就是数码各位从各对应位输入端同时输入到寄存器中，串行方式就是数码从一个输入端逐位输入到寄存器中。

从寄存器取出数码的方式也有并行和串行两种。在并行方式中，被取出的数码各位在对应于各位的输出端上同时出现；在串行方式中，被取出的数码在一个输出端逐位出现。

#### 1. 数码寄存器

图 8.29 是由 D 触发器组成的 4 位数码寄存器。在存数指令脉冲 CP 的作用下，输入端的并行 4 位数码将同时存到 4 个 D 触发器中，并由各触发器的 $Q$ 端输出。常用的 74LS175 便是由 4 位 D 触发器组成的，当脉冲正沿到来时，$D$ 信号被送到 $Q$ 端输出。74LS273 是触发器结构的具有公共清除端和时钟端的 8D 触发器，常用在单片机系统中用于锁存数据信号等。

寄存器电路，由于结构不同，动作特点也不同。使用时一定要注意控制信号是电位还是脉冲。

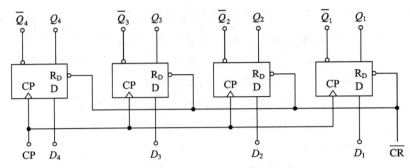

图 8.29　4 位数码寄存器

## 2. 移位寄存器

移位寄存器不仅具有存放数码的功能，而且还有移位的功能。所谓移位，就是每当一个时钟脉冲到来时，触发器的状态向左或向右移 1 位。根据数码的移位方向可分为左移移位寄存器和右移移位寄存器。左移移位寄存器是在时钟脉冲的作用下，低位寄存器的数码送给高位寄存器，作为高位寄存器的次态输出；右移移位寄存器是在时钟脉冲的作用下，高位寄存器的数码送给低位寄存器，作为低位寄存器的次态输出。

图 8.30 是由 JK 触发器组成的 4 位左移移位寄存器。$F_0$ 接成 D 触发器形式，数码由 $D$ 端输入。

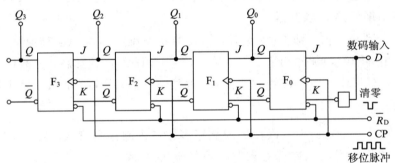

图 8.30　JK 触发器组成的 4 位左移移位寄存器

首先使 $\overline{R}_D = 0$，各触发器为零，即 $Q_3Q_2Q_1Q_0 = 0000$。

然后使 $\overline{R}_D = 1$，从 $D$ 端串行输入 4 位二进制数 $A_3A_2A_1A_0$(1101)。在 CP 脉冲作用下，寄存器中数码的移动情况如表 8.12 所示。

表 8.12　移位寄存器的真值表

| 移位脉冲个数 | 移位寄存器状态 | | | | 工作过程 |
|---|---|---|---|---|---|
| | $Q_3$ | $Q_2$ | $Q_1$ | $Q_0$ | |
| 0 | 0 | 0 | 0 | 0 | 清　零 |
| 1 | 0 | 0 | 0 | 1 | 左移 1 位 |
| 2 | 0 | 0 | 1 | 1 | 左移 2 位 |
| 3 | 0 | 1 | 1 | 0 | 左移 3 位 |
| 4 | 1 | 1 | 0 | 1 | 左移 4 位 |

若从 4 个触发器的 $Q_3$、$Q_2$、$Q_1$、$Q_0$ 端输出，则为并行输出。如果再输入 4 个脉冲，4 个数字依次从 $Q_3$ 端输出，则可串行输出。74LS164 是 8 位串入并出的移位寄存器。

### （三）计数器

在数字电路和计算机中，计数器是最基本的部件之一，它能累计输入脉冲的个数。当输入脉冲的频率一定时，又可作为定时器使用。计数器可以进行加法计数，也可以进行减法计数。以进位制来分，有二进制计数器、十进制计数器等。按照引入计数脉冲的方式不同，可分为异步计数器和同步计数器。

#### 1. 二进制计数器

由触发器组成的二进制加法计数器，将计数脉冲由 CP 端输入，触发器的输出端 $Q$ 在每个 CP 脉冲的作用下的变化规律必须满足"逢二进一"的规则。

1）同步二进制加法计数器

同步计数器是指所有触发器的时钟端都共用一个时钟脉冲源，每一个触发器的状态都与该时钟脉冲同步的计数器。同步计数器的工作速度高于异步计数器，其输出端在计数脉冲到来之后，同时完成状态的变换。

以 4 位同步二进制加法计数器为例，由 4 位 JK 触发器构成的 4 位同步二进制计数器如图 8.31 所示。各触发器 $J$、$K$ 端满足以下逻辑关系：

第 1 个触发器 $FF_0$，每来一个计数脉冲翻转一次；

第 2 个触发器 $FF_1$，在 $Q_0=1$ 时，再来一个计数脉冲翻转一次；

第 3 个触发器 $FF_2$，在 $Q_1=Q_0=1$ 时，再来一个计数脉冲翻转一次；

第 4 个触发器 $FF_3$，在 $Q_2=Q_1=Q_0=1$ 时，再来一个计数脉冲翻转一次。

以此类推，若要使 $Q_n$ 翻转，则必须是在 $Q_{n-1}\cdots\cdots Q_2$、$Q_1$ 和 $Q_0$ 都为 1 时才能实现。

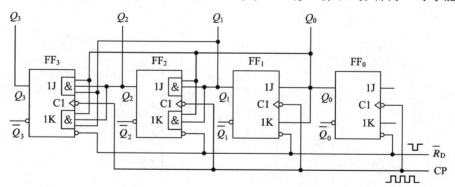

图 8.31　4 位同步二进制加法计数器

2）异步二进制加法计数器

异步计数器是指各触发器的触发信号不是来自同一个时钟脉冲源，或者说各触发器不是同时触发的计数器。

对于主从型 JK 触发器，当 $J=K=1$ 时，其输出随时钟脉冲而翻转。将 4 个 JK 触发器连接，可组成一个 4 位二进制异步加法计数器。

图 8.32 是由 4 个 JK 触发器组成的 4 位异步二进制加法计数器的逻辑电路。每个触发器的 $J$、$K$ 端悬空，相当于"1"，故具有计数功能。触发器的进位脉冲从 $Q$ 输出端到达相邻高位触发器的 C1 端。

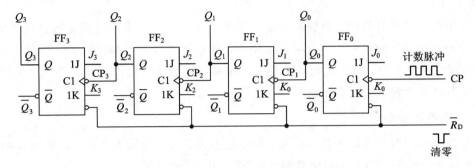

图 8.32　触发器组成的 4 位异步二进制加法计数器

这种计数器之所以称为"异步"加法计数器，是由于计数脉冲不是同时加到各位触发器的 C1 端，而只加到最低位触发器，其他各位触发器则由相邻低位触发器输出的进位脉冲来触发，因此它们状态的变换有先后，是异步的。

4 位二进制加法计数器共有 16 个状态，在输入第 15 个信号以后，计数器状态为 1111，并向高位输出 1，第 16 个时钟信号输入后，计数器返回 0000 初始态。表 8.13 所示为二进制加法计数器的真值表。

**表 8.13　二进制加法计数器的真值表**

| 计数脉冲数 | 二 进 制 数 | | | | 十进制数 |
|---|---|---|---|---|---|
| | $Q_3$ | $Q_2$ | $Q_1$ | $Q_0$ | |
| 0 | 0 | 0 | 0 | 0 | 0 |
| 1 | 0 | 0 | 0 | 1 | 1 |
| 2 | 0 | 0 | 1 | 0 | 2 |
| 3 | 0 | 0 | 1 | 1 | 3 |
| 4 | 0 | 1 | 0 | 0 | 4 |
| 5 | 0 | 1 | 0 | 1 | 5 |
| 6 | 0 | 1 | 1 | 0 | 6 |
| 7 | 0 | 1 | 1 | 1 | 7 |
| 8 | 1 | 0 | 0 | 0 | 8 |
| 9 | 1 | 0 | 0 | 0 | 9 |
| 10 | 1 | 0 | 1 | 0 | 10 |
| 11 | 1 | 0 | 1 | 1 | 11 |
| 12 | 1 | 1 | 0 | 0 | 12 |
| 13 | 1 | 1 | 0 | 1 | 13 |
| 14 | 1 | 1 | 1 | 0 | 14 |
| 15 | 1 | 1 | 1 | 1 | 15 |
| 16(进位) | 0 | 0 | 0 | 0 | 0 |

异步二进制加法计数器各位触发器的翻转发生在前一位输出从 1 变 0 的时刻。

**2. 十进制计数器**

二进制计数器结构简单，但是读数不是很方便，所以在有些场合常采用十进制计数器。十进制计数器是在二进制计数器的基础上得到的，是用 4 位二进制数来代表十进制的每一位数，所以称为二-十进制计数器。若用 8421 BCD 码表示十进制数，则在计数时，当计数器为 1001(9)之后，再来一个脉冲应变为 0000，即每 10 个脉冲循环一次。表 8.14 所示为 8421 BCD 码十进制加法计数器的真值表。

**表 8.14　8421 BCD 码十进制加法计数器的真值表**

| 计数脉冲数 | 二　进　制　数 | | | | 十进制数 |
| --- | --- | --- | --- | --- | --- |
| | $Q_3$ | $Q_2$ | $Q_1$ | $Q_0$ | |
| 0 | 0 | 0 | 0 | 0 | 0 |
| 1 | 0 | 0 | 0 | 1 | 1 |
| 2 | 0 | 0 | 1 | 0 | 2 |
| 3 | 0 | 0 | 1 | 1 | 3 |
| 4 | 0 | 1 | 0 | 0 | 4 |
| 5 | 0 | 1 | 0 | 1 | 5 |
| 6 | 0 | 1 | 1 | 0 | 6 |
| 7 | 0 | 1 | 1 | 1 | 7 |
| 8 | 1 | 0 | 0 | 0 | 8 |
| 9 | 1 | 0 | 0 | 1 | 9 |
| 10 | 0 | 0 | 0 | 0 | 进位 |

同步十进制加法计数器的各组成触发器的 $J$、$K$ 端逻辑关系如下：

第 1 个触发器FF₀，每来一个计数脉冲翻转一次，$J_0=K_0=1$；

第 2 个触发器FF₁，在 $Q_0=1$ 时，再来一个计数脉冲翻转一次，而在 $Q_3=1$ 时不得翻转；

第 3 个触发器FF₂，在 $Q_1=Q_0=1$ 时，再来一个计数脉冲翻转一次；

第 4 个触发器FF₃，在 $Q_2=Q_1=Q_0=1$ 时，再来一个计数脉冲翻转一次，且第 10 个脉冲时应由"1"翻转为"0"。

图 8.33 所示为同步十进制加法计数器的逻辑电路。

计数器除了用于计数外，还常用于构成脉冲分配器，将输入脉冲经过计数、译码，把输入脉冲的分频信号分别送到各路输出电路。

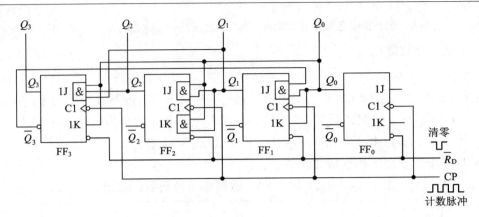

图 8.33　同步十进制加法计数器

## 五、数字电路在汽车上的应用

### 1. 汽车散热器水箱水位过低报警器

汽车水箱水位过低报警器能在水箱水位低于最低水位时发出声光报警，提醒驾驶员加水，其电路如图 8.34 所示。该电路集成后为 CD4069，$G_1 \sim G_6$ 为 6 个反相器，HTD 为压电陶瓷(晶振)蜂鸣器。水箱中放置一根铜线作为传感器，一般选用直径 2 mm 的漆包线。铜线的下端应置于最低水位处，但不能与水箱体接触，水箱体搭铁。

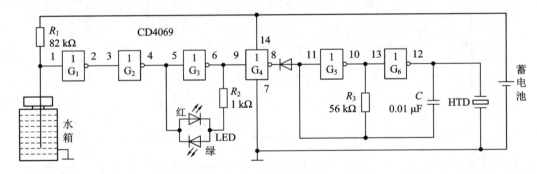

图 8.34　汽车水箱水位过低报警器

当水箱水位满足要求时，铜线浸在水中。由于水箱体搭铁和水的导电作用，使得CD4069 的 1 引脚为低电平，2 引脚为高电平，4、5 引脚为低电平，6、9 引脚为高电平，使得绿色 LED 发光，指示水位正常。8 引脚为低电平，由于二极管的钳位作用，11 引脚被固定在低电平，所以由 $G_5$、$G_6$ 构成的多谐振荡器不工作，蜂鸣器不鸣叫。

当水箱水位低于最低水位时，铜线离开冷却水、悬空，使得 CD4069 的 1 引脚为高电平，2 引脚为低电平，4、5 引脚为高电平，6、9 引脚为低电平，使得红色 LED 发光，指示水位低于最低限制水位。8 引脚为高电平，由于二极管的单向导电性，11 引脚被悬空，所以多谐振荡器开始振荡，蜂鸣器鸣叫，提醒加水。

### 2. 利用 555 时基电路控制转向灯闪光电路

可以利用 555 时基电路控制汽车转向灯闪烁，如图 8.35 所示。555 时基电路输出端 3接继电器(J)的线圈，使继电器按多谐振荡频率进行工作，继电器的触点接到转向灯的电源回路中,控制转向灯电源的通断,使转向灯按一定频率闪烁。

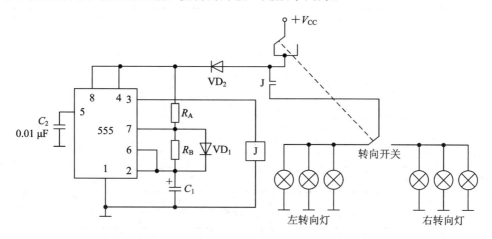

图 8.35　555 时基电路构成的汽车转向灯闪光电路

当驾驶员按下左转向灯开关时,左转向指示灯与蓄电池以及搭铁便构成回路。由于继电器的常开触点与之串联,所以只有当 555 时基电路的引脚 3 显示高电位时继电器才吸合,左转向灯就被点亮。当 $C_1$ 充电结束时,引脚 3 便显示低电平,继电器断电,使触点断开,这样左转向灯由于不能与蓄电池以及搭铁形成闭合回路而熄灭。

闪光器的灯亮时间由 $C_1$ 的充电时间决定,闪光器的灯灭时间由 $C_1$ 的放电时间决定。通过适当选择 $R_A$、$R_B$ 和 $C_1$ 的值,即可取得一定的闪烁频率。

技 能 训 练

## 一、门电路的逻辑功能验证及应用

通过项目训练,学会利用基本门电路组成组合门电路的方法,以提高灵活应用基本门电路的技能。

### 1. 门电路的逻辑功能验证

利用 Dais-8HD 型数字实验系统中的"数字电路实验板",在数字电路实验板中选取双 4 输入端与非门 74LS20 一块,门电路的输入端分别接公共平台的逻辑电平各信号输出插口,门电路的输出端接公共平台的逻辑电平显示输入插口,$V_{CC}$ 接 +5 V 电源,GND 接地,把公共平台上各部分电路的 +5 V 插口接 +5 V 电源。分别拨动公共平台的逻辑电平信号输出插口所对应的各电平开关,按表 8.15 中的情况分别测出输出端电平,并记于表中。

在数字电路实验板中选取三 3 输入端或非门 74LS27 一块,门电路的输入端分别接公共平台的逻辑电平各信号输出插口,门电路的输出端接公共平台的逻辑电平显示输入插口,$V_{CC}$ 接 +5 V 电源,GND 接地,把公共平台上各部分电路的 +5 V 插口接 +5 V 电源。分别拨动公共平台的逻辑电平信号输出插口所对应的各电平开关,按表 8.16 中的情况分别测出输出端电平,并记于表中。

### 表 8.15　与非门 74LS20 检测记录表

| 输 入 端 | | | | 输 出 端 | |
|---|---|---|---|---|---|
| 1 脚 | 2 脚 | 4 脚 | 5 脚 | 6 脚 | |
| | | | | 电位/V | 逻辑状态 |
| 1 | 1 | 1 | 1 | | |
| 0 | 1 | 1 | 1 | | |
| 0 | 0 | 1 | 1 | | |
| 0 | 0 | 0 | 1 | | |
| 0 | 0 | 0 | 0 | | |

### 表 8.16　或非门 74LS27 检测记录表

| 输 入 端 | | | 输 出 端 | |
|---|---|---|---|---|
| 3 脚 | 4 脚 | 5 脚 | 6 脚 | |
| | | | 电位/V | 逻辑状态 |
| 1 | 1 | 1 | | |
| 0 | 1 | 1 | | |
| 0 | 0 | 1 | | |
| 0 | 0 | 0 | | |

#### 2. 分析讨论

（1）与非门、或非门分别能实现什么逻辑功能？

（2）如何用三种基本逻辑门电路连接出一个异或门电路？

## 二、触发器的逻辑功能验证及应用

在 Dais-8HD 型数字实验系统中完成触发器逻辑功能的测试。

#### 1. 基本触发器逻辑功能的测试

在数字电路实验板中选用 74LS00 中的两个与非门接成基本 RS 触发器。$\bar{R}$ 和 $\bar{S}$ 端分别接公共平台的逻辑电平各信号输出插口，平时为高电平，利用输出插口电压的改变实现异步置 0 和置 1。门电路的输出端 $Q$ 和 $\bar{Q}$ 分别接公共平台的逻辑电平显示输入插口，$V_{CC}$ 接 +5 V 电源，GND 接地，把公共平台上各部分电路的 +5 V 插口接 +5 V 电源。借助发光二极管及万用表测 $Q$ 和 $\bar{Q}$ 端的电位，并记录于表 8.17 中。

### 表 8.17　基本触发器逻辑功能的测试

| $\bar{R}$ | $\bar{S}$ | $Q$ 电位/V | $\bar{Q}$ 电位/V | 触发器状态 |
|---|---|---|---|---|
| 0 | 1 | | | |
| 1 | 0 | | | |
| 1 | 1 | | | |
| 0 | 0 | | | |

### 2. JK 触发器逻辑功能的测试

选用 74LS76 其中的一个 JK 触发器，使 $J$、$K$、$\overline{CP}$ 端开路，用发光二极管及万用表测量表 8.18 中所示情况下 $Q$ 及 $\overline{Q}$ 端的电位，并转换成触发器状态，填入表 8.18 中。

**表 8.18　JK 触发器逻辑功能的验证**

| $\overline{CP}$ | $J$ | $K$ | $\overline{R}_D$ | $\overline{S}_D$ | $Q$ 电位/V | $\overline{Q}$ 电位/V | 触发器状态 |
| --- | --- | --- | --- | --- | --- | --- | --- |
| × | × | × | 0 | 1 | | | |
| × | × | × | 1 | 0 | | | |

注：×表示任意状态。

先将触发器置 1，使 $\overline{S}_D = \overline{R}_D = 1$，从 $\overline{CP}$ 端逐个输入单脉冲。使 $J$、$K$ 分别为表 8.19 所示的各情况下，在 $\overline{CP}$ 各阶段用发光二极管及万用表测量该情况下 $Q$ 端的电位高低。

**表 8.19　JK 触发器逻辑功能的测试**

| $\overline{CP}$ | | 0 | ↑ | 1 | ↓ | 0 | ↑ | 1 | ↓ | 0 | ↑ | 1 | ↓ | 0 | ↑ | 1 | ↓ |
| --- | --- | --- | --- | --- | --- | --- | --- | --- | --- | --- | --- | --- | --- | --- | --- | --- | --- |
| $J$ | | 0 | 0 | 0 | 0 | 0 | 0 | 0 | 0 | 1 | 1 | 1 | 1 | 1 | 1 | 1 | 1 |
| $K$ | | 0 | 0 | 0 | 0 | 1 | 1 | 1 | 1 | 0 | 0 | 0 | 0 | 1 | 1 | 1 | 1 |
| $Q$ 端电平 | 高 | | | | | | | | | | | | | | | | |
| | 低 | | | | | | | | | | | | | | | | |

注：箭头 ↑ 表示 $\overline{CP}$ 上升沿，↓ 表示 $\overline{CP}$ 下降沿，用打"√"表示 $Q$ 端电平状态。

将 JK 触发器接成计数状态（即 $J=1$、$K=1$），使 $\overline{S}_D = \overline{R}_D = 1$，把 CP 端接脉冲输出端，用示波器观察 $Q$ 和 $\overline{Q}$ 端波形，并画出它们与 $\overline{CP}$ 端波形相对应的波形图。

### 3. 分析讨论

（1）为何说触发器具有记忆功能？

（2）JK 触发器在什么条件下处于计数状态？

## 三、十字路口交通灯故障报警电路设计与连接

设 $A$ 为红灯、$B$ 为绿灯、$C$ 为黄灯，$A$、$B$、$C$ 为输入变量，$Y$ 为输出变量。灯亮，对应的输入变量取值为"1"；灯灭，对应的输入变量取值为"0"。实际情况是 $A$、$B$、$C$ 三种颜色的灯中只有一盏灯亮时属于正常状态，此时输出变量 $Y$ 等于"0"，不报警；否则，三个灯都不亮或者两个或两个以上灯亮都属于故障状态，此时输出变量 $Y$ 等于"1"，即报警。用与、或、非基本逻辑门电路的相关知识设计一个十字路口交通灯故障报警电路。

### 1. 电路设计

（1）绘制真值表。根据十字路口交通灯故障报警电路设计要求，描绘出该报警电路的逻辑真值表，并填入表 8.20。

表 8.20  十字路口交通灯故障报警真值表

| A（红） | B（绿） | C（黄） | Y |
|---|---|---|---|
|  |  |  |  |
|  |  |  |  |
|  |  |  |  |
|  |  |  |  |
|  |  |  |  |
|  |  |  |  |
|  |  |  |  |
|  |  |  |  |

（2）绘制逻辑电路图。根据上述故障报警电路的逻辑真值表，绘制出十字路口交通灯故障报警逻辑电路图。

**2. 电路连接**

（1）根据设计图样进行实物连接。

（2）验证电路连接的正确性。

**3. 分析讨论**

（1）与非门、或非门分别能实现什么逻辑功能？

（2）如何用三种基本逻辑门电路连接出一个异或门电路？

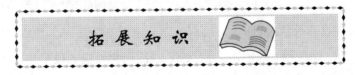

拓 展 知 识

## 一、显示译码器

在数字系统中，常需要把数据或字符直观地显示出来，因此，数字显示电路是数字系统中不可缺少的部分。数字显示器件种类很多，按发光材料的不同可分为荧光管显示器、半导体发光二极管显示器与液晶显示器等；按显示方式的不同可分为字形重叠式、分段式、点阵式等。显示器件是由显示译码器驱动的，目前，显示译码器应根据显示器件的类型而选择。最常用的显示译码器是直接驱动半导体数码管的七段显示译码器。

半导体数码管是由特殊的半导体材料，例如磷砷化镓、磷化镓、砷化镓等制成的发光二极管（LED）。七段显示器由 7 个条形二极管组成 8 字形，如图 8.36 所示，每一段含有一

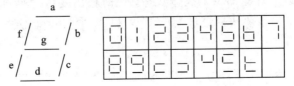

图 8.36  发光二极管组成的七段显示器字形图

个发光二极管。半导体数码管有共阴极和共阳极两种接法。用共阴极接法时，输入高电平二极管亮；用共阳极接法时，输入低电平二极管亮，如图 8.37 所示。

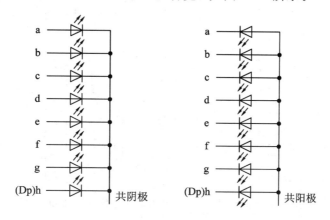

图 8.37　发光二极管接法

驱动七段数码管的是与之对应的 8421 BCD 七段显示译码器。输入一个 4 位 8421 码，经七段显示译码器输出数码管各段的驱动信号，控制显示相应的十进制数。若驱动共阳极 LED 管，则七段显示译码器的逻辑状态如表 8.21 所示。

表 8.21　8421 七段译码器译码表

| $A_3$ | $A_2$ | $A_1$ | $A_0$ | $\bar{a}$ | $\bar{b}$ | $\bar{c}$ | $\bar{d}$ | $\bar{e}$ | $\bar{f}$ | $\bar{g}$ | 显示字形 |
|---|---|---|---|---|---|---|---|---|---|---|---|
| 0 | 0 | 0 | 0 | 0 | 0 | 0 | 0 | 0 | 0 | 1 | 0 |
| 0 | 0 | 0 | 1 | 1 | 0 | 0 | 1 | 1 | 1 | 1 | 1 |
| 0 | 0 | 1 | 0 | 0 | 0 | 1 | 0 | 0 | 1 | 0 | 2 |
| 0 | 0 | 1 | 1 | 0 | 0 | 0 | 0 | 1 | 1 | 0 | 3 |
| 0 | 1 | 0 | 0 | 1 | 0 | 0 | 1 | 1 | 0 | 0 | 4 |
| 0 | 1 | 0 | 1 | 0 | 1 | 0 | 0 | 1 | 0 | 0 | 5 |
| 0 | 1 | 1 | 0 | 0 | 1 | 0 | 0 | 0 | 0 | 0 | 6 |
| 0 | 1 | 1 | 1 | 0 | 0 | 0 | 1 | 1 | 1 | 1 | 7 |
| 1 | 0 | 0 | 0 | 0 | 0 | 0 | 0 | 0 | 0 | 0 | 8 |
| 1 | 0 | 0 | 1 | 0 | 0 | 0 | 1 | 0 | 0 | 0 | 9 |

七段显示译码器常采用集成电路，常见的有 T337 型（共阴极）、T338 型（共阳极）等。图 8.38 为七段译码器 CT74LS247 引脚排列图，图 8.39 是 CT74LS247 译码器和共阳极 BS204 型半导体数码管的连接图。三个输入控制端均为低电平有效，在正常工作时均接高电平。

$\overline{LT}$ 是试灯（各发光段）输入控制端，当 $\overline{LT}=0$ 时，各段发光，则数码管是好的，否则说明数码管已坏。

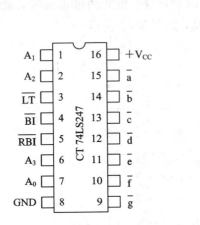

图 8.38 CT74LS247 引脚排列图

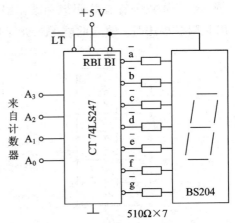

图 8.39 七段译码器和数码管的连接图

## 二、555 定时器

在数字系统中，常常需要各种脉冲波形，如时钟信号等。获取脉冲信号的方法通常有两种：一种是利用脉冲振荡器直接产生；另一种是对已有的信号进行整形处理，使之符合电路的要求。下面简要介绍用于脉冲产生、整形的集成 555 定时器及其应用。

555 定时器是一种应用极为广泛的中规模集成电路。该电路使用灵活、方便，只需外接少量的阻容元件就可以构成单稳态触发器、多谐振荡器和施密特触发器，常用于信号的产生、变换、控制与检测，在汽车电子电路中得到广泛的应用。

### 1. 555 定时器电路的工作原理

555 定时器电路的内部电路方框图如图 8.40 所示。它含有两个电压比较器，一个基本 RS 触发器，一个放电三极管 VT，比较器的参考电压由三只 5 kΩ 的电阻构成的分压器提

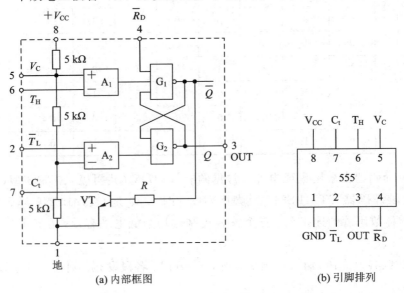

(a) 内部框图                  (b) 引脚排列

图 8.40 555 定时器内部框图及引脚排列

供。分别使高电平比较器 $A_1$ 的同相输入端和低电平比较器 $A_2$ 的反相输入端的参考电平为 $\frac{2}{3}V_{CC}$ 和 $\frac{1}{3}V_{CC}$。$A_1$ 与 $A_2$ 的输出端控制 RS 触发器状态和放电管开关状态。当输入信号自 6 脚,即高电平触发输入并超过参考电平 $\frac{2}{3}V_{CC}$ 时,触发器复位,555 定时器的输出端 3 脚输出低电平,同时放电开关管导通;当输入信号自 2 脚输入并低于 $\frac{1}{3}V_{CC}$ 时,触发器置位,555 定时器的 3 脚输出高电平,同时放电开关管截止。

$\overline{R}_D$ 是复位端(4 脚),当 $\overline{R}_D=0$ 时,555 定时器输出低电平。平时 $\overline{R}_D$ 端开路或接 $V_{CC}$。

$V_C$ 是控制电压端(5 脚),平时输出 $\frac{2}{3}V_{CC}$ 作为比较器 $A_1$ 的参考电平,当 5 脚外接一个输入电压时,即改变了比较器的参考电平,从而实现对输出的另一种控制;当不接外加电压时,通常接一个 $0.01\ \mu F$ 的电容器到地,起滤波作用,以消除外来的干扰,以确保参考电平的稳定。VT 为放电三极管,当 VT 导通时,将给接于 7 脚的电容器提供低阻放电通路。输出端 3 脚和放电端 7 脚的状态一致,输出低电平对应放电管饱和。

555 定时器主要是与电阻、电容构成充、放电电路,并由两个比较器来检测电容器上的电压,以确定输出电平的高低和放电开关管的通断,可方便地构成单稳态触发器、多谐振荡器、施密特触发器等脉冲产生或波形变换电路。

**2. 555 定时器的典型应用**

(1) 构成单稳态触发器。

单稳态触发器具有下列特点:第一,它有一个稳定状态和一个暂稳状态;第二,在外来触发脉冲作用下,能够由稳定状态翻转到暂稳状态;第三,暂稳状态维持一段时间后,将自动返回到稳定状态,而暂稳状态时间的长短,与触发脉冲无关,取决于电路本身的参数。

将 555 定时器的 6 号脚和 7 号脚接在一起,并添加一个电容和一个电阻,就可以构成单稳态触发器。图 8.41(a) 为由 555 定时器和外接定时元件 $R$、$C$ 构成的单稳态触发器。稳态时 555 定时器电路输入端处于电源电平,内部放电三极管 VT 导通,输出端 F 输出低电

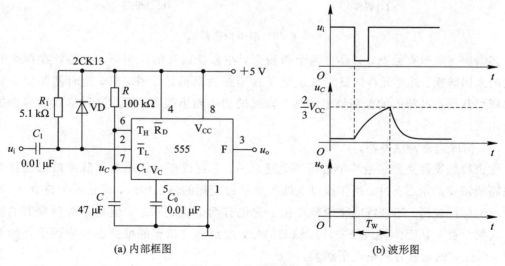

(a) 内部框图　　　　　　　　　　　　(b) 波形图

图 8.41　单稳态触发器

平。当有一个外部负脉冲触发信号经 $C_1$ 加到 2 端，并使 2 端电位瞬时低于 $\frac{1}{3}V_{CC}$ 时，低电平比较器动作，单稳态电路即开始一个暂态过程，电容 $C$ 开始充电，$u_C$ 按指数规律增长。当 $u_C$ 充电到 $\frac{2}{3}V_{CC}$ 时，高电平比较器动作，输出 $u_o$ 从高电平返回低电平，放电三极管 VT 重新导通，电容 $C$ 上的电荷很快经放电开关管放电，暂态结束，恢复稳态，为下个触发脉冲的到来作好准备。单稳态触发器波形图如图 8.41(b) 所示，通过改变 $R$、$C$ 的大小，可使延时时间在几微秒到几十分钟之间变化。

（2）构成多谐振荡器。

在数字电路中，常常需要一种不需外加触发脉冲就能够产生具有一定频率和幅度的矩形波的电路。如图 8.42(a) 所示，由 555 定时器和外接元件 $R_1$、$R_2$、$C$ 构成的多谐振荡器，引脚 2 与引脚 6 直接相连。电路不需要外加触发信号，利用电源通过 $R_1$、$R_2$ 向 $C$ 充电，以及 $C$ 通过 $R_2$ 向放电端 $C_t$ 放电，使电路产生振荡。电容 $C$ 充电和放电的波形如图 8.42(b) 所示。555 定时器电路要求 $R_1$ 与 $R_2$ 均应大于或等于 1 kΩ，但 $R_1+R_2$ 应小于或等于 3.3 MΩ。

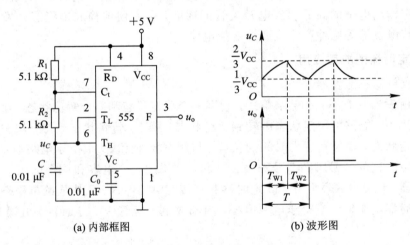

图 8.42　多谐振荡器

多谐振荡器没有稳态，只具有两个暂稳态，在自身因素的作用下，电路就在两个暂稳态之间来回转换。外部元件的稳定性决定了多谐振荡器的稳定性，555 定时器配以少量的元件即可获得较高精度的振荡频率和具有较强的功率输出能力，因此这种形式的多谐振荡器应用很广。

（3）构成施密特触发器。

施密特触发器是数字系统中常用的电路之一，它可以把变化缓慢的脉冲波形变换为数字电路所需要的矩形脉冲；用作接口电路可将缓慢变化的输入信号，转换成为符合 TTL 系统要求的脉冲波形。施密特电路的特点在于它也有两个稳定状态，但与一般触发器的区别在于这两个稳定状态的转换需要外加触发信号，而且稳定状态的维持也要依赖于外加触发信号，因此它的触发方式是电平触发。

图 8.43 所示为由 555 时基电路构成的施密特触发器。

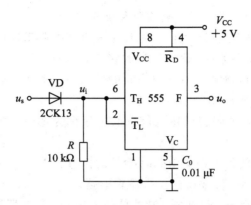

图 8.43　施密特触发器

只要将引脚 2、6 连在一起作为信号输入端，即可得到施密特触发器。图 8.44 显示出了 $u_s$、$u_i$ 和 $u_o$ 的波形图。设被整形变换的电压为正弦波 $u_s$，其正半波通过二极管 VD 同时加到 555 定时器的 2 脚和 6 脚，得 $u_i$ 为半波整流波形。当 $u_i$ 上升到 $\frac{2}{3}V_{CC}$ 时，$u_o$ 从高电平翻转为低电平；当 $u_i$ 下降到 $\frac{1}{3}V_{CC}$ 时，$u_o$ 又从低电平翻转为高电平。

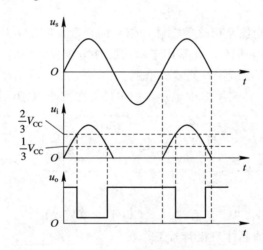

图 8.44　波形变换图

（1）电子线路中所分析的信号可分为两类：一类是随时间连续变化的模拟信号；另一类是离散的不连续变化的数字信号。

（2）数字电路是研究数字信号的电路，包括组合逻辑电路和时序逻辑电路两大类。数字信号的高、低电平，分别用 1 和 0 两个二进制数字来表示。

（3）逻辑门电路是构成数字电路的基本单元电路。最基本的门电路有与门、或门、非门电路。基本门电路可组成与非、或非、异或、同或等常用逻辑门电路。

（4）逻辑代数是研究数字电路中信号之间逻辑关系的数学工具，运算法则有基本运算法则，以及交换律、结合律、分配律、吸收律和反演律。

（5）在数字电路中，按功能分为组合逻辑电路和时序逻辑电路两大类。组合逻辑电路任意时刻输出状态仅取决于该时刻输入信号的状态，而与前一时刻电路的状态无关，不具有记忆功能。时序逻辑电路的输出不仅与当时的输入有关，还与电路以前的状态有关，这是时序逻辑电路与组合逻辑电路的本质区别。

（6）用文字、符号或者数码表示特定信息的过程称为编码，能够实现编码功能的电路称为编码器。

（7）将给定的二进制代码翻译成编码时赋予的原意称为译码，完成这种功能的电路称为译码器。译码器是多输入、多输出的组合逻辑电路。

（8）触发器是构成寄存器、计数器、脉冲信号发生器、存储器等时序逻辑电路的基本单元电路，在有时序要求的控制系统中有大量的应用。

（9）在使用触发器时，必须注意电路的功能及其触发方式。在时钟脉冲边沿触发的触发器称边沿触发器，而由时钟脉冲的高电平或低电平触发的触发器称电平触发器。

（10）边沿触发方式分上升沿触发、下降沿触发。

（11）数字显示电路通常由编码器、译码器、驱动器和显示器等部分组成。

（12）寄存器、锁存器是由多个触发器组成的数字逻辑部件，主要用来临时存放需要传送或保存的数据。

（13）计数器的基本功能是记忆数字脉冲信号的个数，是数字系统中应用最为广泛的时序电路。计数器除了计数功能外，还常用于构成脉冲分配器，将输入脉冲经过计数、译码，把输入脉冲的分频信号分别送到各路输出电路。

（14）555定时器是一种多用途的单片集成电路，在汽车电子电路中得到广泛的应用。

## 练习与思考

### 一、填空题

1. 在正逻辑的约定下，"1"表示_____电平，"0"表示_____电平。

2. 数字集成电路中的晶体三极管常工作在_____和_____状态。

3. 三种基本的逻辑门是_____、_____和_____。

4. 组合逻辑电路的输出只与当时的_____状态有关，而与电路的_____状态无关，它的基本电路单元是_____。

5. 时序逻辑电路的特点是：输出不仅取决于当时_____的状态，还与电路_____的状态有关。

6. 共阳极的数码管输入信号的有效电平是_____电平。

### 二、判断题

1. 仅具有保持和翻转功能的触发器是 RS 触发器。　　　　　　　　　　（　　）

2. 使用 3 个触发器构成的计数器最多有 6 个有效状态。　　　　　　　（　　）

3. 同步时序逻辑电路中各触发器的时钟脉冲 CP 是同一个信号。　　　（　　）

4. 555 计时器电路的输出只能出现两个状态稳定的逻辑电平之一。　　（　　）

5. 十进制数 15 用二进制表示为 1111。　　　　　　　　　　　　　　　　　　（　　）

6. 实现同一功能的逻辑电路是唯一的。　　　　　　　　　　　　　　　　　　（　　）

7. 同步计数器因为触发器采用同一时钟脉冲，所以其运行速度较异步计数器快。（　　）

**三、单选题**

1. 下列电路中，属于组合逻辑电路的是（　　）。

A. 计数器　　　　　　B. 寄存器　　　　　　C. 数据选择器　　　　D. 触发器

2. 在编码器中，输入的是（　　），输出的是（　　）。

A. 代码　　　　　　　　　　　　　　B. 某个特定的字符或信息

C. 二进制数　　　　　　　　　　　　D. 十进制数

3. 组合逻辑电路主要由（　　）组成。

A. 触发器　　　　　　B. 门电路　　　　　　C. 计数器　　　　　　D. 寄存器

4. 设计计数值为 36 的计数器，至少需要（　　）个触发器。

A. 3　　　　　　　　　B. 4　　　　　　　　　C. 5　　　　　　　　　D. 6

5. 同步计数器是指（　　）的计数器。

A. 由同类型的触发器构成的计数器

B. 各触发器时钟连在一起，统一由系统时钟控制

C. 可用前级的输出作为后级触发器的时钟

D. 可用后级的输出作为前级触发器的时钟

6. 由 10 级触发器构成的二进制计数器，其计数值为（　　）。

A. 10　　　　　　　　B. 20　　　　　　　　C. 1000　　　　　　　D. 1024

7. 当 4 位二进制加法计数器正常工作时，由 0000 状态开始计数，经过 43 个输入脉冲后，计数器的状态应该是（　　）。

A. 0011　　　　　　　B. 1011　　　　　　　C. 1101　　　　　　　D. 1110

8. 当输入变量 $A$、$B$ 全为 1 时，输出 $F=0$，则其输入与输出的关系是（　　）。

A. 异或　　　　　　　B. 与　　　　　　　　C. 与非　　　　　　　D. 或非

9. 在（　　）情况下，"与非"运算的结果是逻辑 0。

A. 全部输入是 0　　　　　　　　　　B. 任一输入是 0

C. 仅一输入是 1　　　　　　　　　　D. 全部输入是 1

10. 在（　　）情况下，"或非"运算的结果是逻辑 1。

A. 全部输入是 0　　　　　　　　　　B. 全部输入是 1

C. 任一输入为 0，其他输入为 1　　　D. 任一输入为 1

11. 双稳态触发器的类型为（　　）。

A. 基本 RS 触发器　　　　　　　　　B. 同步 RS 触发器

C. 主从 JK 触发器　　　　　　　　　D. 前三种都有

12. 存在空翻问题的触发器是（　　）。

A. D 触发器　　　　　　　　　　　　B. 同步 RS 触发器

C. 主从 JK 触发器　　　　　　　　　D. 前三种都有

13. 和逻辑式 $\overline{AB}$ 表示不同逻辑关系的逻辑式是（　　）。

A. $\overline{A}+\overline{B}$　　　　B. $\overline{A}\cdot\overline{B}$　　　　C. $\overline{A}B+\overline{B}$　　　　D. $A\overline{B}+\overline{A}$

14. 具有 4 个输入端的译码器，其输出端最多为（　　）。

A. 4 个　　　　　　B. 8 个　　　　　　C. 10 个　　　　　　D. 16 个

15. 一个具有两输入端的门电路，当输入为 1 和 0 时，输出不是 1 的门是（　　）。

A. 与非门　　　　　B. 或门　　　　　　C. 或非门　　　　　D. 异或门

16. 在数字电路中，逻辑功能为全 1 出 0，有 0 出 1 的逻辑门为（　　）。

A. 与门　　　　　　B. 或门　　　　　　C. 非门　　　　　　D. 与非门

17. 在数字电路中，与非门实现的逻辑功能是（　　）。

A. 有 0 出 0，全 1 出 1　　　　　　　B. 有 0 出 1，全 1 出 0

C. 有 1 出 0，全 0 出 1　　　　　　　D. 有 1 出 1，全 0 出 0

18. 在数字电路中，或非门实现的逻辑功能是（　　）。

A. 有 0 出 0，全 1 出 1　　　　　　　B. 有 0 出 1，全 1 出 0

C. 有 1 出 0，全 0 出 1　　　　　　　D. 有 1 出 1，全 0 出 0

19. 寄存器的作用是（　　）。

A. 对二进制数进行译码　　　　　　　B. 对脉冲进行计数

C. 存放数码或指令　　　　　　　　　D. 对二进制数进行加法运算

20. 移位寄存器可以实现（　　）。

A. 向左移位　　　　　　　　　　　　B. 向右移位

C. 既可向左移位又可向右移位　　　　D. 同时左移又右移

## 四、多选题

1. 常用的时序逻辑器件有（　　）。

A. 计数器　　　　B. 寄存器　　　　　C. 编码器　　　　　D. 加法器

2. 寄存器有（　　）。

A. 数码寄存器　　　　　　　　　　　B. 移位寄存器

C. 计数器　　　　　　　　　　　　　D. 编码器

3. 计数器可以用来作为（　　）。

A. 计数脉冲个数　　　　　　　　　　B. 定时

C. 分频　　　　　　　　　　　　　　D. 时序控制

4. 关于时序逻辑电路说法正确的是（　　）。

A. 不具有记忆功能

B. 输出状态不仅与当时输入状态有关，还与原状态有关

C. 基本单元为触发器

D. 基本单元为门电路

5. 组合逻辑电路的分析步骤为（　　）。

A. 写逻辑函数表达式　　　　　　　　B. 化简

C. 列出真值表　　　　　　　　　　　D. 分析逻辑功能

6. 关于组合逻辑电路说法正确的是（　　）。

A. 不具有记忆功能　　　　　　　　　B. 基本单元是门电路

C. 具有记忆功能　　　　　　　　　　D. 基本单元是触发器

7. 常用的组合逻辑电路有(　　)。

A. 编码器　　　　　　　　　　　　B. 译码器

C. 加法器　　　　　　　　　　　　D. 数据分配器与数据选择器

## 五、分析题

1. 图 8.45(a)所示为门电路输入电路图，其波形图如图 8.45(b)所示，试画出 $G$ 端与 $F$ 端的波形。

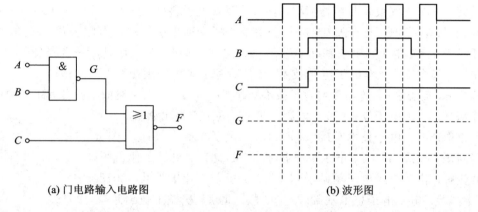

(a) 门电路输入电路图　　　　　　　　　　　(b) 波形图

图 8.45　分析题 1 图

2. 主从结构 JK 触发器各输入端的电压波形如图 8.46 所示，试分别画出 JK 触发器输出端 $Q$ 和 $\overline{Q}$ 的波形，假设 $Q$ 的初始电压为低电平。

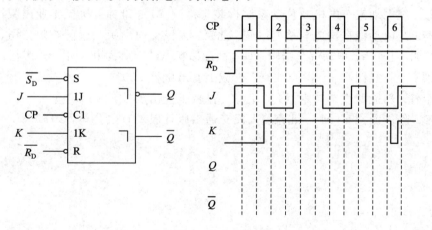

图 8.46　分析题 2 图

# 参 考 文 献

[1]　吴涛. 汽车电气设备与维修[M]. 西安：西安电子科技大学出版社，2012.

[2]　刘美灵. 汽车电工电子基础[M]. 北京：人民交通出版社股份有限公司，2019.

[3]　任成尧. 汽车电工与电子基础[M]. 4版. 北京：人民交通出版社股份有限公司，2019.

[4]　张军，杨金玉. 汽车电工电子技术[M]. 北京：中国铁道出版社，2017.

[5]　陈开考，庞志康. 汽车电工与电子技术基础[M]. 2版. 北京：机械工业出版社，2017.

[6]　徐淑华. 电工电子技术[M]. 4版. 北京：电子工业出版社，2017.

[7]　程继航. 电工电子技术基础[M]. 北京：电子工业出版社，2016.

[8]　张新敏，缑庆伟. 汽车电工电子技术[M]. 北京：机械工业出版社，2018.

[9]　林俊标. 汽车电工电子基础[M]. 北京：机械工业出版社，2018.

[10]　申凤琴. 电工电子技术基础[M]. 3版. 北京：机械工业出版社，2018.

[11]　王伟. 电工电子技术与技能[M]. 北京：电子工业出版社，2017.

[12]　吕娜，张秀红. 汽车电工电子技术基础[M]. 北京：北京理工大学出版社，2014.

[13]　冯渊. 汽车电工与电子技术基础[M]. 3版. 北京：机械工业出版社，2017.

[14]　周毅. 纯电动汽车电机及传动系统拆装与检测[M]. 北京：机械工业出版社，2018.

[15]　侯涛. 纯电动汽车构造与检修[M]. 北京：人民交通出版社股份有限公司，2018.

[16]　陈黎明，王小晋. 电动汽车结构原理与故障诊断[M]. 北京：机械工业出版社，2015.

[17]　付铁军. 新能源汽车[M]. 北京：机械工业出版社，2014.

[18]　张金柱. 新能源汽车技术[M]. 北京：机械工业出版社，2014.

[19]　徐斌. 新能源汽车[M]. 北京：人民交通出版社股份有限公司，2014.